钱穆

中国学术思想史论丛

4

图书在版编目（CIP）数据

中国学术思想史论丛 . 4 / 钱穆著 . —2 版 . —北京 ：
生活 · 读书 · 新知三联书店，2019. 8
（钱穆作品系列）
ISBN 978 – 7 – 108 – 06615 – 2

Ⅰ. ①中…　Ⅱ. ①钱…　Ⅲ. ①学术思想 – 思想史 – 中国 – 文集
Ⅳ. ① B2-53

中国版本图书馆 CIP 数据核字（2019）第 091378 号

责任编辑　冯金红
装帧设计　蔡立国
责任印制　宋　家
出版发行　生活 · 讀書 · 新知 三联书店
（北京市东城区美术馆东街 22 号 100010）
网　　址　www.sdxjpc.com
图　　字　01-2017-8543
经　　销　新华书店
印　　刷　北京新华印刷有限公司
版　　次　2009 年 12 月北京第 1 版
2019 年 8 月北京第 2 版
2019 年 8 月北京第 3 次印刷
开　　本　880 毫米 × 1230 毫米　1/32　印张 9.5
字　　数　192 千字
印　　数　07,001 – 13,000 册
定　　价　39.00 元
（印装查询：01064002715；邮购查询：01084010542）

目　　录

序

本册乃《中国学术思想史论丛》中编之下，为第四册。专关隋唐五代部分。共收文十六篇。前四篇王通文中子及论韩柳古文运动，余皆论唐代之禅宗。乃占全册篇幅四之三。犹忆一九四三年春，卧病成都华西坝，累月不能下楼。一日，闲卧楼廊，忽思读书消遣，乃取《朱子语类》有关讨论宋代者七卷，逐条阅之。初谓一时觉倦，即可闭目小憩，无伤精力。不意七卷完，精力愈来，遂顺序读至终编。又逆而上溯，约可两月余而全书竟，病亦良瘥。是夏，避暑灌县灵岩山，借得山僧《指月录》，循诵毕而返。是冬又病，偶忆胡适之《神会和尚集》，借来枕上翻阅。翌春，写《神会与〈坛经〉》及《禅宗与理学》两篇。是为余撰述唐代禅宗问题之第一期。此后即放弃不理。一九六三年在九龙沙田和风台，又闲翻佛书，续成《读〈六祖坛经〉》等数篇，是为余撰述唐代禅宗问题之第二期。惟此期所成迄未发表。一九七〇年之冬，又在台北善导寺偶讲《六祖坛经大义》，信胡氏之说者纷起讨论，余所答辨，此皆不存。后又续成《读宗密〈原人论〉》及《评胡适与铃木大拙讨论禅》诸篇,是为余撰述唐代禅宗问题之第三期。兹所荟萃,前后亦越三十有余年矣。所知犹昔,而岁月已逝。回念前尘,岂胜惋怅。

一九七七年端午节后两日钱穆自识于
台北外双溪之素书楼,时年八十有三。

一　读王通《中说》

文中子王通，乃隋代大儒，后人以与董仲舒扬雄韩愈并尊。然其人《隋书》无传，其所为《中说》，又多伪羼。其人其书，遂多疑辨，若沦为可有可无之列。惟余读其书，确有反映出王通当时之特征，决非后人所能伪撰。既有其书，则决有其人。其人虽不能详考，其书虽不能详定，大体而论，犹多可信。兹分述之如次。

先述王通其人。《全唐文》一三一王绩《与陈叔达重借隋纪书》有曰：

> 仆亡兄芮城，尝典著局。大业之末，欲撰隋书，俄逢丧乱，未及终毕。

《全唐文》一三三陈叔达《答王绩书》有云：

> 不知贤兄芮城有隋书之作。

又云:

> 贤兄文中子,知其若此也。恐后之笔削陷于繁碎,宏纲正典,暗而不宣。乃兴《元经》,以定真统。盖获麟之事,夫何足以知之。叔达亡国之余,幸赖前烈,有隋之末,滥尸贵郡,因沾善诱,颇议大方。

又云:

> 薛记室及贤兄芮城,常悲魏周之史,各著春秋,近更研览,真良史焉。

此证王绩有兄王通,并为《元经》之书也。

又《全唐文》一三一王绩《答程道士书》云:

> 昔者吾家三兄命世特起,先宅一德,续明六经。吾尝好其遗文,以为匡扶之要略尽矣。然峄阳之桐,以俟伯牙。乌号之子,必资由基。苟非其人,道不虚行。吾自揆审矣,必不能自致台辅,恭宣大道。

是通于《元经》外,又有其他续经之作也。

又《全唐文》一三三薛收《隋故征君文中子碣铭》有云:

> 天下闻其风采。先君内史,屈父党之尊。杨公仆射,忘

大臣之贵。收学不至谷，行无异能，奉高迹于绝尘，期深契于终古。义极师友，恩尊亲故。

是通之交游中又确有薛收其人也。

又王绩《答冯子华处士书》有云：

吾往见薛收《白牛溪赋》，邈乎扬班之俦。高人姚义尝语吾，薛生此文，不可多得。又知房李诸贤，肆力廊庙。吾家魏学士，亦申其才。所恨姚义不存，薛生已殁。使云罗天网有所不该，以为叹恨耳。

是薛收又确乎曾至通之家乡白牛溪也。贞观四年三月，杜如晦卒，八月，以李靖为右仆射。八年七月，右仆射靖逊位。此文云房李诸贤致力廊庙，正在贞观四年至八年间。书中仅致恨于姚薛之早殁，未见朝廷大臣，皆出文中子门下，亦未见姚薛之皆为文中子高第弟子也。

凡上引数文，虽甚简略，亦可窥王通之生平志业，与其师友风声之大概。乃王福畤《录东皋子答陈尚书书》，(以下引福畤诸文皆见《中说》附录。)略谓贞观初，仲父太原府君为监察御史，弹侯君集，事连长孙太尉，由是获罪。时杜淹为御史大夫，密奏仲父直言非辜，于是太尉与杜公有隙，而王氏兄弟皆抑不用，季父与陈尚书叔达相善，陈公方撰隋史，季父持《文中子世家》与陈公编之。陈公亦避太尉之权，藏而未出。重重作书遗季父，深言勤恳。季父答书，亡兄昔与诸公游，其言皇王之道全矣。仆与仲兄侍侧,颇闻大义。又《王氏家书杂录》,谓贞观初,君子道亨,我先君门人,布在廊庙,将播厥师训,施于王道,遂求其书于仲父。仲父以编未就,不之出。故六经之义,代莫得闻。窃谓其说颇可疑。长孙无忌为太尉,在贞观二十三年,太宗已崩。杜淹卒于贞观二年,若福畤追记,故曰长孙太尉,然王氏兄弟抑不用,其事应距杜淹之卒前后不久。又陈叔达藏《文中子世家》不敢出,岂有所谓先君门人布在廊庙,来求遗书之事。两相牴牾,一实必一虚。又福畤录唐太宗与房魏论礼乐事,魏公曰,大业之际,徵尝与诸贤侍文中子云云,此当在贞观四年杜如晦卒后,王氏兄弟既抑,魏徵何复特称于通。较之王绩深惜姚薛不存,则福畤此文之伪,确然可知。

又福畤《王氏家书杂录》云:《中说》一百余纸,大底杂记,不著篇目。首卷及序,则蠹绝磨灭,未能诠次。正观十九年,仲父起为洛州录事,以《中说》授余,余再拜曰:务约至深,言寡理大,其比方《论语》之记乎。因而辨类分宗,编为十编,勒成十卷。则《中说》一书之成编,乃出福畤之手,福畤亦自明言之矣。

又《全唐文》一八〇王勃《续书序》有曰:

> 先君文中子,《续诗》为三百六十篇,《续书》为百二十篇。当时门人百千数,董薛之徒各受其义。遭代丧乱,未行于时,历年永久,稍见残缺。贞观中,太原府君考诸六经之目,则亡其小序。其有录而无篇者又十六焉。家君钦若丕烈,图终休绪。乃例六经,次《礼乐》,叙《中说》,明《易赞》,勃兄弟讲闻伏渐之日久矣,间者承命为百二十篇作序,而兼

当补修其阙，始自总章，洎乎咸亨五年，刊写文就，完成百二十篇。

则《中说》一书出福畤编集，其子勃又明言之。是其书之多伪窜，乃出福畤，宜无足怪。

又《全唐文》一九一杨炯《王勃集序》有曰：

祖父通，隋秀才高弟。大业末，讲艺于龙门。其卒也，门人谥之曰文中子。

又曰：

文中子之居龙门也。睹隋室之将衰，知吾道之未行。裁成大典，以赞孔门。讨论汉魏，迄于晋代，删其诏命，为百篇以续《书》。甄正乐府，取其雅奥，为三百篇以续《诗》。又自晋太始元年，至隋开皇九年平陈之岁，褒贬行事，述《元经》以法《春秋》。门人薛收窃慕，同为《元经》之传，未就而殁。君续薛氏之遗传，制《诗》《书》之众序，《诗》《书》之序并冠于篇，《元经》之传，未终其业。

据陈叔达所云，及薛收之自谓，收非通之传业门人。各著春秋，亦非为《元经》作传。此皆勃承其父为妄说也。然《续书》《续诗》与《元经》之各有其书，则信而有征矣。

又《全唐文》六〇九刘禹锡《唐故宣歙池等州都团练观察处

置使王公神道碑》有曰:

> 王仲淹能明王道,隐居白牛溪。游其门,皆天下隽杰。著书行于世。

又曰:

> 始文中先生有重名于隋末,其弟勣亦以有道显于国初。

又曰:

> 文中绍扬微言,当时伟人,咸出其门。

殆其时福畤所叙《中说》已行世。禹锡见之,不深考,遂为所误。通之弟及其子孙,皆盛称通之《元经》《续书》《续诗》及《易赞》,偶及其《中说》,一因玄经诸书续经当重,《中说》模仿《论语》当轻。二因诸书卷帙巨,《中说》卷帙小。然卷帙小者易传,卷帙巨者易失。又世运既变,观念趋新,南统日盛,北统日衰,即使玄经复存,中唐以后人见之亦增反感,不之重矣。今知玄经非伪,则《中说》亦非伪,特多福畤之妄窜耳。

宋濂《诸子辨》引皮日休著《文中子碑》,谓通生陈隋之世,以乱世不仕,退于汾晋,序述六经,敷为《中说》,以行教于门人。因谓皮唐人,距隋为近,其言若此,可证通之必有其人矣。

今再读《中说》,知王通亦出北方大门第。其先祖虬自宋北迁,仕于魏。见《文中子世家》。《中说》中引述其祖先北迁后六代之著作,有《时变论》、《五经决录》、《政大论》、《政小论》、《皇极谠议》,《兴衰要论》等。以儒学传统而不忘当世政教大纲盛衰要端,乃确乎北方门第之学统。通之自为《礼论》《乐论》《续书》《续诗》《元经》《赞易》,皆承其门风也。惟既注重历史观点与文化传统,通乃以政教为先而种姓次之,公然承认北方为正统。其述北魏皇始而叹曰:戎狄之德,黎民怀之。又曰:乱离斯瘼,吾谁适归。天地有奉,生民有庇,即吾君也。故《元经》帝元魏。其于苻秦王猛及魏孝文皆颇推誉。有曰,苻秦举大号而中原静,惟王猛知之。又曰:中国之道不坠,孝文之力也。中国士民东西南北,自远而至,猛之力也。《元经》其正名乎。皇始之帝,征天以授之也。晋宋之王,近于正体,于是乎未忘中国。齐梁陈之德,斥之于四夷也。以明中国之有代,太和之力也。又曰:太和之政近雅。江东,中国之旧也。衣冠礼乐之所就也。永嘉之后,江东贵焉,而卒不贵,无人也。又曰:其未亡,则君子夺其国焉。曰:中国之礼乐安在?其已亡,则君子与其国焉。曰:犹我中国之遗也。是通在种姓观念上,固同情南朝,而在政教文化观念上,则转向北朝。故曰:《春秋》,一国之书也。《元经》,天下之书也,以其无定国而帝位不明。又曰:《春秋》抗王而尊鲁,《元经》抗帝而尊中国。又曰:尊中国而正皇始。又曰:《元经》兴而帝制亡。盖以种姓而尊中国,亦仅能尊其文化,不复能尊其王统,此《元经》之志也。即此一点,亦可证《中说》之书,决非唐室已统一后人所伪造。其书之原本,则尚成于隋初也。

据《中说》所附《文中子世家》,通生于隋开皇之四年。开皇九年,江东平,通十岁。此有小误。又曰:仁寿三年,文中子冠。西游长安,奏太平十二策。《中说》:仁寿大业之际,其事忍容言耶?又曰:子在蒲,闻辽东之败。又曰:江都有变,子有疾,谓薛收曰:道废久矣。如有王者出,三十年而后礼乐可称也。《世家》又云:江都难作,子有疾,寝疾七日而终。是通卒当在唐武德之三年,其寿四十左右耳。而著述斐然,诚一代之才人矣。

同时稍前,有北齐颜之推之《家训》,可与《中说》之书略相比较。之推生世先于通,其家北迁则后于王家。之推乃南士翘楚,沦陷北朝,看不惯当时北方一种胡汉混合之局面。乃曰:齐朝有一士大夫尝谓吾曰,我有一儿,年已十七,颇晓书疏。教其鲜卑语及弹琵琶,稍欲通解,以此伏事公卿,无不宠爱,亦要事也。吾时俛而不答。异哉,此人之教子也。若由此业自致卿相,亦不愿汝曹为之。此乃凭于门第教育以求保存完整种族传统文化之深心,此乃南方人观念,然亦只限于一门一族之内,为教子教孙之语。至于《中说》,则着眼到全国全群之治乱兴衰,上下古今政教文化之大关节,大脉络。而治统非所重,此乃北方人观念。当时南北双方,同有门第,而由于处境不同,观念相异。故南方较盛小家庭制,而宗族观念转重。北方较盛大家庭制,而种姓观念转轻。此即颜王两书,亦可以觇当时南北学术风尚之大体矣。故王肃不如李安世,王肃只练习掌故仪文,而李安世则能创建制度,福国利民。徐陵庾信亦不如苏绰卢辩,徐庾只求文章绮丽,苏卢则务经术通明,期一世于治平。《中说》显属北方学统,乃递禅积累之久,而有此境,固非其或前或后人之所能伪造也。

今再就佛法信仰言之。颜书极信仰佛法,有曰:求道者身计,惜费者国谋,不可两遂。儒有不屈王侯,高尚其事。隐有让王辞相,避世山林。安可计其职役,以为罪人。此乃解释僧尼减耗课役为损国而发。当时南方士大夫,在汉族治统下,个人主义转形浓重,而国家观念转滋淡薄。北方门第则处异族政权统治下,转重社会大群胜于私人。因此南方士人之皈依佛法,若全属私人事,即梁武帝信佛,亦全出私人,若忘其身之为帝王之尊,负国家之重任者。而北方两次法难,则全从国家大群政教理论上出发。儒释对立,乃争世道。私人信仰则并不重视。而王通之对佛法,则又别有见地。

《中说》有云:

> 诗书盛而秦世灭,非仲尼之罪。虚玄长而晋室乱,非老庄之罪。斋戒修而梁国亡,非释迦之罪。易不云乎,苟非其人,道不虚行。

此谓信仰者与所信仰者当分别而论。如梁武信佛,岂得谓梁武所行即佛道乎。其说极深允。《中说》又曰:

> 或问佛,曰:圣人也。曰:其教如何,曰:西方之教也。中国则泥。

信西方之教以行之于中国则泥,此仍本大群政教立论。至于佛法当否,以及私人信仰,在此可有所不问。《中说》又曰:

程元曰:三教如何?子曰:政恶多门久矣。曰:废之何如?子曰:非尔所及也。真君建德之事,适足推波助澜,纵风止燎尔。子读《洪范谠议》曰:三教于是乎可一矣。程元魏徵进曰:何谓也?曰:使民不倦。

此仍专重治道政术,非斤斤于私人信仰之异同。若为政而同尊三教,是政出多门也。若奉其一而废其一,而强民之从,则抑之正所以张之,纵风推波,亦非治术所宜取。惟求建皇极,使民群趋之而不倦,则三教可一,此犹欧阳修之有本论,在上政治得道,则在下之宗教信仰自可消减,此则王通之意。《中说》又曰:史谈善谈九流,知其不可废,而知其各有弊也。又曰:通其变,天下无弊法。执其方,天下无善教。故曰存乎其人。斯诚可谓圆机之识矣。若唐代为治者有此识,则不复有韩愈之崛起矣。

故王通《中说》,乃粹然儒者言,与颜之推之归心佛法自不同,而其对崔浩苏绰亦致不满。《中说》有曰:

崔浩,迫人也。执小道,乱大经。

又曰:

苏绰,俊人也。行于战国,可以强。行于太平,则乱。

其所上下于崔浩苏绰两人者,亦一本治道政术言,非就于崔浩苏绰两人之一信佛,一不信,而分上下也。苏绰有《佛性论》行世,其人亦信佛，而能为北周创制立法，厥后隋唐规模多基于此。然周武之法难，亦不可谓非绰有以启之。绰之肇后祸，故曰：行于太平则乱也。故王通之意，乃以苏绰为拨乱世之人物，而自居则欲为升平太平世人物，固不仅世运变，而学者之意想亦随而变，通之识趣，较之苏绰，亦可谓更臻于明通矣。

综合上述，可知通之儒业，乃承两汉之风，通经致用，以关心于政道治术者为主。至如心性修养日常人生取与释老争短长者，在通书中，殆少厝意。故其论儒业，亦特以史为主。其言曰：

> 昔圣人述史三焉。其述《书》也，帝王之制备。其述《诗》也，兴衰之由显。其述《春秋》也，邪正之迹明。此三者同出于史，而不可杂也，故圣人分焉。

此谓儒学即史学，而可三分之。一政事，有关制度者。一文学，有关民情者。一节行，有关人事者。《书》《诗》《春秋》各当其一。通之《续书》《续诗》与《元经》，即继此而作也。

通又极推周公，其言曰：

> 有周公而经制大备，有仲尼而述作大明。千载而下，有申周公之事者，吾不见而见也。有绍宣尼之业者，吾不得而让也。

是通之为学，虽重政道治术，以不得位，不能效周公之兴礼乐，立制度，遂效孔子之述作。而曰：

二帝三王吾不得而见也,舍两汉将安之乎!

是通在政道治术上,亦不高慕唐虞三代,而惟寄情于两汉。通有《治平十二策》,然其告人曰:

时异事变,不足习也。

又曰:

非君子不可与语变。

可见通之言治道,非泥古为高论,而乃深通于时变者。《中说》又云:

子在长安,与杨素苏夔李德林言,归而有忧色。门人问子曰:素与吾言终日,言政而不及化,夔与吾言终日,言声而不及雅,德林与吾言终日,言文而不及理。言政而不及化,是天下无礼也。言声而不及雅,是天下无乐也。言文而不及理,是天下无文也。王道何从而兴乎?是吾所以忧也。

通固与杨素苏夔李德林言之乎,此可不论。要之通之言,乃其学养之所至,志业之所寄矣。非如其子福畤之徒之所能伪为也。惜乎,兴唐之运,通已不及见。通所理想之礼乐文章,唐初诸人,似亦少能理会。而《中说》诚不失为一醇儒之书,确然乃南北朝末运一大著作，洵是北方儒统仅有之结晶。洎乎唐初，其道竟已消沉，亦少影响可见。盖南统已胜于北统，是诚大可惜之事矣。

《中说》后有附录一篇，乃福畤所为《录唐太宗与房魏论礼乐事》，大意记太宗贞观时，曾屡语房杜诸臣，欲兴礼乐，讲太平。房杜谦逊，群推魏徵，进说周道。太宗因之读《周礼》，欲行封建井田。诸臣会议数日，卒不能定。太宗敦促，因对群臣无素业，何愧如之。徐思其宜，教化之行，何虑晚也。太宗曰：时难得而易失，朕所以遑遑。卿等退，无有后言。徵与房杜皆惭栗再拜而出。因相叹曰：若文中子门人董常薛收在，适不至此。此自系福畤或王勃辈所文饰，然太宗欲行封建，而长孙无忌诸臣谢不敢当，明载于唐史，无可疑者。《周礼》一书，乃北朝学者所重。北周如苏绰卢辩，北齐如熊安生，即王通《中说》，亦盛推之。然通明言，二帝三王不得见舍两汉将安之。而唐太宗浮慕三代，欲本《周礼》复行封建，事可有之，惜其距通之所见，则大有间矣。昔秦廷博士儒生，创议复封建，始皇帝拒其请，乃至下令焚书。今唐太宗为群臣谋，欲加封建之赏，而群臣辞谢不敢承，此乃中国历史上所当大书特书之一项盛德嘉话也，而秦始皇时君拒臣请，唐太宗时臣拒君请，一正一反，后先辉映。就通之言历史时变其中有曲折大义可资发挥。而惜乎如通之识，已不复有，然通若至唐初尚在，亦必不赞同太宗之议复封建可知。而房杜王魏诸公，于当时创制垂统之积极方面，实无大贡献。租庸调制本之北魏，府兵制本之北周，进士科举制本之隋，其他殆并无大建立。苟论百代规模，一王大法，则以兴唐上较秦皇汉武，皆有愧色。为大群全体政教本原创制立法，开召太平，此本儒家大理想，大抱负，而自东汉以下,小己私人主义,门第家世传袭,老庄玄学,佛释出世,群凑当路,儒业已成一伏流。沦泯之余,幸在北方渐有复苏。经苻秦北魏周隋数百年间,络续有进展,通之《中说》,即其一仅存之硕果也。然而培育未成熟,生长不充实。遽逢天日清夷,太宗虽好名浮慕,不失为可与为善一英主,而房杜王魏诸贤,却于政教大本原处少所开陈。北方儒统所仅仅凝聚的一些珠光宝气,却为统一盛运之大潮流所冲淡。文章则转尚齐梁轻薄艳丽,经术则仅止于刘炫孔颖达之类,亦已为王通所贬斥。若论节行,经不起盛世之热流薰蒸,不到一两传,气骨俱靡。通所言之三史,即《书》《诗》《春秋》三经之精义,俱不能有所树立。王通若遇兴唐,果否能有所建白,事未可定。但其所抱负之理想,则显然不为时贤所重。故其人其书,在初盛唐时,竟少知者。隋史亦不为立传。即王家子孙,亦未免受时代感染于先人志业未有深知。如其《记唐太宗与房魏论礼乐事》,虽致慨于其时君臣之未能兴文洽化,然亦泛言之而已。而竟妄攀房魏诸贤都做了文中子门徒。其轻薄浮夸不足责,而使后人并王通其人与其书而疑之,则真十足表现出时代凄凉之一个黑影。读史者亦仅知有兴唐统一威运之莅临而已,而于自魏晋以下,南北分裂,迄至于兹,其学术之歧异,人文之兴衰,与其一时大贤之理想抱负之湮晦,而不能一抒其郁积,一放其光明者,亦既漠不之知,则岂仅一人一书之隐显穷达而已,此诚足以使人掩卷三叹而不置也。

关于文中子之评骘,惟朱子最为严正而得当,《文集》有《王氏续经说》一篇,兹摘要附录如次。朱子曰:

王仲淹生乎百世之下,读古圣贤之书,而粗识其用。然未尝深探其本。顾乃挟其窥觇想像之髣髴,而谓圣之所以圣,贤之所以贤,与其所以修身治人,而及夫天下国家者,举皆不越乎此。是以一见隋文而陈十二策,不待其招而往,不待其问而告,轻其道以求售。及其不遇而归,其年亦未为晚也。若能于此反之于身以益求所未至,则异时得君行道,安知其卒不逮于古人。不幸终无所遇,而笔之于书,亦必有以发经言之余蕴,而开后学于无穷,乃不知出此,而不胜其好名欲速之心,汲汲乎日以著书立言为己任,则其用心为已外矣。摭拾两汉以来文字语言之陋,功名事业之卑,依仿六经,次第采辑,今其遗编虽不可见,然考之《中说》而得其规模之大略。至于宋魏以来,一南一北,校功度德,盖未有以相君臣也,则其天命人心之向背,统绪继承之偏正,亦何足论,而欲夺彼予此,以自列于孔子之《春秋》哉。至于强引唐初文武名臣以为弟子,是乃福郊福畤之所为。而非仲淹之雅意,然乃其平日好高自大之心有以启之。或曰:然则仲淹之学,其视荀扬韩氏,亦可得而优劣耶?曰:荀卿之学杂于申商,子云之学本于黄老,非如仲淹之学,颇近于正,而粗有可用之实也。至于退之,《原道》诸篇,于道之大原,若有非荀扬仲淹之所及者。然考其生平意向之所在,终不免于文士浮华放浪之习,时俗富贵利达之求,而其览观古今之变,将以厝诸事业者,恐亦未若仲淹之致恳恻而有条理也。是以予于仲淹独深惜之。

是朱子于文中子,固极指摘其失,然推挹亦备至矣。《语类》亦云:

问荀扬王韩,曰:王通于世务变故人情物态施为作用处,极见得分晓,只是于这作用晓得处却有病。

又曰:

这人于作用处晓得,急欲见之于用,故便要做周公底事业,便去上书要兴太平。乃知时势之不可为,则急退而续《诗》《书》,续《元经》,又要做孔子底事业。如《中说》一书,都是要学孔子《论语》。然王通比荀扬又夐别,王通极开爽,说得广阔,只可惜不曾向上透一著,于大体处有所欠阙,所以如此。他死时只得三十余岁,他做许多书时,方只二十余岁。

又问仲舒文中子,曰:仲舒本领纯正,王通见识高明。论治体处高似仲舒,而本领不及。爽似仲舒,而纯不及。

又曰:

文中子根脚浅,然却是以天下为心,分明是要见诸事业。天下事,他都一齐入思虑来。

问:房杜辈相业,边亦有得于王氏之道否?曰:房杜之规模事业,无文中子髣髴。某常说房杜只是个村宰相,文中子他那制度规模，诚有非后人之所及者。

问文中子僭拟古人，曰：这也是他志大，要学古人。

是朱子于荀董扬王韩五人，谓惟董堪与王相上下，此其尊文中子者亦至矣。惟文中子以仅过二十三十之年，即欲在事业上模拟周公孔子，故谓其未能透上一著，又谓其本领不及，根脚浅。谓其于作用上晓得，于本体上有欠阙也。自非朱子，亦难批评到此。陈龙川于文中子，则仅知佩仰而已，是亦急于求用，未能于本领上深植根脚也。

此文共分三段。第一段论王通其人，时为一九四一年，在成都赖家园齐鲁大学研究所，为《读史随劄》一节。第二段论文中子其书，时为一九四六年，在昆明翠湖公园五华学院。第三段朱子评王通语，为一九七七年着手编此书时补入。前后历三十五年矣。

二　杂论唐代古文运动

（一）

唐代之古文运动，当追溯于唐代之古诗运动。唐人鄙薄魏晋以下，刻意复古，而适以成其开新，唐人初不自知也。

古诗运动，当溯自陈子昂。昌黎诗：国朝盛文章，子昂始高蹈，是也。子昂集《修竹篇序》文谓：

> 文章道敝，五百年矣。汉魏风骨，晋宋莫传。尝暇时观齐梁间诗，彩丽竞繁，而兴寄都绝，每以永叹。

其友人卢藏用序其集，亦谓道丧五百岁而得陈君。后人谓韩公文起八代之衰，此等语亦始自子昂也。《旧唐书》记王适见子昂《感遇诗》，许以为天下文宗。其后杜工部亦亟称之，谓千古立忠义，感遇有遗篇。诗之可贵，在乎其有兴寄。兴寄之可贵，在乎其原本于忠义。是文章本于道,文道相一贯之见解,子昂之言兴寄,即涵此旨,而工部乃为明白点出也。李华序《萧颖士集》,谓近时陈拾遗子昂,文体最正。谓其体正,即指其有寄兴。昌黎复谓:唐之有天下,陈子昂苏源明元结李白杜甫李观,皆以其所能鸣。柳子厚《杨评事文集后序》谓:文有二道,著述比兴。唐兴以来,称是选而不怍者,梓潼陈拾遗。白居易《与元九书》谓:唐兴二百年,诗人不可胜数,所可举者,首推陈子昂。此下乃及李杜。元微之《叙诗寄乐天》,亦谓始得陈子昂《感遇诗》启示,此下遂叙及工部。是唐代文运开新,应溯源子昂,实乃唐人之公言也。而子昂之所以为唐代文运开新,乃在其诗之内容,不指其丽采与技巧,亦断可见矣。

李白继起,乃曰:

> 大雅久不作,吾衰竟谁陈。废兴虽万变,宪章亦已沦。自从建安来,绮丽不足珍。圣代复元古,垂衣贵清真。我志在删述,垂晖映千春。

此与子昂文章道敝五百岁之说相似,而言之尤激烈。自建安以下,皆所不许。即骚人扬马,几乎亦属颓波。然太白虽高自位置,而圣代之复古,其风已不自白本人始,此虽白亦不得不自承。是太白心中,亦有一陈子昂可知。

其《为宋中丞自荐表》又曰:

> 怀经济之才,抗巢由之节,文可以变风俗,学可以究天人。

惟有学究天人,乃始可文变风俗。而白之所谓究天人者,则自指其怀经济之才,抗巢由之节言。怀经济之才,是下通人事。抗巢由之节,乃上通天道。白之学养,由老庄来,故其言如此。

而李阳冰序其集乃曰:

> 不读非圣之书,耻为郑卫之作。凡所著述,言多讽兴。卢黄门云:陈拾遗横制颓波,天下质文,翕然一变。至公大变,扫地并尽。今古文集,遏而不行。

此谓文变之风,其功竟于太白,而其原仍始子昂也。抑太白虽主变文风,复元古,而心不喜儒术,故有我本楚狂人,凤兮笑孔丘之句,又有《嘲鲁儒》之咏。则阳冰推为不读非圣之书者,亦聊为颂扬之辞而已。杜工部年辈与太白相肩行,虽亟称于白,而学术与白异趋。故曰:江汉思归客,乾坤一腐儒。又曰:法自儒家有,心从弱岁疲。其为学立身,始确尊儒术。其论诗复亦与白异,故曰:不薄今人爱古人。又曰:转益多师是吾师。又曰,异代各清规。王杨卢骆当时体,不废江河万古流。此与太白专作扫荡廓清之说者异矣。故言唐代之古诗运动,亦必至于工部,而始臻于大成也。

然工部擅于诗,而不擅文,则所以承袭六经,发扬儒道者,惟在诗三百。就儒术言,终不能无憾。且工部之于儒术,亦仅偏重政治。故曰:许身一何愚,窃比稷与契。又曰:致君尧舜上,再使风俗淳。故太白仅属一种文学之复古,工部始站在儒家地位而为复古,其意较深。然亦仅偏于政治。必待昌黎韩公出,始原本六经,承李杜古诗运动之后,又重倡古文运动。其言曰:好古之文,乃好古之道也。于是始正式提出一道字,为其诗文作骨干。又首唱尧舜禹汤文武周公孔孟历古相传之道统。是至昌黎,乃始为站在纯儒家之地位而提倡复古者。故论唐人文学复古之大潮流,亦必达于昌黎,乃始有穷源竟委之观,兼包并蓄之势。太白所谓文可以变风俗,学可以究天人,亦必至于昌黎,乃庶乎更臻于圆满成熟之境界也。

昌黎于古文,于唐人少所推许。独于诗,于李杜赞不绝口。曰:李杜文章在,光芒万丈长。又曰:昔年因读李白杜甫诗,长恨二人不相从。又曰:高揖群公谢名誉,远追甫白感至诚。其于李杜,赞仰备至。故推论昌黎之古文运动,决不当忽略其对于李杜古诗运动之欣赏与推崇。诗文本一脉,若必分疆割席论之,则恐无当于古人之真际尔。越后宋穆修《唐柳先生集后序》亦曰:唐之文章,初未去周隋五代之气,中间称得李杜,而号专雄歌诗,至韩柳氏起,然后大吐古人之文。此乃自李杜直叙至韩柳,可谓得唐代运动之真源。

(二)

《旧唐书·韩愈传》谓:

> 大历贞元间,文士多尚古学,而独孤及梁肃最称渊奥。愈从其徒游,锐意钻仰,欲自振于一代。

然予考韩公家世,其为古文,盖亦得自家传。《李太白集》卷三十,《武昌宰韩君去思颂碑并序》谓:

君名仲卿。考睿素,四子,君其元。少卿当涂县丞,云卿文章冠世,绅卿才名振耀,幼负美誉。

仲卿,韩公父。是太白与韩家,夙有一段关系也。《李文公集》卷十五,为其妻母韩书记夫人墓志,亦谓:

礼部君文章出于时。

习之妻,云卿孙女,云卿官至礼部郎中。《韩集》卷十三《科斗书后记》亦谓:

愈叔父当大历世,文辞独行中朝,天下之欲铭述其先人功行,取信来世者,咸归韩氏。

姚铉《唐文粹》载云卿碑文两篇是其证。《科斗书后记》又曰:

元和来,愈亟不获让,嗣为铭文,荐道功德。

是韩公自谓其文辞行世,乃嗣其家业也。

又考王铚《韩会传》,谓:

会与其叔云卿，俱为萧颖士爱奖。其党李纾柳识崔祐皇甫冉谢良弼朱巨川并游，会慨然独鄙其文格绮艳，无道德之实，首与梁肃变体为古文章，为《文衡》一篇。弟愈，三岁而孤，养于会，学于会。观《文衡》之作，益知愈本六经，尊皇极，斥异端，汇百家之美，而自为时法，立道雄刚，事君孤峭，甚矣其似会也。

据是，韩公叔父云卿，兄会，两世擅能文名，而与萧颖士梁肃皆有师友之谊。考韩集卷十，有《游西林寺题萧二兄郎中旧堂》诗云：

中郎有女能传业，伯道无儿可保家。偶到匡山曾住处，几行衰泪落烟霞。

方崧卿云：萧，萧存也。少与韩会梁肃友善。朱子曰：存，字伯诚，颖士之子，与公兄会厚善。公自少为存所知。及自袁州还，过存庐山故居，而存诸子前死，有一女为尼，公为经纪其家。西林即江州庐山寺也。朱子此条，本诸《因话录》。是韩家与萧家，已两世深谊。

《柳宗元集》卷十二，《先侍御史府君神道表石背先友记》，有梁肃，有韩会。其称肃，曰最能为文。称会，曰：

善清言，有文章，名最高，然以故多谤。至起居郎，贬官卒。弟愈，文益奇。

子厚与韩公深交,同为古文,而韩公兄会及梁肃亦与子厚之父为故友,子厚连称梁肃韩会之能文,而以韩公附笔焉,此会之以文名当时,而韩梁两家之关系亦可见矣。

韩集卷二十四,《考功员外卢君墓铭》亦曰:

> 愈之宗兄,故起居舍人君,以道德文学伏一世。其友四人,天下大夫士谓之四夔,其一范阳卢君东美。卢君始任戴冠,通诗书,与其群日讲说周公孔子以相磨砻浸灌。及殁,将葬,其子畅命其孙立曰:乃祖德烈靡不闻。然其详而信者,宜莫若吾先人之友。先人之友无在者,起居丈有季曰愈,能为古文,业其家,是必能道吾父事业,汝其往请铭焉。

是时人谓韩公为文章,乃承其兄与其叔父,故曰业其家也。今试观王铚之称韩会,谓其鄙当时文格绮艳,无道德之实。而四夔之交,如卢东美,亦与其群日讲说周公孔子以相磨砻浸灌,则韩公之原本六经,以儒术发为文章,得不谓其濡染于家业之有素乎?

又韩集卷一,《感二鸟赋并序》,亦谓:

> 幸生天下无事时,承先人之遗业,不识干戈耒耜攻守耕获之勤,读书著文,自七岁至今,凡二十二年。

此亦自谓其读书著文,乃承先人遗业也。其语可与《科斗书记》及《卢君墓铭》相阐证。是韩公之于古文,所以于当时名贤如独孤及梁肃之徒少所称引者,缘韩公自谓其为古文乃承家业,衡量云卿与会两人文章所诣，其所逊于独孤及梁肃诸人，亦五十步与百步之比耳。韩公固不欲少其家丘，而轻于时贤多所揄扬也。

又韩集卷十六，《上宰相书》，有曰：

> 今有人，生七年而学圣人之道，以修其身。

又卷十八，《与凤翔邢尚书书》，有曰：

> 愈也布衣之士，生七岁而读书，十三而能文，二十五而擢第于春官，以文名于四方。

韩公生大历三年，《旧唐书》大历十二年夏五月起居舍人韩会坐元载贬官。是年，韩公适十龄。是韩公七岁始读书，其兄会尚在，必经其兄之亲为指导可知。

韩集卷一《复志赋》谓：

> 当岁行之未复兮，从伯氏以南迁。至曲江而乃息兮，逾南纪之连山。

岁行十二年而复，此谓己生未及十二周年，乃随兄南迁也。又卷二十三《祭郑夫人文》谓：

> 年方及纪，荐及凶屯。兄罹谗口，承命远迁。穷荒海隅，夭阏百年。

今按:柳宗元以永贞元年乙酉贬永州,元和十年乙未有诏追赴都,诗云:十一年前南渡客,四千里外北归人。又云:投荒垂一纪,新诏下荆扉。前后十一年,故云垂一纪。今韩公文云年方及纪,是知韩公年十二。是年乃其兄卒岁,即大历十四年也。逾年,建中元年,韩公十三岁,始是岁行一复之年。韩公自称十三岁始能文,然是年,其兄则已前卒矣。

韩集卷十六,《答李翊书》有云:

> 愈之所为,学之二十余年矣。

前人考公此书,当作于贞元之十七年,上推至建中元年,合二十二年。则韩公所谓学之二十余年者,正从其十三岁始能文之年起算。

又按韩集卷十七《答崔群书》,谓:

> 仆自少至今,从事于往还朋友间,一十七年矣。

此书在贞元十二年。则韩公始能文之年,即其开始有交游之年。盖其兄以前年卒,公乃始为一家门户之主也。

又韩集卷一《复志赋》有云:

> 嗟日月其几何兮,携孤嫠而北旋。值中原之有事兮,将就食于江之南。始专专于讲习兮,非古训为无所用其心。窥前灵之逸迹兮,超孤举而幽寻。既识路又疾驱兮,孰知余力之不任。

朱子曰:公之为学,正在就食江南时。今考韩集二十二,《欧阳生哀辞》,谓:

建中贞元间,余就食江南,未接人事。

又卷二十三,《祭十二郎文》:

吾年十九,始来京城。

是年为贞元之二年。故知公谓建中贞元间就食江南者,乃指自建中元年迄于贞元二年始去京城之前之几年间,不当专指贞元元年谓是韩公就食江南之年也。

又考韩集卷二十二,《祭穆员外文》,云:

于乎!建中之初,予居于嵩。携扶北奔,避逃来攻。晨及洛师,相遇一时。顾我如故,眷然顾之。

是公之北返嵩山,固已在建中之初,而已不安其居矣。故知公亦可于建中元二年间即去江南。而公自称始能文章之年,则或尚未来江南也。要之其治学孟晋,则以在就食江南后为主。此则朱子之言可信。又韩集卷十六,《答崔立之书》有云:

仆年十六七时,未知人事,读圣人之书。

此则正指其就食江南之一时间而言。

韩集遗诗有《赠族侄》一首,云:

> 我年十八九,壮气起胸中。作书献云阙,辞家逐秋蓬。

又《外集》卷二,《上贾滑州书》云:

> 愈儒服者,不敢用他术进,又惟古执贽之礼,窃整顿旧所著文一十五章以为贽。

又曰:

> 愈年二十有三,读书学文十五年,言行不敢戾于古人。徒以献策阙下,方勤行役。

是年当为贞元六年,公已斐然有述作。翌年,公年二十四,有《河中府连理木颂》。再越年,及贞元八年,韩公年二十五,始擢进士第。

《唐科名记》云:

> 贞元八年,陆贽主司,试明水赋,御沟新柳诗,是年一榜,多天下孤隽伟杰之士,号龙虎榜。

韩集卷二十二《欧阳生哀辞》谓:

八年春,遂与詹文辞同考试登第。

是也。又韩集卷十七,《与祠部陆员外书》,谓:

往者陆相公司贡士,考文章甚详。愈时亦幸在得中,而未知陆之得人也。其后一二年,所与及第者,皆赫然有声。原其所以,亦由梁补阙肃,王郎中础佐之。梁举八人,无有失者。

朱子《韩集考异》云:欧阳詹传,詹与韩愈李观李绛崔群王涯冯宿庾承宣联第,皆天下选。举八人,疑此是也。今按:旧书谓公从独孤及梁肃之徒游,锐意钻仰,欲自振于一代者,殆即指此等七人皆为梁肃之徒而言也。《唐摭言》:贞元中,李元宾韩愈李绛崔群同年进士。先是,四君子定交久矣。共游梁补阙之门。居三载,肃未之面,而四贤造肃多矣,靡不偕行。肃异之,一日延接观等,俱以文学为肃所称,复奖以交游之道。今按:韩集《赠李观诗》云:我年二十五,求友昧其人。哀歌西京市,乃与夫子亲。则韩李缔交,即在登第之年。《摭言》之说,明不可信。又《送侯参谋赴河中幕》云:忆昔初及第,各以少年称。尔时心气壮,百事谓已能。又《祭虞部张员外文》云:往在贞元,俱从宾荐,各以文售,幸皆少年。群游旅宿,其欢甚焉。此皆一时以同榜而交欢之迹之散见于韩公诗文之可资证说者也。又是年,韩公成《诤臣论》,其学养蕴积,已卓然可见矣。

上文略述韩公家世,及其早年学成名立之经过,所以证韩公古文学之渊源也。

（三）

陈子昂李太白之于诗,其意欲复古,其实乃开新。然其事易知,故一时从之者亦翕然无异辞。至于韩柳之于文,其意亦主于复古,其实绩所至,亦同为开新,而其理则颇难晓,在当时极多疑者。即在韩公之知好从游间,亦所不免。张籍《遗韩公书》,谓:

> 顷承论于执事,尝以为世俗陵靡,不及古昔。盖圣人之道废弛之所为也。宣尼没后,杨朱墨翟恢诡异说,干惑人听,孟轲作书而正之。秦氏灭学,汉重以黄老之术教人,使人寖惑,扬雄作《法言》而辨之。及汉衰末,西域浮屠之法入于中国,中国之人世世译而广之。黄老之术相沿而炽。自扬子云作《法言》,至今近千载,莫有言圣人之道者。言之者,惟执事焉耳。习俗者闻之,多怪而不信,徒相为訾。执事聪明,文章与孟轲扬雄相若,盍为一书以兴存圣人之道?曷可俯仰于俗,嚣嚣为多言之徒哉?比见执事多尚驳杂无实之说,使人陈之于前以为欢,此有以累于令德。愿执事弃无实之谈,弘广以接天下士,嗣孟轲扬雄之作,辨杨墨老释之说,使圣人之道复见于唐,岂不尚哉?

籍此书之意,实可代表当时一辈怀疑者之意见。缘于诗道求复古,只情存比兴即得,固不必重为四言诗,乃为复古也。今号召为古文，又曰文所以明道，则古人之道，皆见于著述，古人之文，亦惟著述是尚，短篇小品，岂足以当。此当时于韩公之倡为古文所必有之怀疑，而观韩公《答书》，实亦未能大破其所疑也。公之《答书》曰：

> 吾子所论，排释老不若著书。嚣嚣多言，徒相为訾。若仆之见，则有异乎此也。夫所谓著书者，义止于辞耳。宣之于口，书之于简，何择焉？孟轲之书，非轲自著。轲既殁，其徒万章公孙丑相与记轲所言已耳。仆自得圣人之道而诵之，排前二家有年矣。不知者以仆为好辩也。然从而化者亦有矣。闻而疑者又有倍焉。顽然不入者，亲以言谕之不入。则其观吾书也，固将无得矣。化当世莫若口，传来世莫若书，又惧吾力之未至也。三十而立，四十而不惑，吾于圣人，既过之，犹惧不及，矧今未至。请待五六十然后为之，冀其少过也。吾子又讥吾与人人为无实驳杂之说，此吾所以为戏耳。

韩公之答如此，故谓其实未能大破籍书之所持也。

今有一事当先辨白者，《唐摭言》有云：韩公著《毛颖传》，张水部以书劝之。然韩公《答籍书》，实当在贞元佐汴时，韩公年二十九，故曰，今犹未至圣人而立不惑之岁也。书末又曰：薄晚须到公府，言不能尽，此尤为是时公正佐幕汴州之证。书首有云：愈始者望见吾子于人人之中，固有异焉，此亦显为两人始相缔交时语。张韩始相识，由孟东野作介，其时韩公正佐汴，有

《此日足可惜》诗可证。柳子厚《书毛颖传后》,谓自吾居夷,不与中州人通书,有来南者,时言韩愈为《毛颖传》。则韩公之为《毛颖传》,必当在永贞元年子厚贬谪以后,故子厚前所未见。其文当成于在元和时,乃无可疑者。至吕大防谓元和七年有《石鼎联句》序《毛颖传》,则亦失之。吕氏盖以《石鼎联句》在是年而牵及《毛颖传》,不足据也。然《摭言》又何以造为韩公著《毛颖传》,张籍以书劝之云云乎?是盖见张籍书有讥韩多尚驳杂无实之说,而不知其所指,故妄测以为殆是《毛颖传》之类耳。

今既知《唐摭言》之说不可信,则试问张籍之所谓驳杂无实之说者固何指?试再按之籍书,有曰:

> 籍诚知之,以材识顽钝,不敢窃居作者之位,所以咨于执事而为之尔。若执事守章句之学,因循于时,置不朽之盛业,与夫不知言亦无以异矣。

是籍书之所谓驳杂无实之说者,其实即指因循时俗为章句杂篇,谓其与圣人六艺,与孟轲扬雄之著作不同耳。考之韩集,如《感二鸟赋》,《河中府连理木颂》,《猫相乳》,《赠张童子序》,《送权秀才序》,《祭田横墓文》之类,此皆成于韩张缔交之前,此皆籍之所谓驳杂而无实者也。籍谓不敢自居于作者,而愿韩公之为之,谓韩公今之所作,则仅是循俗章句,驳杂无实,嚣嚣多言,无当于不朽之盛业也。

张籍书之内容,必如此解释,乃可明白得当时人对韩公提倡古文怀疑之深处。若谓专指如《毛颖传》等而言,则转失于浅而求之矣。然韩公答书,则实不足以满张籍之意,于是籍有《遗公第二书》,仍以为有志古文,当任著书之事。故曰:莫若为书。又曰:执事不以此时著书,而曰俟后,或有不及,曷可追乎?又曰:颜子不著书,以其从圣人之后。又曰:若孟轲,传者犹以为自论集其书,不云没后其徒为之。又曰:扬雄之徒,咸自作书。则籍书之意显然。凡如韩公所作,短篇散文,皆籍之所谓章句之学,因循于时,是皆驳杂无实之说也。于是韩公又有《重答张籍书》,然亦仍无以大破籍之所持。是盖韩公未满三十时作品,其识力亦未有能自副其所抱负也。

韩公又有《答崔立之书》,亦在三试吏部不售之后,或当稍后于其答张籍,其书曰:

> 方今天下风俗,尚有未及于古者。边境尚有被甲执兵者。主上不得怡,而宰相以为忧。仆虽不贤,亦且潜究其得失,致之乎吾相,荐之乎吾君。上希卿大夫之位,下犹取一障而乘之。若都不可得,犹将耕于宽闲之野,钓于寂寞之滨,求国家之遗事,考贤人哲士之终始,作唐之一经,垂之于无穷。诛奸谀于既死,发潜德之幽光。二者将必有一可。

是韩公当时,亦自谓苟不能致身政治,有所建白,亦惟有退而著书,此亦是张籍意见,不过在韩公之意,将稍置以为缓图耳。而张籍之所讥以为驳杂无实之说者,韩公亦仅曰:

> 此吾所以为戏耳。比之酒色,不有间乎?吾子讥之,似同浴而讥裸裎。

此等语显属强辨。在张籍之意,固自承不敢当作者,而冀韩公之为之。今韩公乃以同浴而讥裸裎为答,故曰终不足以大折张籍之说也。然此仅为韩公早年之说。逮其后,学愈深,识愈高,所论乃远与早年不同,请继此申述之。

(四)

今且另提一问题,即自韩公提倡古文以后,关于短篇散文在文学史上之地位,及短篇散文中体类分别之新演变之一问题是也。兹试先引柳宗元氏之说阐述之。子厚有其弟子直《西汉文类序》,谓:

> 以文观之,则赋颂诗歌书奏诏策辩论之辞毕具。以语观之,则右史记言《尚书》《战国策》成败兴坏之说大备。

又曰:

> 殷周之前,其文简而野。魏晋以降,则荡而靡。得其中者汉氏。汉氏之东则衰矣。当文帝时,始得贾生明儒术。武帝尤好焉。公孙宏董仲舒司马迁相如之徒作,风雅益盛。敷施天下,自天子至公卿大夫士庶人咸通焉。于是宣于诏策,达于奏议,讽于辞赋,传于歌谣,由高帝讫于哀平王莽之诛,四方之文章盖烂然矣。

柳公此文，将古来子史两部，如张籍氏之所谓著书者，剔除于文章之外，此与萧统《文选序》大意相符。惟其衡文标准，自东汉以下，即不重视，此则与萧氏大异。柳公此文意见，实乃自陈子昂李太白以来，唐人衡文一共同标准共同意见也。寻柳氏之所谓文，又分两别。代人记言谓之语，已所造作谓之文。而文之体类，则又分赋颂诗歌书奏诏策辩论而为五。然柳文此下所举，则仅及辞赋歌谣诏策奏议四者，独不及论辩。此亦有说。盖论辩之文，在古人每以撰次成书，勒为一家言，故于短篇散文中，论辩当不占重要地位，故柳氏不复称引及之也。在柳氏之意，欲求恢复古代之散文体，却不必定要摹效古人之经史著作。此一说，已足以答复张籍及时人之所疑矣。

柳氏衡文之意，又见于其所为《杨评事文集后序》，其言曰：

作于圣，故曰经。述于才，故曰文。文有二道，辞令褒贬，本乎著述者也。导扬讽谕，本乎比兴者也。著述者流，盖出于《书》之谟训，《易》之象系，《春秋》之笔削，其要在于高壮广厚，词正而理备，谓宜藏于简册也。比兴者流，盖出于虞夏之咏歌，殷周之风雅，其要在于丽则清畅，言畅而意美，谓宜流于谣诵也。兹二者，考其旨义，乖离不合。故秉笔之士，恒偏胜独得，而罕有兼者焉。厥有能而专美，命之曰艺成，虽古文雅之盛世，不能并肩而生。唐兴以来，称是选而不怍者，梓潼陈拾遗。其后燕文贞以著述之余攻比兴而莫能极。张曲江以比兴之隟穷著述而不克备。其余各探一隅，相与背驰于道者，其去弥远。文之难兼，斯亦甚矣。

柳氏此文,又分文为两大类。一本乎著述,宜藏简册。一本乎比兴,宜流谣诵。合之引前《西汉文类序》,则赋颂诗歌,即本乎比兴,而书奏论辩,则本乎著述。由此言之,斯文短篇,亦原本古人著书而来,其体若有变,其用实相类。循此似可解张籍氏之惑,而免于以古文为驳杂无实之说之诮矣。惟柳氏又备举杨评事之文,谓:

> 其为《鄂州新城颂》,《诸葛武侯传论》,《饯送梓潼陈众甫》,《汝南周愿》,《河东裴泰》,《武都符义府》,《太山羊士谔》,《陇西李炼》,凡六序。《庐山禅居记》,《辞李常侍启》,《远游赋》,《七夕赋》,皆人文之选,用是陪陈君之后,其可谓具体者欤。

其所列,如赠序杂记之类,既非论辩,亦非书奏,此皆唐代新兴之文体,正是张籍所讥以为驳杂而无实者也。而柳氏顾谓其以陪陈君之后,可谓具体者。是柳氏之意,即此诸新体,亦可谓其兼比兴与著述也。柳氏又谓杨君晚节,遍悟文体,尤邃叙述。又谓宗元以通家修好,幼获省谒。则柳公固深契于杨氏之为文,而非泛泛为诵扬之辞。尤其所谓遍悟文体一语,盖涵有引而未发之深义。亦可谓体各有当,不必定为专书之著述,亦不必定为论辩与书奏,乃有当于古人为文之旨义也。

柳氏衡文意见之远异于张籍,尤可于其《读韩愈所著〈毛颖传〉后题》一文见之。其文曰:

> 自吾居夷，不与中州人通书。有来南者，时言韩愈为《毛颖传》，大笑以为怪，而吾久不克见。杨子诲之来，始持其书。索而读之，信韩子之怪于文也。世之模拟窜窃，取青妃白，肥皮厚肉，柔筋脆骨以为辞者，其大笑固宜。且世人笑之，不以其俳乎？而俳又非圣人之所弃者。《诗》曰：善戏谑兮，不为虐兮。《太史公书》有《滑稽列传》，皆取乎有益于世者也。学者终日讨说答问，呻吟习复，应对进退，掬溜播洒，则罢惫而废乱，故有息焉游焉之说。有所拘者有所纵。大羹玄酒，体节之荐，味之至者。而文王之昌蒲葅，屈到之芰，曾皙之羊枣，然后尽天下之奇味以足于口。独文异乎？韩子之为，亦弛焉而不为虐，息焉游焉而有所纵，尽六艺之奇味以足其口。且凡古今是非，六艺百家，大细穿穴，用而不遗，毛颖之功也。韩子奋而为之传，以发其郁积，学者得之，励其有益于世。是其言，固与异世者语，而贪常嗜琐者，呫呫然动其喙，亦劳甚矣。

读此文，知韩公《毛颖传》，在当时固极遭诽笑。即以后《旧唐书》韩公传。尚谓其为《毛颖传》，讥戏不近人情，此文章之甚纰缪者。而子厚则赏其能独创不因袭，怪奇有异致，亦谓其有所比兴，于世非无益。并谓文辞之为功，有宣导，有纵弛，不当专以整襟陈义为主。此子厚本文大旨，亦其所谓遍悟文体之一例也。兹以今语释之，子厚乃站在文学本身立场上发议，抑且站在韩柳二公在当时所欲提倡之新文学见解上立论，故既与如张籍之专重著书以卫道之观念有别，亦与同时乃及身后一辈人对文学之评价相异也。

然则推柳氏之意,文之为体,固可不尽于诏策奏议辞赋歌谣以及夫论辩之类,而当别有所新创,要之求其能不失于褒贬之与讽谕,而能兼夫著述与比兴二者之美,庶可以穷极六艺之所蕴,而不限于古人之成格。读者试会合籀诵上引柳氏诸篇,亦可略窥其立论旨义之所在矣。此乃柳氏对于其所提倡之古文所特持之评价意见,而韩公早年所论,则殊未足以及此也。

(五)

韩公之《答张籍》,谓:所谓著书者,义止于辞耳。宣之于口,书之于简,何择焉?又谓吾与人为无实驳杂之说,此吾所以为戏耳。此书作于韩公早年。若循是言之,岂非古文乃无义趣可言。逮后韩公持论便不同。其《答刘正夫书》曰:为文宜师古人。又曰:师其意,不师其辞。又曰:

> 夫百物朝夕所见,人皆不注视也。及睹其异者,则共观而言之。夫文岂异于是乎?汉朝人莫不能为文,独司马相如太史公刘向扬雄为之最。然则用功深者,其收名也远。若皆与世沉浮,不自树立,虽不为当时所怪,亦必无后世之传也。足下家中百物,皆赖而用也。然其所珍爱者,必非常物。夫君子之于文,岂异于是乎?

又曰:

> 圣人之道，不用文则已，用则必尚其能者。能者非他，能自树立，不因循者是也。

至是，韩公始于文学立场自抒伟见，谓文学贵能创造，否则即不足以传后也。

韩公论文大义，又见于其《南阳樊绍述墓志铭》，曰：

> 多矣哉，古未尝有也！然而必出于己，不袭蹈前人一言一句，又何其难也！必出入仁义，其富若生蓄，万物必具，海涵地负，放恣横纵，无所统纪，然而不烦于绳削而自合也。

古人著书，一干而万条，今创为短篇散文，乃变为万枝而一本。本于何？曰：本乎仁义。然而放恣纵横，若无所统纪。若天地之生物，海涵地负，无所不有。其同于圣人者在其道，其所以异乎圣人者则在乎辞。纵使圣人复出，其有用于文，从事著作，亦必尚其异，尚其非常，不蹈袭前人之成格。不蹈袭于前人，而自合于前人，此所谓不烦绳削而自合也。故曰：

> 惟古于词必己出，降而不能乃剽贼。后皆指前公相袭，从汉迄今用一律。寥寥久哉莫觉属，神徂圣伏道绝塞。既极乃通发绍述，文从字顺各识职，有欲求之此其躅。

然后人不明韩公为文必出入仁义，海涵地负，无所统纪之深旨，乃仅于一字一句间求之。于是学韩者乃竞尚于怪奇。则岂古圣贤之著作,孔孟之道,亦仅止于造为字句之怪奇而已乎!李肇《国史补》谓:元和之后,文笔则学奇于韩愈,学涩于樊宗师。苏轼亦谓:学韩而不至,为皇甫湜。学皇甫湜而不至,为孙樵。自樵以降,无足观矣。是皆不窥韩公为文之本原,与夫韩公论文之深旨者也。

秦观有云:

> 探道德之理,述性命之情,发天人之奥,明死生之变,此论理之文,如列御寇庄周之所作是也。别黑白阴阳,要其归宿,决其嫌疑,此论事之文,如苏秦张仪之所作是也。考同异,次旧闻,不虚美,不隐恶,人以为实录,此叙事之文,如司马迁班固之所作是也。原本山川,极命草木,比物属事,骇耳目,变心意,此托词之文,如屈原宋玉之所作是也。钩庄列之微,挟苏张之辩,摭迁固之实,猎屈宋之英,本之以《诗》《书》,折之以孔氏,此成体之文,如韩愈之所作是也。盖前之作者多矣,而莫有备于愈。后之作者亦多矣,而无以加于愈。故曰:总而论之,未有如韩愈者也。

秦氏此说,当引与《樊绍述铭》合看,庶可以深明乎韩公为文之工力与其宗趣矣。

韩公亦尝自言之,其《答侯继书》有云:

> 仆少好学问,自五经之外,百氏之书,未有闻而不求,得而不观者。然其所志,惟在其意义所归。

此书在贞元十一年，时犹未离京东下，是亦公早年作品也。谓其博观约取，惟在书中之意义，即所谓好古之文，乃好古之道也。然既是好古之道，则何乃嚣嚣多言，为驳杂无实之说，以取欢于人而已乎，此张籍之所疑也。及韩公为《进学解》，则在元和时，比观所言，大异乎昔，斯可知韩公《进学》之所造诣矣。其言曰：

> 先生口不绝吟于六艺之文，手不停披于百家之编。记事者必提其要，纂言者必钩其玄。贪多务得，细大不捐。

又曰：

> 觝排异端，攘斥佛老。补苴罅漏，张皇幽眇。寻坠绪之茫茫，独旁搜而远绍。障百川而东之，回狂澜于既倒。

又曰：

> 沉浸醲郁，含英咀华。作为文章，其书满家。上规姚姒，浑浑无涯。周诰殷盘，佶屈聱牙。《春秋》谨严，《左氏》浮夸。《易》奇而法，《诗》正而葩。下逮《庄》《骚》，太史所录，子云相如，同工异曲。

上引第一节，自述其所用力，乃学问从入之途也。第二节，自述其所见道，与所以明道而卫道者，乃学问到达之境，与夫其抱负之实也。第三节，自述其所为文，乃由求道而得，亦由明道而作。

文本于道,与道相一贯,而沉浸醲郁,含英咀华八字,尤见其积于中而发于外,因于蓄道德而后能文章,其意最为深到,乃为韩公学成后议论。故曰:

> 先生之于文,可谓闳其中而肆其外矣。

闳中是本,肆外则仅其发而见于末者。此一义,韩公乃不惮屡言之。其《答尉迟生书》,亦曰:

> 夫所谓文者,必有诸其中。是故君子慎其实。实之美恶,其发也不掩。本深而末茂,形大而声宏。行峻而言厉,心醇而气和。昭晰者无疑,优游者有余。体不备,不可以为成人。辞不足,不可以为成文。

由是言之,则志道修身,乃为文立言之基本。世人常言韩公主文以载道,其实韩公之意,乃谓必得道而后始能文也。

此义,又畅发之于其《答李翊书》。其言曰:

> 将蕲至于古之立言者,则无望其速成,无诱于势利。养其根而俟其实,加其膏而希其光。根之茂者其实遂,膏之沃者其光晔。仁义之人,其言蔼如也。

又曰:

虽然，不可以不养。行之乎仁义之途，游之乎《诗》《书》之源。无迷其途，无绝其源，终吾身而已矣。气，水也。言，浮物也。水大，而物之浮者大小毕浮。气之与言犹是也。气盛，则言之短长与声之高下者皆宜。

此一节，从来论文者每以与魏文帝《典论·论文》相提并论。谓文以气为主，曹韩同此意见。不知魏文《典论》仅指文章之气，故曰气体不可强为。此犹后人言为文，有阳刚阴柔之别也。韩公此文，则指作者平日之所养，内心之所蓄。此二者可以相同而绝不同。或又疑韩公此文学《庄子》，此亦仅自外貌求之耳。其实韩公此文明本《孟子·养气》章。孟子曰：我知言，我善养吾浩然之气。又曰：其为气也，至大至刚以直，养而无害，则塞于天地之间。其为气也，配义与道。无是，馁也。又曰：诐辞知其所蔽，淫辞知其所陷，邪辞知其所离，遁辞知其所穷。韩公亦言之，曰：

然后识古书之正伪，与虽正而不至焉者，昭昭然白黑分矣。

此言正伪，正指道义，即孟子之知言工夫也。无迷其途，无绝其源，终吾身而已，即孟子之养气工夫也。故又曰：

君子处心有道，行己有方。用则施诸人，舍则传诸其徒，垂诸文而为后世法。

韩公论文至此,然后文本于道,文道一贯之意乃显。于是乃溥博渊泉,不择地而出。所谓垂诸文者,正是一种现身说法,更不须如张籍所规,必效法孟轲扬雄,特为一书,始为垂诸文,而无实驳杂之讥,亦可不辩自破。盖皆学有本源,根茂实遂,即文中不言仁义,而自见为仁义之言。即文中不论经术,而自是从经术所发。故探讨韩公倡为古文之意见,必至是乃可谓窥其阃奥,而得其渊旨也。

柳子厚亦与韩公持相似之意见,其《答韦中立论师道书》有谓:

> 始吾幼少,其为文章,以辞为工。及长,乃知文者以明道,固不苟为炳炳烺烺,务采色,夸声音,而以为能也。故吾每为文章,未尝敢以轻心掉之,惧其剽而不留也。未尝敢以怠心易之,惧其弛而不严也。未尝敢以昏气出之,惧其昧没而杂也。未尝敢以矜气作之,惧其偃蹇而骄也。抑之欲其奥,扬之欲其明,疏之欲其通,廉之欲其节,激而发之欲其清,固而存之欲其重,此吾所以羽翼夫道也。本之《书》以求其质,本之《诗》以求其恒,本之《礼》以求其宜,本之《春秋》以求其断,本之《易》以求其动,此吾所以取道之原也。参之《穀梁氏》以厉其气,参之《孟》《荀》以畅其支,参之《庄》《老》以肆其端,参之《国语》以博其趣,参之《离骚》以致其幽,参之《太史》以著其洁,此吾所以旁推交通而以为之文也。

柳子所言，较之韩公，深浅有异，醇驳有辨矣。要之主文本于道，文道一贯，则大意无殊。然而所谓文本于道，文道一贯者，此乃即文而见道，非为文以明道也。为文明道，乃后人文以载道之说，仍是道与文为二，而即文见道，则道自寓于文，乃道与文为一。故虽如韩公之为《毛颖传》，亦非无道而为之，亦可由此而见道矣。

道寓于文之义，韩公又深见之于其《送高闲上人序》。其言曰：

> 苟可以寓其巧智，使机应于心，不挫于气，则神完而守固。虽外物至，不胶于心。尧舜禹汤治天下，养叔治射，庖丁治牛，师旷治音声，扁鹊治病，僚之于丸，秋之于弈，伯伦之于酒，乐之终身不厌，奚暇外慕？夫外慕徙业者，皆不造其堂，不哜其胾者也。往时张旭善草书，不治他伎，喜怒窘穷，忧悲愉佚，怨恨思慕，酣醉无聊不平，有动于心，必于草书焉发之。观于物，见山水崖谷，鸟兽虫鱼，草木之花实，日月列星，风雨水火，雷霆霹雳，歌舞战斗，天地事物之变，可喜可愕，一寓于书。故旭之书，变动犹鬼神，不可端倪，以此终其身而名后世。今闲之于草书，有旭之心哉？不得其心而逐其迹，未见其能旭也。为旭有道，利害必明，无遗锱铢，情变于中，利欲斗进，有得有丧，勃然不释，然后一决于书，而后旭可几也。今闲师浮屠氏，一死生，解外胶，是其为心，必泊然无所起，其于世，必淡然无所嗜，泊与淡相遭，颓堕委靡，溃败不可收拾，则其于书，得无象之然乎？然吾闻浮屠人善幻，多技能，闲如通其术，则吾不能知矣。

此文列举尧舜治天下,迄于张旭之治草书,而独不及文章,然文章自非例外可知。韩公此文所提出之问题,乃向来所辨道与技之问题也。以今语说之,亦可谓是道德与艺术之问题。艺术必表现一内心,内心之所得者是其德,发之于技是其艺。寓其所得于其所发,大者为道,小者为术。治天下犹且然,况于为文章?姚鼐谓韩公此言,本所自得于文事,此言是也。而韩公之所以深斥于佛老者,亦由是而可见。推韩公之意,谓天地间一切道,一切艺,皆由人心生。人心得所养;而外有以合乎天,然后天人相应,而道彰焉,艺美焉。今苟一切遣去其内心,解之释之,泊然淡然,而几于颓堕委靡,而转谓其乃一任乎天,是荀卿之讥庄周,所谓知有天不知有人也。然苟情炎于中,利欲斗进,有得有丧,勃然不释,此等心境,张旭以之治草书则可,固不可移之尧舜禹汤治天下。此则道与技之别也。而韩公则固以尧舜禹汤文武周公孔孟之道以治其文者,故曰:行之乎仁义之途,游之乎《诗》《书》之源。大本既立,内有所感,外有所观,乃一于文焉发之。曾国藩评此文谓:机应于心,熟极之候也,庄子《养生主》之说也。不挫于气,自慊之候也,孟子《养气》章之说也。又曰:韩公之于文,技也,进乎道矣。曾氏此评,盖为得之。韩公友李翱习之尝谓:人号文章为一艺者,乃时世所好之文,或有盛名于近代者是也。其能到古人者,则仁义之辞也,恶得以一艺名之?此言更可谓深得韩公论文之深旨。后之学韩者,不得其心而逐其迹,则为皇甫湜孙樵之归,所谓象之而已者也。或以《庄子》宋元君画史解衣槃礴裸之故事说此篇,亦未是。郭象云:内足者神闲而意定。夫内足亦非遣去此心,使之空无所存也。韩公之所内足自慊，则曰仁义之途，《诗》《书》之源，此又不可不辨。

（六）

陈后山评韩公诗，谓诗文各有体，韩以文为诗，杜以诗为文，故不工尔。窃谓后山此评，亦未全是。谓诗文各有体，是也。谓韩公以文为诗，亦是。因谓韩诗不工，则私人之好恶，历代好韩诗者，必不以为然。顾韩公之有大贡献于中国文学史者，实在文不在诗。而韩公之以诗为文，向来亦无人道及。此我上文所谓散文短篇体类之新演变也。试再稍申说之。

窃谓韩公不仅以文为诗，实亦以散文之气体笔法为辞赋。试诵韩集诸赋，及其哀辞祭文，乃至碑志之铭文，及其他颂赞箴铭之类，凡其文体当归入辞赋类者，韩公为之，不论用韵不用韵，实皆运用散文之笔法气体以成篇，而使其面貌一新，迥不犹人，此皆韩公之创格也，而固不能谓之不工。而韩文之神奇变化，开此下散文无穷法门，而能使短篇散文达于海涵地负，放恣纵横之境界者，尤要则在其书牍与赠序之两体。

古人散文，除经史百家著为专书者不论，自余则为奏策诏令，此皆原于《尚书》，当属政治文件。虽亦于文有工有不工，然题材既先有限制，则不得谓之是纯文学。唐人似多于此犹有不辨者。故《旧唐书·元稹白居易传》史臣曰：

> 国初开文馆，高宗礼茂才，虞许擅价于前，苏李驰声于后。或位升台鼎，学际天人，润色之文，咸布编集。然而向

古者伤于太僻,徇华者或至不经。龌龊者局于工商,放纵者流于郑卫。若品调律度,扬榷古今,贤不肖皆赏其文,未如元白之盛也。昔建安才字,始定霸于曹刘,永明辞宗,先让功于沈谢。元和主盟,微之乐天而已。臣观元之制策,白之奏议,极文章之壸奥,尽治乱之根荄。

赞曰:文章新体,建安永明。沈谢既往,元白挺生。

此一意见,乃承散文旧传统,以奏议制策之类为朝廷大述作,西汉贾董匡刘,即以此为文章宗师,唐史臣之极推元白,着眼亦在此。而韩公之倡为古文,则其意想中独有新裁别出,固有非时人所能共晓者。

其次如论辨序跋。此类文字,如作论辨,则不如著专书,如为序跋,亦仅堪为原书当附庸,断不能就此发扬出短篇散文之最高价值。并其体皆限于学术性,亦不能成为纯文学。

又其次如碑志传状。传状之类,既有官史,今以私家短篇散文为之,亦断不能有甚高价值。故韩柳二集,所作传状,仅有《圬者王承福》,《种树郭橐驼》,以及《宋清》,《童区寄》,《梓人》,《李赤》,甚及《毛颖传》与《蝜蝂传》。可知二公之为此,情存比兴,乃以游戏出之。名虽传状,实属新体。此等题材,若承旧贯,当为一诗,非真承袭自史传也。此则已是二公别创新格,运诗为文之一证矣。

碑志自东汉蔡邕以下,实成为一种社会性的应酬文字。故邕之自白,生平为碑文,无惭笔者,仅郭林宗一碑,此其拘碍于对方请求人之情面者可知。韩公承其家业,亦以能碑文招徕四方之邀乞，当时有刘义攫取谀墓金之说，则时人亦认韩公碑文为是一种世俗应酬文字也。且碑志既缚于题材，碍于情面，又限于文体。盖碑文当勒之金石，体尚谨严，文须韵藻，并不与其他散文同其渊源，亦复与史传性质有别。而韩公为之，乃刻意以散文法融铸入金石文而独创一体。其骨格则是龙门之史笔，其翰藻则是茂陵之辞赋。设例取势，因人为变。创格造局，锤句炼响，极行文之能事。可谓前无古人，后无来者。然终以限于体制，以此显韩公之圣于文而无施不可则可，然若绳以纯文学之境界与标准，则终为有憾。由此而言，正见韩公当时倡为古文，其实仍是随顺世俗，因变为新。并不拘拘于必以复古为尚矣。若必拘拘以复古是尚，则东汉以前，并无碑志一体。韩公平日所举，古之豪杰之士，方在早年时，则曰若屈原孟轲司马迁相如扬雄之徒，其后学养渐深，又改称曰：汉之能为文者，独司马相如太史公刘向扬雄为之最。试问凡此诸人，无论其为孟轲屈原，或如两司马以下，几曾有墓志与碑铭之作乎？故知韩公心中，所谓好古之文者，实自有其一种开新之深见，决非漫曰好古，仅务依仿而已也。此又韩公创意以散文法融铸入金石文，亦犹其创意以散文为辞赋之例也。

除上述诸体外，尚有书牍。战国先秦纵横游说之辞此不论。厥后以书牍传者，实寥寥可数。西汉如司马子长《报任少卿》，杨恽《报孙会宗》，刘歆《移书让太常博士》之类，皆一时特有所感触，披畅积蕴，一书必有一书之特殊内容。在作者当时，必感有所不容已于言者，是亦题材先定矣。尤如刘书，讨论学术，兼可作政治文件看，此当别论。是西汉一代，惟马杨两书，因事抒情,始可谓是文学绝唱。而杨书特模效其外祖太史公之所为,故以书牍运入文学,在汉时特太史公始创之。而史公生平亦仅有此一篇,此亦所谓发愤而作,妙手偶得也。故就文学史演进大势言,如相传李陵《报苏武书》,不仅其文辞可疑,即论其时代,正与太史公《报任少卿书》略相先后,亦不应同时并现两奇迹,有如是之巧合也。

至于有意运用书牍为文学题材,其事当起于建安,而以魏文帝陈思王兄弟为之最。此等书札,所以异于前人者,缘其本无内容,并非有一番不容已之言,而特游戏出之,籍以陶写其心灵。古人云:嗟叹之不足则咏歌之,此等书札,则辞多嗟叹,情等咏歌,本亦宜于作为一诗,今特变其体为一封书札耳。故此等书札,乃始有当于纯文学之条件。而后来嗣响,仍少佳构。必待韩公出,而后书牍一体始成为短篇散文中极精妙之作品。写情说理,辨事论学,宏纤俱纳,歌哭兼存,而后人生之百端万状,怪奇寻常,尽可容入一短札中,而以随意抒写之笔调表出之。无论其题目之大小,内容之深浅,正因其乃一书牍之体,而更易使人于轻松而亲切之心情下接受领会,此实为韩公创新散文体之一绝大贡献。而后之来者,对此一体,亦终少称心惬意之佳构,足以追随韩公者。盖碑志之难,人所易知。书牍之难,人所难晓。此两体,一必求其典雅,一必求其自然,又皆不脱应酬人情,世俗常套,故极难超拔,化臭腐为神奇,自非有深造于文学之极诣者,实不易为。

书牍之外,厥为赠序,此一体创始于唐人。相传五言诗起于苏李赠答,固不足信,然赠答要为此下诗中最广使用之一体。故昭明选诗，亦独以赠答一类为多。其他如公讌，如祖饯，皆与赠别相近。可证此类本属诗题，故皆以吟咏出之。及于唐人，临别宴集，篇什既多，乃有特为之作序者，亦有不为诗而径以序文代者。今传《李太白文集》共五卷，而序文独占两卷，实皆赠答诗之变相也。如其《暮春江夏送张祖监丞之东都序》，乃曰：诗可赠远，无乃阙乎？《秋于敬亭送从侄耑游庐山序》，曰：情以送远，诗能阙乎？《冬夜于随州紫阳先生餐霞楼送烟子元演隐仙城山序》，曰：诗以宠别，赋而赠之。此等皆明以序代诗送别也。《夏日陪司马武公与群贤宴姑熟亭序》，曰：千载一时，言诗纪志，此又以序代诗纪公讌也。又如《金陵与诸贤送权十一序》，曰：群子赋诗，以出饯酒，仙翁李白辞。此特群子为诗而已为之辞，仍不以其辞为所以序群子之诗也。又《江夏送倩公归汉东序》，曰：作小诗绝句以写别意。辞曰：××（此处原缺二字。）汉东国，川藏明月辉，宁知丧乱后，更有一珠归。是太白此篇，实仍是赋诗赠别。所以谓之序者，《诗经》三百首，本各有序，婢作夫人，乃径以序名篇也。又如《春夜宴从弟桃花园序》，曰：不有佳咏，何伸雅怀，如诗不成，罚依金谷酒数。是席间各约赋诗，而特以序引端也。又如《秋日于太原南栅饯阳曲王赞公贾少公石艾尹少公应举赴上都序》，曰：请各探韵，赋诗宠行，此亦与《夜宴桃花园序》同例，乃以序作前引，随各赋诗也。《太白集》所收序文两卷，惟《泽畔吟序》一篇，独为序跋之序，而亦特以序诗，与序著述专籍者异。此为唐人赠序新体，其原起乃由诗转来之明证。太白自负文可以变风俗，如此类，变诗为文，亦其例乎？

然太白所为诸序，寻其气体所归，仍不脱辞赋之类。其事必至韩公,乃始纯以散文笔法为之。此又韩公一创格也。韩公于李集必甚注意,事无可疑。是韩公此一创格,寻其渊源,可谓自李集而来。

苏东坡尝谓:

> 欧阳公言,晋无文章,惟陶渊明《归去来词》而已。余谓唐无文章,惟韩退之《送李愿归盘谷序》而已。生平欲效此作,每执笔辄罢,因自笑曰:不若且放教退之独步。

今按:韩公《送李愿归盘谷序》,竟体用偶俪之辞,其实尚是取径于辞赋,东坡以之拟陶渊明《归去来辞》,是也。惟文中遇筋节脉络处,则全用散文笔法起落转接,此为韩公有意运用散文气体改换古人辞赋旧格之证。此所谓李光弼入郭子仪军,壁垒犹旧,旌旗全新也。而篇末与之酒而为之歌,显由太白《江夏送倩公归汉东序》之体制脱胎而来,更可证韩公所为赠序新体之渊源所自。

又其《送杨少尹序》,昔人评其文反复咏叹,言婉思深,此明是一种诗的境界。韩公又曰:杨侯之去,丞相有爱而惜之者,为歌诗以劝之,京师之长于诗者,亦属而和之。是他人以诗赠别,韩公乃以序代诗,亦即太白《暮春江夏送张祖监丞之东都序》之类也。又如《送湖南李正字序》,重李生之还者皆为诗,愈最故,故又为序云。今按:公亦为诗送行,是序,即序其当时之送行诗集也。其他如《送石处士序》,《送温处士赴河阳军序》,《送郑十校理序》,诸篇皆是。此则太白《金陵与诸贤送权十一序》之类也。惟《太白集》尚自称其序为辞，辞体固犹与诗近，而韩公则径以散文笔法为之，故遂正式成为送行诗集之序文，于是遂正式为散文中一新体。

又如《上已日燕太学听弹琴诗序》，即太白《夏日陪司马武公与群贤宴姑熟亭序》之类也。赠别有诗，公讌亦有诗，至于唐，皆变而有序，此等序，其实皆诗之变体。惟韩公深于文，明于体类，故能以诗之神理韵味化入散文中，遂成为旷古绝妙之至文焉。刘大櫆评韩公《送董邵南序》，曰：此篇及《送王含序》，深微屈曲，读之觉高情远韵，可望不可及。张裕钊曰：寄兴无端，如此乃可谓之妙远不测。曾国藩评韩公《送王秀才含序》，曰：波折夷犹，风神绝远。其他诸家，尚多以评诗语评韩公赠序诸篇，皆可谓妙得神理。惜无一人能明白言之曰：是乃韩公之以诗为文耳。章实斋《文史通义》有云：学者惟拘声韵之为诗，而不知言情达志，敷陈讽谕，抑扬涵泳之文，皆本于诗教。其言是矣，然亦未能明论唐宋诸家之以诗为文也。余此所论，苟深明于文章之体类流变者，当不斥为妄言。

故韩集赠序一体，其中佳构，实皆无韵之诗也。今人慕求为诗体之解放，欲创为散文诗，其实韩公先已为之，其集中赠序一类，皆可谓之是散文诗，由其皆从诗之解放来，而仍不失诗之神理韵味也。后人学韩者，惟欧阳永叔最得韩公此体文之神髓。欧公之诗，若微嫌于坦直缓散。而欧公之文，尤其赠序一体，其境界绝高者，则皆可谓是一种绝妙之散文诗也。

其他可论者，尚有杂记与杂说。杂记一体，于韩集颇不多见。然细论之，此当分两类。一曰碑记，如《汴州东西水门记》，

《郓州谿堂诗》之类是也。此等实皆金石文字,应与碑志相次。其另一类乃为杂记,如《画记》是也。

苏东坡谓:世有妄庸者,作欧阳永叔语云:吾不能为退之《画记》,此大妄也。方苞则曰:周人以下,无此种格力,欧公自谓不能为,所谓晓其深处。而东坡以所传为妄,于此见知言之难。张裕钊亦谓:《画记》可追《考工》。窃谓韩公于古文,必期能海涵地负,无所不蓄。六经百家,皆归镕铸。如《画记》此文,最为题材所限,本最不宜入文,而韩公故以入文。欧阳永叔于韩集,用力最深,体悟最精,尤于其碑志赠序诸体,皆能会其渊微,得其神似。故独于《画记》特出,自审力不能及也。东坡为文,多仗才气,盖短篇散文至于东坡之手,而得大解放。恣意所至,笔亦随之。自谓如水银泻地,无乎不达。然已失却韩公以诗为文之精意。似东坡于柳氏所谓遍悟文体之说,不加体会,故谓独不能为《送李愿归盘谷序》。其实衡以韩文神理,坡集于碑志赠序诸体,所不能造其渊微者多矣。则宜乎其以永叔此语为妄传。

韩集杂记诸文,尚有介乎碑记与杂记之间者,如《燕喜亭记》,《新修滕王阁记》诸篇是也。此诸篇虽亦上石之文,乃全以散文笔法出之。此等文字易于模效,遂亦为后代开出无穷法门。宋人记亭阁,记斋居,皆摩空寄兴,不为题材所限,尚有运诗入文之遗意,而宋人亦不自知。后之论诗者,率分唐诗宋诗而为二,今亦可谓韩公赠序诸篇,皆是唐诗神韵,至其杂记,如《燕喜亭》《滕王阁》之类,则已开宋诗境界矣。然此亦非深于文章神理者不能辨也。

柳集独于杂记一体颇致力,凡得四卷三十六篇,夥颐甚矣。

大体论之，皆当归入碑记之类。尤其山水记游诸篇，卓绝古今，评者皆谓其导源于郦道元之《水经注》。窃谓韩柳同时，同倡为古文，声气相通。二公之于运诗入文之微意，盖有默契于心，不言而相喻者。柳公固精于诗，若是沿袭旧辙，则当为谢康乐。而柳公顾变体为散文，于是遂别开新面。然若不如是，则短篇散文，仅沿旧辙，仍是论辩奏议之类，亦决不能深入纯文学之阃奥也。后人必分诗文为两途，而隔绝视之，故漫不得子厚记游诸篇之深趣耳。

杂记之外，复有杂说，于韩集不多见，而柳集乃颇盛。所谓说者，《汉志》九流十家有小说家者流，其书虽不传，然诸子之书尚多有之，尤以庄子书为然。亦可谓庄周寓言，皆小说也。若割截庄书，分章分节而观，则内篇七篇，上起北溟之鲲化而为鹏，下迄儵忽之凿混沌七窍，几乎十九皆小说耳。外杂篇中精彩者，亦皆小说也。又如策士纵横游说，见于《战国策》者，其文亦多以小说杂羼之。惟此等皆镕入长篇，不独立为文，因此后世遂不见此体，而往往转化入诗中。盖中国诗人，自魏晋以下，殆无不沉浸于道家言，尤怡情于《庄》《列》。《列子》伪书，当出于晋，其书亦多小说。诗人之比兴，正似小说家之寓言。可知运文入诗，其来久矣。韩公狡狯为文，又一转手运诗入文，遂若蹊径独辟。今试以韩集《杂说》龙嘘气成云，世有伯乐然后有千里马两章，以韵语转译之，岂不即成为太白古风之类乎？故李光地评韩公龙云篇，亦谓此篇取类至深，寄托至广，是仍以评诗语评文也。其他如《获麟解》，解亦犹之说也，此等皆当属杂说。姚鼐《古文辞类纂》以之归入论说类，实为失伦。试参之柳集，而再定其归类之所宜。

柳集有《鹘说》,有《捕蛇者说》,有《谪龙说》,有《罴说》,有《观八骏图说》,皆杂说之体也。又有三戒,曰《临江之麋》,《黔之驴》,《永某氏之鼠》。此则显然介乎杂记与杂说之间矣。其实如韩公之《圬者王承福传》,柳公之《种树者郭橐驼传》之类,亦皆小说杂记也。而姚氏《古文辞类纂》以之归入传状,又失其伦类矣。柳集又有《乞巧文》,《骂尸虫文》,《宥蝮蛇文》,《憎王孙文》,《逐毕方文》,《辩伏神文》,《愬螭文》,《哀溺文》等,总题曰骚。就其文辞言,固属骚体,就其内容言,则亦杂记杂说之类也。柳集以对卷十四,问答卷十五,说卷十六,传卷十七,骚卷十八,吊赞箴戒卷十九,铭杂题卷二十,相联编之,最有深义,盖此等皆杂记杂说也。是非精辨于文章体类之源流变化者不易晓。盖柳集编次,出于其友刘禹锡。今传柳集,虽非禹锡手编之旧,然大体尚依稀可见。刘禹锡与吕温二人论文语,皆有极超卓者。想当时与柳公相友讨论有素矣。独惜李汉之编韩集,乃全不识文章体类,曰杂著,又有杂文,驱龙蛇而杂之于菹泽之中,最为无当。今若以柳集分类细阐之,当知杂记杂说,其体皆近小说,亦与辞赋相通。庄屈同条共贯,惟庄为散文,屈为辞赋,其外貌虽别,其内情则通。韩非《解老》《喻老》,内外《储说》《说林》诸篇,更近散文体制。然其为接近道家言,则彰著无疑,故其文亦多采小说。亦与后代杂记杂说之类相似。则此类文不当与论辨相混,亦复与碑记有别,又断可识矣。而今人论韩文者,乃谓韩公古文,特受当时传奇小说家之影响,则可谓更不了于古今文章流变之深趣矣。

今再总括上文而撮述其大意。在韩柳以前,中国文学著述,可分两大类。一曰散文，以勒为专书著述者为主，经史子三部皆是也。其有短篇散作，不为著述专书而有，则别有其应用之途。其最著者为诏令与奏议，是为应用于政治方面者。又为论辨与序跋，则为应用于学术方面者。而人情之重视诏令与奏议则尤甚。复有在社会上普遍流行之应酬文字，则为碑记碑志与书牍。其实此等皆为通俗应用文，而其使用乃愈下愈盛，其势汗漫不可止。盖专家著述，自东汉以下而渐衰，而此诸体乃与之为代兴。至于诏令奏议，则亘历古今，独成为举世重视之大文章，此一类也。又其一曰韵文，三百首之下有骚体楚辞，演为汉赋，此一支也。自东汉末季，五言诗兴，又为别一支。此二支者，乃独被目为文学焉。魏晋以降，文风既煽，昭明《文选》，堪为代表。于是循至专书著述，以及短篇散文，亦皆采骈俪辞赋之体，此唐以前文章之大体演变也。迄于唐人，有意复古，诏令奏议，求能摆脱骈俪，重模典雅，此事自周隋以来已启其端，然亦终未能餍惬人心，而有以大变乎东汉以下之所为也。自陈子昂李太白杜子美诸贤之兴，而诗体一变。自韩柳之兴而文体亦一变。此二者，皆主复古。诗之复古，在求有兴寄，勿徒尚丽采。文之复古，则主以明道，而毋徒修辞句。此其要领也。

然韩柳之倡复古文，其实则与真古文复异。一则韩柳并不刻意子史著述，必求为学术专家。二则韩柳亦不偏重诏令奏议，必求为朝廷文字。韩柳二公，实乃承于辞赋五七言诗盛兴之后，纯文学之发展，已达灿烂成熟之境，而二公乃站于纯文学之立场，求取融化后起诗赋纯文学之情趣风神以纳入于短篇散文之中，而使短篇散文亦得侵入纯文学之阃域，而确占一席地。故二公之贡献,实可谓在中国文学园地中,增殖新苗,其后乃蔚成林薮,此即后来之所谓唐宋古文是也。故苟为古文,则必奉韩柳为开山之祖师。明代前后七子,不明此义,意欲陵驾二公,再复秦汉之古,则诚无逃于妄庸之诮尔。

故韩柳古文之所实际用心努力者,主要仅亦沿袭东汉乃及建安以下社会流行之诸体。世风众趋,固难违逆也。如碑志与书牍,此两体,实自东汉以下,始盛行于社会。碑志为东汉以下之新兴体,可勿待论。即书牍,在古人偶亦有之,然既不视为篇章著述,亦不引为文学陶写。其用于政治场合者勿论。即其在私人朋友交往间,偶有杰作,问世而出,如司马公之《报任少卿》,此乃景星庆云,不期而呈现耳。必俟东汉建安以下,乃为有意文学之士所藻采润色,而刻意求其成为文学之一体焉。故书牍之入文学,亦新体也。

然韩柳之大贡献,则尚不在此。以此二体,即书牍之与碑志,仍限于社会人生实际应用之途,终与纯文学之意境有隔也。故韩柳之大贡献,乃在于短篇散文中再创新体,如赠序,如杂记,如杂说,此等文体,乃绝不为题材所限,有题等如无题,可以纯随作者称心所欲,恣意为之。当知辞赋诗歌与古代散文之不同,正在一可无题,一必有题。有题者有所为而为,无题者无所为而为。有所为而为者,由其先有一特定之使用,此已失却文学真趣。无所为而为者,乃本无所用之,而仅出一时作者心灵之陶写。为文者必至于能把握到一种无所用之之心情,到达于一种无所用之之境界,而仅出一时偶然之陶写,乃始有当于文学之深趣。故短篇散文之确能获得其在文学上之真地位与真价值,则必自韩柳二公始。

建安以下,知为文以骚赋诗歌为尚,此为中国文学史上文学独立之一种新觉醒。然骚赋诗歌,必尚辞藻,必遵韵律,为之不已,流弊所趋,乃竞工外饰,忘其内本。唐兴,陈李揄扬风雅,高谈兴寄,正以药其病。至于韩柳有作,乃刻意运化诗骚辞赋之意境而融入之于散文各体中,并可剥落藻采,遗弃韵律,洗脂留髓,略貌存神,而文学之园地,转更开拓,文学之情趣,转更活泼。柳公之所为微逊于韩者,正为其洗汰之未净,犹多存辞赋痕迹,而转使后之治文学史者,乃可从柳公之藩篱,而进窥韩公之堂奥。而韩柳二公在当时之一番精心密意,转得因此而益见其昭晰朗显焉。鸳鸯绣出,金针未藏,此亦中国文学史上一极值得钻寻之节目也。

惟文学之为事,终不能无纂组藻采之工。韩柳之于琢句锻字,布格设色,匠心密运,有更难于尚偶俪之所为者。北宋诸家继起,尚为未失矩矱。而新途既开,简易平淡之风,每趋愈下。至于元明之世而文敝再起。明代前后七子,欲矫之以枵响豪气,固未得当。而如归熙甫,仅求于淡泊清浅中,觅取风神摇曳之致,曾国藩目之为牛蹄之涔,其又何以胜海涵地负之任?人生诸端渐渐游离于古文之阈域,而古文之为用,乃日促日狭。自此以降,乃更无有大力者可以振起之。回视韩柳二公之在当时,其为艰险创辟之功,岂不更可想见乎?

(七)

韩柳二公之在唐,其倡为古文,每主文本于道,文道一贯之说。然二公之于文,则诚足以餍切人心矣。至论其所得于道者,则终不能无遗后人以未极高深之憾。李太白有言,文可以变风俗,学可以究天人,则试问韩柳二公之究天人之学之所造诣为何如乎?

《新唐书·韩愈传》谓:

> 其《原道》《原性》《师说》等数十篇,皆奥衍闳深,与孟轲扬雄相表里,而佐佑六经。

宋儒石介亦曰:

> 吏部《原道》《原性》《原毁》《行难》《禹问》《佛骨表》《诤臣论》,自诸子以来未有。

后人推尊韩文,必首及《原道》。《原道》之言曰:

> 博爱之谓仁,行而宜之之谓义,由是而之焉之谓道,足乎己,无待于外之谓德。

杨龟山曰:

> 韩子意曰,由仁义而之焉,斯谓之道。充仁义而足乎己,斯谓之德。所谓道德云者,仁义而已。故以仁义为定名,道德为虚位。

然仁义又何自生？韩公则见其说于《原性》之篇。其言曰：

> 性也者，与生俱生也。性之品有三，而其所以为性者五。

又曰：

> 性之品有上中下三。上焉者，善焉而已矣。中焉者，可导而上下也。下焉者，恶焉而已矣。其所以为性者五，曰仁，曰礼，曰信，曰义，曰智。上焉者之于五也，主于一而行于四。中焉者之于五也，一不少有焉，则少反焉。其于四也混。下焉者之于五也，反于一而悖于四。

然天之生人，又何为如是其不齐？朱子曰：

> 退之说性，只将仁义礼智信来说，便是识见高处。

又曰：

> 退之见道处，却甚峻绝。性分三品，正是气质之性。至程门说到气字，方有去着。

盖韩公专以仁义礼智信说性，正依孟子性善之说来，故曰孟子醇乎醇，荀与扬择焉而不精，语焉而不详也。然天之生人，既有反于一而悖乎四者，则是性不纯善，故曰性分三品。则依韩公之说,孟子之主性善,亦未全是也。宋儒张横渠始提出义理之性与气质之性之分别,二程深取其说,而朱子曰:气质之说起于张程,极有功于圣门,有补于后学,前此未曾说到。是亦折衷于孟子韩公,而为此调停两可之说耳。

于此当进而涉及韩公之论天,其说乃旁见于柳集之《天说篇》。曰:

> 韩愈谓柳子曰:若知天之说乎?吾为子言天之说。今夫人,有疾痛倦辱饥寒甚者,因仰而呼天,曰:残民者昌,佑民者殃。又仰而呼天,曰:何为使至此极戾也!若是者,举不能知天。夫果蓏饮食既坏,虫生之。人之血气,败逆壅底,为痈疡疣赘瘘痔,亦虫生之。木朽而蝎出,草腐而萤飞,是岂不以坏而后出耶?物坏,虫由之生。元气阴阳之坏,人由而生。虫之生而物益坏,食啮之,攻穴之,虫之祸物也滋甚。其有能去之者,有功于物者也。繁而息之者,物之仇也。人之坏元气阴阳也亦滋甚。垦原田,伐山林,凿泉以井饮,窾墓以送死,而又穴为偃溲,筑为墙垣城郭台榭观游,疏为川渎沟洫陂池,燧木以燔,革金以镕,陶甄琢磨,悴然使天地万物不得其情。幸幸冲冲,攻残败挠而未尝息,其为祸元气阴阳也,不甚于虫之所为乎?吾意有能残斯人使日薄岁削,祸元气阴阳者滋少,是则有功于天地者也。蕃而息之者,天地之仇也。今夫人,举不能知天,故为是呼且怨也。吾意天闻其呼且怨,则有功者受赏必大矣。其祸焉者,受罚亦大矣。子以吾言为何如?

按诸柳集此篇，则韩公之论人道，固是粹然儒者之言。而论天事，则似浸淫于《庄子》外杂篇之所云。较之荀子《天论》，激越尤甚。自来治儒家言者，固无如是其言天者也。然则其果为韩公之言乎？今考韩公此等议论，实不见于其文集，而似可旁证于其所为之诗。韩公有《孟东野失子诗》，当在元和三年。柳刘之贬，在贞元二十一年。距此诗正相近。则柳集所记，岂或在长安时亲闻之韩公之口语乎？诗曰：

> 失子将何尤，吾将上尤天。女实主下人，与夺一何偏！彼于女何有，乃令蕃且延？此独何罪辜，生死旬日间？上呼无时闻，滴地泪到泉。地祇为之悲，瑟缩久不安。乃呼大灵龟，骑云叩天门。问天主下人，薄厚胡不均？天曰天地人，由来不相关。吾悬日与月，吾系星与辰。日月相噬啮，星辰踣而颠。吾不女之罪，知非女由缘。且物各有分，孰能使之然？有子与无子，祸福未可原。鱼子满母腹，一一欲谁怜？细腰不自乳，举族长孤鳏。鸱枭啄母脑，母死子始翻。蝮蛇生子时，坼裂肠与肝。好子虽云好，未还恩与勤。恶子不可说，鸱枭腹蛇然。有子且勿喜，无子固勿叹。上圣不待教，贤闻语而迁。下愚闻语惑，虽教无由悛。大灵顿头受，即日以命还。地祇谓大灵，女往告其人。东野夜得梦，有夫玄衣巾，闯然入其户，三称天之言。再拜谢玄夫，收悲以欢忻。

韩公此诗，乃言天地人互不相关，又历举物理不齐，故人性亦有三品。而柳集所记，乃若韩公主天人相仇之说，恐非韩公真实意见。然既不相关而共同相聚,则宜若可有相仇之事矣。要之,韩公之尊仁义,乃专本于人道,更不上推之天命。亦可谓韩公论天事,实是采道家见解,而其论人道,乃始一本于儒家宗旨也。

柳子之答韩公曰:

> 子诚有激而为此耶,则信辩且美矣。吾能终其说。彼上而玄者,世谓之天。下而黄者,世谓之地。浑然而中处者,世谓之元气。寒而暑者,世谓之阴阳。是虽大,无异果蓏痈痔草木也。假而有能去其攻穴者,是物也,其能有报乎?蕃而息之者,其能有怒乎?天地,大果蓏也。元气,大痈痔也。阴阳,大草木也。其乌能赏功而罚祸乎?功者自功,祸者自祸,欲望其赏罚者大谬矣。呼而怨,欲望其哀且仁者,愈大谬矣。子而信子之仁义以游其内,生而死尔,乌置存亡得丧于果蓏痈痔草木耶?

是柳子言天,实与其所记韩公之说无大殊异,皆可谓不脱庄周意境也。柳之友刘禹锡见之,曰:柳子之文信美矣,盖有激而云,非所以尽天人之际也。遂作《天论》三篇以极其辩。其上篇云:

> 入形器者,皆有能有不能。有形之大者人,动物之尤者。天之能,人固不能。人之能,天亦有所不能也。故余曰:天与人交相胜耳。天之道在生殖,其用在强弱。人之道在法制,其用在是非。人能胜乎天者,法也。法大行,则是为公是,非为公非。天下之人,蹈道必赏,违之必罚。故其

人曰:彼宜然而信然,理也。彼不当然而固然,岂理邪,天也。福或可以诈取,而祸或可以苟免。人道驳,天命之说亦驳焉。故曰:天之所能者,生万物也。人之所能者,治万物也。法大行,则其人曰,天何预人邪,我蹈道而已。法大弛,则其人曰:道竟何为邪,任人而已。法小弛,则天人之论驳焉。

其中篇曰:

或曰:子之言,天与人交相胜,其理微,庸使户晓,盍取诸譬焉?曰:若知旅乎?夫旅者,群适乎莽苍,求休乎茂木,饮乎水泉,必强有力者先焉。虽圣且贤,莫能竞也。斯非天胜乎?群次乎邑郛,求荫于华榱,饱于饩牢,必圣且贤者先焉,强有力莫能竞也,斯非人胜乎?是非存焉,虽在野,人理胜。是非亡焉,虽在邦,天理胜。然天非务胜乎人者,人不宰则归乎天。人诚务胜乎天者,天无私,故人可务乎胜也。

或者曰:若是,则天之不相于人也信矣。古之人曷引天为?答曰:若知操舟乎?舟行乎潍淄伊洛者,疾徐存乎人,次舍存乎人。风之怒号,不能鼓为涛也。流之溯洄,不能峭为魁也。适有迅而安,亦人也。适有覆而胶,亦人也。舟中之人,未尝有言天者,理明故也。行乎江河淮海,疾徐不可得而知,次舍不可得而必。鸣条之风,可以沃日。车盖之云,可以见怪。恬然济,亦天也。黯然沉,亦天也。阽危而仅存,亦天也。舟中之人,未尝有言人者,理昧故也。

问者曰:吾见其骈而济者,风水等耳,而有沉有不沉,非天曷司欤?答曰:水与舟,二物也。物之合并,必有数存乎其间。数存然后势形,一以沉,一以济,适当其数,乘其势耳。势之附乎物而生,犹影响也。本乎徐者其势缓,故人得以晓。本乎疾者其势遽,故难得以晓也。江海之覆,犹伊淄之覆也。势有疾徐,故有不晓耳。

问者曰:子之言,数存而势生,非天也,天果狭于势耶?答曰:天形恒圆而色恒青,周回可以度得,昼夜可以表候,非数之存乎?恒高而不卑,恒动而不已,非势之乘乎?夫苍苍者,一受其形于高大而不能自还于卑小,一乘其气于动用而不能自休于俄顷,又恶能逃乎数而越乎势邪?吾固曰:万物之所以为无穷者,交相胜而已矣。还相用而已矣。天与人,万物之尤者尔。

问者曰:天果以有形而不能逃乎数,彼无形者,子安所寓其数邪?答曰:若所谓无形者,非实乎?空者,形之希微者也。为体不妨乎物,而为用恒资乎有。必依于物而后形焉。今为室庐,而高厚之形藏乎内。为器用,而规矩之形起乎内。音之作也有大小,而响不能逾。表之立也有曲直,而影不能逾。非空之数欤?夫目之视,非能有光也,必因乎日月光炎而后光存焉。所谓晦而幽者,目有所不能烛耳。彼狸狌犬鼠之目,庸谓晦为幽邪?以目而视,得形之粗。以智而视,得形之微。焉有天地之内有无形者邪?古所谓无形,盖无常形,必因物而后见尔,焉能逃乎数邪?

其下篇曰:

入乎数者，由小而推、大必合。由人而推，天亦合。以理揆之，万物一贯也。今夫人之有颜目耳鼻齿毛颐口，百骸之粹美者也。然而其本在乎肾肠心腑。天之有三光悬寓，万象之神明者也，然而其本在乎山川五行。浊为清母，重为轻始，两位既仪，还相为庸。嘘为雨露，噫为雷风，乘气而生，群分汇从。植类曰生，动类曰虫。倮虫之长，为智最大，能执人理，与天交胜。用天之利，立人之纪。纪纲或坏，复归其始。尧舜之书，首曰稽古，不曰稽天。幽厉之诗，首曰上帝，不言于人事。在舜之庭，元凯举焉，曰舜用之，不曰天授。在殷中宗，袭乱而兴，心知说贤，乃曰帝赉。尧民之余，难以神诬。商俗已讹，引天而驱。由是而言，天预人乎？

梦得所论，较之韩柳二公，遥为深至。其篇中提出数字，势字，理字，盖治庄周道家言而落实转入于人事，则必重此三端矣。又其言天非务胜于人，人则务胜于天，此则更近荀卿《天论》之旨。亦可谓宋儒格物穷理之说，于梦得之论，亦不能大相违越也。

柳集复有《答刘禹锡天论书》，谓：

凡子之论，乃吾《天说》传疏耳。夫天之能生植久矣，不待赞而显。且子以天之生植为人耶，抑自生而植乎？若果以为自生而植，则何以异夫果蓏之自为果蓏，痈痔之自为痈痔，草木之自为草木耶？是非为虫谋明矣，犹天之不谋乎人也。彼不我谋，而我何为务胜之耶？子所谓交胜者，若天恒为恶，人恒为善。余则曰：生植与荒灾，皆天也。法制与悖乱,皆人也。其事各行,不相预,而凶丰理乱出焉。若子之说,要以乱为天理,理为人理耶,谬矣。

今按:梦得《天论》,实为深微,不得谓仅堪为柳氏说作传疏也。然柳刘二氏之说,一则以天人为各行,一则以天人为相胜,要之皆分天与人而判言之,则与古人天人合一之旨皆相远。惟韩公论人道重仁义,梦德言人事重法制,则韩公之所得于儒统者较深。柳刘二人,始终徘徊释老间,实未能深味儒腴也。

柳刘之友尚有吕和温叔,有《人文化成论》,其文大意谓:

一二相生,大钧造物,百化交错,六气节宣,或阴阖而阳开,或天经而地纪,有圣作则,实为人文。

列目举之,则曰室家之文,朝廷之文,官司之文,刑政之文,教化之文。谓:

文者,盖言错综庶绩,藻绘人情,如成文焉,以致其理。然则人文化成之义,其在兹乎。近代谄谀之臣,特以时君不能则象乾坤,祖述尧舜,作化成天下之文,乃以旗裳冕服,章句翰墨为人文也。遂使君人者,浩然忘本,沛然自得,盛威仪以求至理,坐吟咏而待太平,流荡因循,败而未悟,不其痛乎?

和叔此篇,亦撇开天道,专重人事。而谓圣人则天以尽文,则其义本诸《易传》，可以绾儒道之说而一之，其所窥似较韩柳刘三家为邃矣。又其备举人文节目之详，规模之宏，韩之仁义，刘之法制，皆所赅贯。而其重实轻文之意，尤为独出同时辈行间。又其《送薛大信归临晋序》有曰：

> 吾闻贤者志其大者。文为道之饰，道为文之本。专其饰则道丧，返其本而文存。琢磨仁义，浸润道德，考皇王治乱之迹，求圣哲行藏之旨，达可以济乎天下，穷可以摅其光明，无为矻矻笔砚间也。

窃谓韩柳刘三家，其论天人之际，皆不免厝忽于天道，而偏重于人事。而其于人事，又不免偏溺于文章。独和叔乃有意于古之所谓人文，乃注意及于教化政制之本原，其意境殆近北宋范希文欧阳永叔。量其意趣，若获进进不已，必当卓然有所到达，以自异于韩柳诸人所建树。独惜其贞元之贬，一蹶不复起，又为年寿所限，终未见其所欲止耳。史称和叔亦学文章于梁肃，又极为柳刘二人推重，此在唐代古文运动中，实为有意别持一帜之人物也。故为略著其梗概焉。

然韩柳师友诸贤，为此下北宋诸儒所推称者，则尤在李翱习之。习之文最著者，有《复性书》三篇。其上篇曰：

> 人之所以为圣人者，性也。人之所以惑其性者，情也。虽然，无性则情无所生。性者，天之命也，圣人得之而不惑者也。情者，性之动也，百姓溺之而不能知其本者也。故圣

人者,人之先觉者也。觉则明,否则惑,惑则昏。明与昏,谓之不同。明与昏,性本无有,则同与不同二者离矣。夫明者所以对昏,昏既灭,则明亦不立矣。是故诚者圣人性之也。子思曰:唯天下至诚为能尽其性,其次致曲,曲能有诚,著则明,明则动,动则变,变则化,唯天下至诚为能化。圣人知人之性皆善,可以循之不息而至于圣也,故制礼以节之,作乐以和之。故无故不废琴瑟,循礼而动,所以教人忘嗜欲而归性命之道也。道者,至诚也。昔者圣人以之传于颜子。颜子得之,拳拳不失,不远而复,其心三月不违仁。子思,仲尼之孙,得其祖之道,述《中庸》四十七篇,以传于孟轲。轲曰:我四十不动心。遭秦灭书,《中庸》之不焚者一篇存焉。于是此道废缺。其教授者,惟节行文章章句威仪击剑之术相师焉。性命之源,则吾弗能知其所传矣。

此篇独举《中庸》以阐圣道,谓天命人性,原出一本,而缩其要于一心,其大别则在心之明与昏,以此较之韩公之专言仁义,陈义益为深入矣。盖《中庸》之书,本已兼会儒道,习之又自以所闻释氏义说之,故独开宋儒门户也。

其中篇曰:

或问曰:人之昏也久矣,将复其性者必有渐,敢问其方。曰:弗虑弗思,情则不生。情既不生,乃为正思。《易》曰:天下何思何虑。又曰:闲邪存其诚。《诗》曰:思无邪。

曰:已矣乎?曰:未也。此斋戒其心者也。犹未离于静。有静必有动，动静不息，是乃情也。《易》曰：吉凶悔吝，生于动者也。焉能复其性邪？

曰：如之何？曰：方静之时，知心无思者，是斋戒也。知本无有思，动静皆离，寂然不动者，是至诚也。《中庸》曰：诚则明矣。《易》曰：天下之动，贞夫一者也。

问曰：不虑不思之时，物格于外，情应于内，如之何而可止也？以情止情，其可乎？曰：情者，性之邪也。知其为邪，邪本无有。心寂不动，邪思自息。惟性明照，邪何自生？《易》曰：颜氏之子，有不善，未尝不知，知之未尝复行也。《易》曰：不远复，无祇悔，元吉。

问曰：本无有思，动静皆离，然则，声之来也，其不闻乎？物之形也，其不见乎？曰：不睹不闻，是非人也。视听昭昭而不起于见闻者，斯可矣。无不知也，无弗为也，其心寂然，光照天地，是诚之明也。《大学》曰：致知在格物。《易》曰：易，无思也，无为也，寂然不动，感而遂通天下之故，非天下之至神，其孰能与于此！

曰：敢问致知在格物，何谓也？曰：格者，来也，至也。物至之时，其心昭昭然明辨焉，而不应于物者，是致知也。是知之至也。知至故意诚心正身修家齐而国理天下平，此所以能参天地者也。《易》曰：与天地相似故不违。知周乎万物，而道济天下，故不过。旁行而不流，乐天知命故不忧。安土敦乎仁，故能爱。范围天地之化而不过，曲成万物而不遗，通乎昼夜之道而知，故神无方而易无体。一阴一阳之谓道，此之谓也。

曰:生为我说《中庸》,曰:不出乎前矣。

问曰:昔之注解《中庸》者,与生之言皆不同,何也?曰:彼以事解,我以心通也。

此篇又本《中庸》而旁通之于《易传》,于《大学》,其于圣学之传,独推颜子,此皆开将来宋学伊洛之先河。其言阴阳,亦甚异乎柳刘。若就北宋伊洛以下诸儒意见论之,则韩公之言仁义,柳刘之言阴阳,皆粗迹也。张横渠《正蒙》有云:由太虚有天之名,由气化有道之名,合虚与气有性之名,合性与知觉有心之名。凡此诸端,唐贤惟习之讨论及此。故习之所陈,可谓已开北宋周张二程之涂辙。惟考习之《复性篇》成于二十九岁时,此下殆专意文学,于性理之说,不复有所深入。而柳刘《天说》亦作于壮岁。物不并盛,韩柳诸贤,盖皆锐志文事,故于义理之学,遂不能与后起宋儒伊洛争美尔。

本章所述,凡以见唐代之古文运动,不仅下开宋代之文章,即思想义理,亦已远抽宋儒之端绪。惟韩公独尊儒统,力排释老,又其所谓尧舜禹汤文武周公孔孟之道统相承,仁义诗书之大本所寄,虽由后视前,若不免枝粗叶大,而此后蕴奥之发,终亦无逃于其范围。此韩公所以终为群伦冠冕,卓绝一时,而无与争此牛耳也。

(八)

抑韩公之所以卓绝于一世,而见崇于后人者,复有一节焉,厥为其盛倡师道。柳宗元则辞避不敢当。其《答韦中立书》云：

今之世不闻有师，独韩愈不顾流俗，犯笑侮，收召后学，作《师说》，因抗颜为师，愈以是得狂名。

又其《报严厚舆书》有云：

仆才能勇敢不如韩退之，故不为人师。人之所见有同异，无以韩责我。

则柳子仅以文章作负隅，较之韩公，局度气魄，自当远逊。故后人论唐代古文运动，终必推韩公为宗师也。抑余读《吕温和叔集》，有《与族兄皋请学春秋书》，其书曰：

儒风不振久矣！某生于百代之下，凛然有志，翘企圣域，如仰高山。凡学之道，严师为难。师资道丧，八百年矣。夫学者岂徒受章句而已，盖必求所以化人。夫教者岂徒博文字而已，盖本之以忠孝，申之以礼义，敦之以信让，激之以廉耻。魏晋之后，其风大坏。学者以不师为天纵，独学为生知。译疏翻音，执疑护失，率乃私意，攻乎异端。以讽诵章句为精，以穿凿文字为奥。至于圣贤之微旨，教化之大本，人伦之纪律，王道之根源，则荡然莫知所措。其先进者亦以教授为鄙，公卿大夫耻为人师。乡校之老人，呼以先生，则勃然动色。痛乎风俗之移人也如是。是以今之君子，其身不受师保之教诲,朋友之箴诫,既不知己之损益,恶肯顾人之成败乎?而今而后,乃知不师不友之人,不可与为政而论交矣。且不师者废学之渐,恐数百年后,又不及于今日。则我先师之道,其陨于深泉。是用终日不食,终夜不寝,驰古今而慷慨,抱坟籍而太息。小子狂简,实有微志。其所贵乎道者六,《诗》《书》《礼》《乐》《大易》《春秋》,人皆知之。所曰《礼》者,非酌献酬酢之数,周旋裼袭之容也。必可以经乾坤,运阴阳,管人情,措天下者,某愿学焉。所曰《乐》者,非缀兆屈伸之度,铿锵鼓舞之节也。必可以厚风俗,仁鬼神,熙元精,茂万物者,某愿学焉。所曰《易》者,非揲蓍演数之妙,画卦举繇之能也。必可以正性命,观化元,贯众妙,贞夫一者,某愿学焉。所曰《诗》者,非山川风土之状,草木鸟兽之名也。必可以警暴虐,刺淫昏,全君亲,尽忠孝者,某愿学焉。所曰《春秋》者,非战争攻伐之事,聘享盟会之仪也。必可以尊天子,讨诸侯,正华夷,绳贼乱者,某愿学焉。尝阅雅论,深于《春秋》,窃不自揣,愿执抠衣之礼于左右。朝闻夕死,无以流俗所轻,而忽贤圣之所重也。

详吕此书,不仅与柳意有别,抑且与韩公亦有不同。韩公自言,世无孔丘,不当在弟子之列,而其为人师,所重亦在文字间。必如和叔此书,乃粹然见儒家师道之正。下迄宋儒,群知尊师明道,其风义皆溯源于韩公,而于和叔转少称引,爰重为附著其说于此。

三　读《柳宗元集》

韩柳倡为古文，下及宋代，操觚者群奉为斯文不祧之大宗。然余读柳集，宋人传本，已多可议，略而论之，为治目录版本之学者参考焉。

《四库提要》收柳集凡三种。一，《诂训柳先生文集》四十五卷，《外集》二卷，《新编外集》一卷。二，《增广注释音辩柳集》四十三卷。三，《五百家注音辨柳先生文集》二十一卷，《外集》二卷，《新编外集》一卷，《龙城录》二卷，《附录》八卷。商务印书馆四部丛刊影印《增广注释音辩唐柳先生集》，即是四库所收之第二种。余读其书，首有乾道三年十二月吴郡陆之渊序，称《柳文音义》，谓其书荟萃于云间人潘广文纬、字仲宝。曰：一旦，广文携音训数帙示余。又曰：柳州内外集凡三十三通。然其书实分四十三卷，《提要》谓是童宗说注释，张敦颐音辩，与潘氏音义，各自为书，而坊贾合刊为一编，故书首不以"柳文音义"标目，而别题曰《增广注释音辩唐柳先生集》。今按：《提要》所辨甚是。盖张敦颐音辩本分四十三卷，坊贾以潘氏音义附入之，卷数则仍张氏之旧。陆序称内外集凡三十三通者,或潘氏音义本为三十三卷,或陆氏未见潘氏音义全帙,而自以尝所见柳集作三十三卷者说之。要之在当时,柳集自有四十三卷与三十三卷之异本,则断可知也。

又按:此书于陆序外,又有刘梦得原序,谓:子厚病且革,留书曰:以遗草累故人。禹锡遂编次为四十五通行于世。此卷数与《诂训柳先生集》同。然《提要》引陈振孙《书录解题》曰:刘禹锡作序,称编次其文为三十二通,今世所行本皆四十五卷,非当时本也。《提要》又曰:今本所载禹锡序,实作四十五通,不作三十二通,与振孙所说不符,或后人追改禹锡之序,以合见行之卷数。今按:《提要》此疑亦是。《四库珍本·五百家注柳集》附录卷三,有刘梦得序,亦已改作四十五通,而同卷复有张敦颐《柳先生历官纪》引刘序文,明作三十二通,可证。惟余又读四部丛刊影宋本《刘梦得集》,其序柳集,实作三十通。然则纵谓刘编柳集实非四十五卷,而尚有三十通(影宋本《梦得集》),三十二通(陈振孙所见刘序),及三十三通(陆之渊序潘氏音义本所说)三说之异,固孰为刘编分卷之真乎。此又疑莫能明也。

音辩本集末附录,又引天圣九年,穆修《旧本柳文后序》一篇,谓晚节见其书,联为八九大编,夔州前序其首,以卷别者凡四十有五,此穆修所得之本也。附录又有政和四年沈晦《四明新本柳文后序》一篇,谓见柳文凡四本,大字四十五卷,所传最远,初出穆修家,云是刘梦得本。小字三十三卷,元符间京师开行,颠倒章什,补易句读,讹正相半。曰曾丞相家本,篇数不多于二本,而有邢郎中杨常侍二行状,冬日可爱平权衡二赋,共四首,有其目而亡其文。曰晏元献家本，次序多与诸家不同，无《非国语》。四本中，晏本最为精密。又曰：柳文出自穆家，又是刘连州旧物，今以四十五卷本为正，而以诸本所余作《外集》，锓木流行。此为四明沈晦本，大体承袭穆修所传四十五卷本，而始有内外集之分。据其说，则小字三十三卷本应无《外集》，而前引陆序音义本，乃谓柳州内外集凡三十三通，此又可疑。或小字三十三卷本自分内外集，而特与沈晦本之内外分集不同乎？

沈晦于柳集，用力甚勤，自谓漫乙是正，凡二千处而赢。后人乃多袭用沈本，惟其所云穆修家四十五卷本乃连州旧物者，此语尚有辨。穆氏《后序》仅曰：晚节见其书，真配韩之巨文。书字甚朴，不类今迹，盖往昔之藏书也。是穆修仅得此一全本，而认为是往昔旧书，彼固未明定其所得之即为梦得旧编也。谓穆修本即是连州本者，实是沈晦之臆说。或沈晦以前先有此说，而沈氏承之，则不可知。

今据上引沈晦序文，柳集在当时，至少当有三种不同之编次。沈晦谓小字三十三卷本，颠倒章什，补易句读，是三十三卷本之篇目前后，必多与四十五卷本不同。而沈晦所称最为精密之晏本，亦谓其次序多与诸家不同，惟此种不同之详，今已无法确考，则大可惋惜也。

附录复有绍兴四年李褫《旧本柳文后序》，谓出旧所藏，及旁搜善本，手自校正，创刊此集，其编次首尾，门类后先，文理差舛，字画讹谬，无不毕理。今李本已不传，然此序中编次首尾，门类后先八字，实大可注意。可证当时李褫所见柳集诸本，其相互间，编次尾首、门类后先，必多不同，此即沈晦之所谓颠倒章什，次序不同也。惟李褫用语,更为扼要。盖文集之纂辑,编次首尾,门类后先,至属重要,其中大有义理高下深浅得失可辩,惟当时传刊柳集者都不了此,大率以意抉择,又不著诸本首尾后先不同之所在,使后人无可追论,此诚大可惋恨也。

至四库所收五百家注本,仅有二十一卷,实因其书本是不全残本,商务影印四库珍本有此书,首叶有乾隆御笔一则,谓正集廿二卷以下至末皆阙,又改目录终以弥缝之,更非完善云云。而馆臣作提要,乃讳此不言,又灭去其目录,良可怪矣。

宋刻柳集传世,为四库所未收者,尚有廖莹中世彩堂本,为世艳称,上海蟫隐庐有影印本。今考其凡例有云:韩柳二集,阁京杭蜀及诸郡本,或刊韩而遗柳,或刊柳而遗韩。惟建安所刊五百家注本,二集始具。然所引诸家注文,间多庞杂。而胥山沈晦辩,云间潘纬音义,却未附见,今并会粹增入。又云:卷帙所载篇章,诸本互有先后,今并从沈晦本所定次第。是世彩堂本大体乃袭五百家注本,故今五百家注本之二十一卷,乃与世彩堂本之前二十一卷篇目亦大体相同也。世彩堂本所注意者,殆侧重于李褫氏之所谓文理差舛,字画讹谬之一端,而于编次首尾,门类后先,则亦不了其重要,故遂专据沈晦一本为定,此又大可惋惜也。

世彩堂本附录有绍兴丙子张敦颐《韩柳音释序》一篇,谓给事沈公晦,尝用穆伯长刘梦得曾丞相晏元献四家本,参考互证,往往所至称善。今四明所刊四十五卷者是也。惟音释未有传焉,余用此本篇次,撰集凡二千五百余字。是张氏音释,亦即承用沈晦本,故今对校音辩本与世彩堂本两书卷帙,及篇目先后,亦大体如一焉。

又张序谓沈氏本所至称善，是知当时此四十五卷本，已掩诸异本，独见流行矣。惟张序中有一语大可注意者，谓沈氏用穆伯长刘梦得曾丞相晏元献四家本，校之上引沈氏序文，似张氏乃以小字三十三卷本谓是刘梦得原本也。否则乃是张氏误读沈序，然乎否乎，今亦无得而详论矣。

世彩堂本文集《后序》一卷又载有方舟李石《河东先生集题后》一篇，谓所得柳文凡四本。其一得之于乡人萧宪甫，云京师阎氏本。其一得之于范衷甫，云晏氏本。其一得之于临安富氏子，云连州本。其一得之于范才叔之家传旧本。阎氏本最善，为好事者窃去。晏氏本盖衷甫手校以授其兄偃刊之，今蜀本是也。才叔家本似未经校正，篇次大不类富氏连州本，朴野尤甚，今合三本校之，以取正焉。观此，李氏所举，又与沈氏不同。试加猜测，其所谓临安富氏子之连州本，似即相当于穆修之四十五卷本。其谓范才叔家传旧本，篇次大不类，则似相当于沈序之所谓晏元献家本。然沈氏谓晏本最精密，而李石氏乃谓其朴野尤甚，或是李石所谓范才叔家传旧本者，实与范衷甫手校之晏氏本乃同属一祖本，惟一经范衷甫手校，不仅校其字句，或已移其篇第。而范才叔家传本，则未经校正，故篇次仍见为大不类耳。又李氏谓京师本最善，此本亦已不知其渊源，岂即沈晦氏之所谓小字三十三卷本乎？沈氏谓其讹正相半，而李石氏称之为最善，此固出于两人评骘眼光之不同。然在未有沈氏四明新本漫乙是正二千处而赢以前，则讹正相半之本，亦正可谓即是最善之本也。

以上特就仅有可见之史料，而为宋代流传柳集诸本作一种无可证实之推想。然有一点可断言者，即今传之四十五卷本，决非刘编之旧是也。此不仅卷数相异而已。刘序明曰:凡子厚名氏与仕与年,暨行己之大,有退之之志若祭文在,今附于第一通之末。陈振孙曰:今世所行本,皆四十五卷,又不附志文,非当时本也。此已一言而决矣。然继此尚有一较深入之问题,若刘氏原编分卷,亦如四十五卷本,即今所见之音辩本,五百家注本,与世彩堂本,以雅诗歌曲为第一卷,则试问韩志与祭文,又乌可附于此卷之末乎?故知李褫氏所谓编次首尾,门类后先,此八字实大可玩味也。或者李褫所见柳集,尚有不以雅诗歌曲为编首者。然则刘编柳集之第一通,究当是何类文字?此又甚为可疑。

今试再作推想,当时京师开行本,本属小字三十三卷本,而陈振孙所见刘序,谓三十二通,仅差一卷,可见京师本分卷,或转近刘编之旧。或第一卷不属柳文正编,正如后世附录之类,而刘氏编之于首。若去此一卷不计,则柳集正编恰是三十二通矣。至今传宋本《刘梦得集》,又云三十通者,或脱一二字,亦未可知。凡此亦均属臆测,而所以不惮烦言之者,正以古书传刻,多经增改移动,而古人编书精义,转以漫没,此一义为学人所不可不知耳。

即如音辩本附录,首有小注两行,云:旧附楚词《天问》,今移就十四卷《天对》篇内。错综该载,以便观览。此所谓旧附,亦决非梦得原编之旧。所以知者,沈晦新本后序,谓以楚词《天问》校《天对》,此沈氏自述其用心之精勤。若梦得旧编本附《天问》,谁又不知加以证对,而有待于沈氏之特笔而书乎?故知《天问》或由沈氏四明本附入,或尚在其后。

今考五百家注本《天对》篇题注引蔡梦弼语,谓取楚辞屈原

《天问》,章分句析,以条于前,仍以子厚之《对》系而录之,庶使《问》《对》两全,以便稽考。是引《天问》入柳集,其事实始于蔡梦弼。世彩堂本全录梦弼此节题注,而顾删去梦弼尝苦其文义不次,乃取楚辞屈原《天问》以下云云,是又无法使后人获知引《天问》列《天对》前之来历矣。

又如音辩本《瓶赋》题注引东坡曰:扬子云《酒箴》,有问无答,子厚《瓶赋》,盖补亡耳。而五百家注本世彩堂本皆并《酒箴》附入之。又如《唐相国房公德铭之阴》题注曰:房琯也。《德铭》,李华所撰。而五百家注本世彩堂本又皆将李华《德铭》附入。可知书籍传刻之愈后而愈失其真也。

又按:音辩本《天说》篇末有小注一条,曰:刘禹锡云:柳子厚作《天说》,以折韩退之之言,文信美矣,盖有激而云,非所以尽天人之际,故作《天论》以极其辩,附录集末。今按:今本《天说》在第十六卷,与《鹘说》《捕蛇说》诸篇同卷,此实犹可见刘编柳集之旧。盖自今十四卷以下,至十七卷,皆有激之言,皆所谓变骚之体也。刘之《天论》则是正论,非激言,刘为故人编遗集,未必附入己文,以短长相形,是非相较。不知何人附入《天问》,乃又附入《天论》,惟音辩本已移《天问》入正集,而《天论》仍在附录,而五百家注本世彩堂本又皆改以《天论》附《天说》篇后。不知《天说》与《天论》文体不同,实未可并列也。否则梦得之编,何不以《天说》与《封建论》《四维论》诸篇同卷,而顾使与《鹘说》《捕蛇说》诸篇相比次乎?此又后人妄附篇章,而漫失原编精义之一例也。

又按:沈晦四明新本一依穆修本作四十五卷,而音辩本作四十三卷,以《非国语》两卷入别集,此意却是。世彩堂本径以《非国语》上承卷四十三《古今诗》下为四十四、四十五两卷,此当袭诸沈晦本,或五百家注本亦如此,此实于义无当。音辩本则采晏元献本无《非国语》之意,故编次之为别集。即此亦见晏本之确有胜于穆修之四十五卷本也。至五百家注本,又附入《龙城录》,更益非是。世彩堂本独不因袭,为有识矣。明人郭云鹏济美堂本,号称翻廖,而重依五百家注本增入《龙城录》,斯可谓不知别择。

又按:李石《河东先生集题后》有云:刘宾客序云:有退之之志并祭文,附于第一通之末,盖以退之重子厚,叙之意云尔也。蜀本往往只作并祭文,其他有率意改窜字句以害义理者,尚多此类。今按:蜀本即范衷甫所校晏氏本也。似晏氏本决不如此,此盖范衷甫依他本校之,删去韩志,而尚留其祭文,故蜀本传刻,乃妄为灭去序中韩志字样,而却留下并祭文三字。陈振孙《书录解题》亦云:今世所行本,不附志文,则似陈氏所见,亦尚附有韩之祭文也。今传音辩本与世彩堂本,则并韩之祭文亦不复见。此可见古书传刻,既有窜入,复有剔出,要之其为失真则一。今试再为推论之如次:

音辩本附录一卷,其目如下:

天问(移就十四卷)	
天论三篇	刘禹锡
唐书本传	宋　祁
祭柳柳州文	皇甫湜

祭柳员外文　　　　刘禹锡
重祭柳员外文　　　　刘禹锡
为鄂州李大夫祭柳员外文　　　　刘禹锡

此下尚有曹辅黄翰许尹三祭文，又汪藻《永州祠堂记》一篇，又穆修以下诸序，不详列。

今按：此卷附录，鱼龙混杂，绝无义类。然有可资推说者。盖刘编柳集，本附韩志及祭文于书首第一通之末，后人传钞，先以移之于集末，逮后又删去韩志，而尚留祭文，其后乃并祭文并删之。加入《新唐书》宋祁所作传，即以替代韩志也。加入皇甫湜祭文，则因刘序亦曾提及皇甫湜也。既以皇甫之祭文代韩之祭文，于是遂以刘之祭文亦一并附入焉。于是又续附以宋人祭文三篇，及《祠堂记》一篇，此为一类。虽无义类可指，而实有情节可推。其所以删去韩志与祭文者，则以宋人韩柳并重，并常以两集合刊，故于柳集独删去韩文耳。至下附穆修以下诸序则为又一类，而上附《天问》《天论》，则又为另一类。买菜求益，俗陋如此。世彩堂本尽为删去，可谓有识，而郭氏济美堂本又重以附入焉。衡量书品高下者，正当于此等处求之。若徒论其版本之远近，与夫字画楮墨之精粗美恶，此皆无当于治学之大端与深趣，此又读书媚古之士所不可不深晓也。

余读音辩本与世彩堂本，尚可略睹晏氏本之一鳞片爪者，聊举如下。如第二卷《愈膏肓疾赋》题注，晏元献尝亲书此赋，云肤浅不类柳文，宜去之。又第二十卷《舜禹之事》题注，晏元献曰：此文与下谤誉咸宜等篇，恐是博士韦筹所作。又卷二十四

《序饮》《序棋》题注,晏元献本题,二篇古本或有或无。又卷三十七《礼部为文武百寮请听政表》三首,第二表题注,晏元献本据《文苑英华》,此表乃是林逢请听政第三表,别有子厚第二表,亦见《文苑英华》。又小注字句异同引晏本不具详。是晏氏当时,尚多见柳集其他古本,不如穆修之仅得四十五卷本一种也。又其用心,确有超乎诸家之循行数墨,仅知在字句上作漫乙音释之工夫者。沈晦氏虽称其最为精密,而独于其篇目次序之多与诸家不同处,未知留意。其于三十三卷之小字本,则更意存轻蔑,谓其颠倒章什。不知编次首尾,分类后先,其间正有莫大意义。今既专据四十五卷本一种,而于他本篇目先后异同未能表而出之,惜哉!惜哉!

盖昔人治集部,每多注意于讹字错句,僻音奥义,能为校勘音训,谓已尽其能事,而于全集之体类大义,鲜知探讨。此可谓仅知以散篇诗文治集部,而不复知以古人成一家言之精神重集部也。而刘梦得之编次柳集,余疑其必有特出之胜义,其编次首尾,分类后先,有所异于前人者,正可借以窥见当时柳刘诸人对于创为古文之意见与其抱负。此其意,余已约略揭出其大趣于《杂论唐代古文运动》篇,而惜乎刘编柳集之原样,已无可再见,更无从再加以申说。然即就今本如第十四卷至第二十卷之篇目,其有关文体分类,及其编次先后,至少亦尚可想像刘氏原编之深义于依稀仿佛间。而就刘氏编次《吕和叔集》之意见衡之,似其编柳集,亦未必以雅诗歌曲一类为首。至于以赋列第二卷,骚列十八卷,亦有可疑。晁无咎编《续楚辞》,即多采柳赋及今本十四卷以下诸体,如《愚溪对》,《晋问》等篇,盖此等在《柳集》

中，皆所谓变骚也。然则又何为必先以赋继雅诗而以与十四卷以下诸篇相隔绝乎？若谓此乃师《昭明文选》以赋为首，而昭明选赋又以《两都》《两京》为首之例，故列雅诗于先，而以赋次之，则不知韩柳倡为古文，正为鄙薄齐梁，刘编柳集，决不袭取昭明旧例也。若果袭取昭明，复不当以论辩碑铭先于骚体与诗之前矣。故知今四十五卷本之编次首尾，分类后先，殆决非刘编柳集之旧。

余谓刘编柳集，必有深义可寻，此可旁证于刘编之《吕温和叔集》。刘梦得为《和叔集》序谓：古之为书者，先立言而后体物。贾生之书首《过秦》，而荀卿亦后其赋。和叔年少遇君而卒以谪，似贾生。能明王道，似荀卿。故余所先后视二书，断自《人文化成论》至《诸葛武侯庙记》为上篇。然今四部丛刊景宋钞本《和叔集》，共分十卷，仍冠以赋，次诗，而《人文化成论》及《武侯庙记》均列末卷，显非梦得编次之旧矣。因此其编次之深意，亦不可得而详论，亦可惜也。余又考《旧唐书·柳宗元传》，谓其有文集四十卷，则可见柳集之有异本，自唐已然。岂不以刘氏之编柳吕二集，独具深意，世俗不了，故遂轻肆窜易乎。韩公《昌黎集》由李汉编次，其序云，收拾遗文，得赋四，古诗二百一十，联句十一，律诗一百六十，杂著六十五，以下云云，是仍遵昭明选例，先赋后诗，断无当于韩公当时倡为古文之深义。而以其通俗，转无甚多更易。吁！可叹矣。至李编韩集杂著一类，更为庞杂不伦。其《原道》诸篇，皆入杂著，以此较之今本柳集，分类后先，高下之间，相去尚甚远。故余独深惜刘编柳吕二集之未能发得其真也。集部内容，本已丛碎，编次者又不能心知其意，抉发作者之心精,与其生平撰述之用意,于是古人专家之学,终不免流为绨章琢句之业,斯又可惜之尤也。

余又按商务印书馆影印日本平安福井氏崇兰馆旧藏宋《刘梦得集》,末附日学者内藤虎一跋,谓:此本先文后笔,仍是六朝以来集部体制,若通行本先文后诗,经明刻恣改耳。然诚能深推刘氏手编《吕和叔集》之意,谓古之为书者,先立言,后体物,而今柳集,亦文在前,诗在后,则明刻刘集之先文后诗,或得刘氏生前本意,实未可讥。窃谓据此正可疑今柳集之以雅诗歌曲与赋列卷首之必非刘编之旧耳。盖自韩柳倡为古文,直至姚惜抱选《古文辞类纂》,分十三类,首论辨序跋而终乃殿以辞赋,始为抉得其用意。此乃中国文学史古今观念一大转变,所当郑重阐发者。萧选姚纂,各是代表一种趋势与潮流,而从来甚少人为之剖析发明。此因韩柳二集先已失正于前,故后世乃踵缪袭晦者数百年,斯余于刘编柳吕两集之失其旧本,所以终不胜其甚深惋惜之意也。

四　读姚铉《唐文粹》

余读姚铉《唐文粹》，全书一百卷，其于文体分类，颇多可议，然正可于此推见韩柳唱为古文在唐代文学中所引起之影响，亦可借以窥测直至宋初时人，对韩柳古文运动所抱持之观点，并于拙著《略论唐代古文运动》一篇，可资阐证，爰再略而论之。

姚书第一至第九卷为古赋，第十至第十八卷为诗。选文以赋诗两类为首，显是上承萧统《文选》体例。至书中各类所分子目，细碎较萧选益甚，是亦承萧选旧规而无可自解免耳。萧选于赋诗两类后，即继以骚七，惟姚书自第十九卷以下为颂，二十三卷以下为赞。盖姚氏以骚入诗，而七体于唐为缺，所以独取颂赞为次，此亦本于萧选赋类以班氏《两都赋》为首，班氏自序，所谓雍容揄扬，著于后嗣，抑亦雅颂之亚。赋既重在揄扬，故以颂赞嗣之也。以上可谓姚书之第一部分，比较属于纯文学方面者。

姚书自卷二十五下至三十卷，为表奏书疏，而以制策附之。此可谓姚书之第二部分。萧选诏诰教令在先，表奏笺记书誓符檄在后。两汉以下，朝廷诏诰不能嗣响继美，故姚书独收表奏书疏。此一部分,当归属于政治文件。若以前一部分为古诗之流,则此一部分乃书之支流余裔也。

姚书自第三十一卷以下,至第三十三卷,标其名曰文,此三卷殊为庞杂,当略论于后。惟此三卷中,除最后一卷外,亦可谓是一种政治文件。后世文胜,古人虽无此等文字,要其同为政治文件则一。故以上皆可谓是姚书之第二部分,皆书体之变也。

姚书自第三十四卷下,至第三十八卷,曰论。自第三十九卷以下至第四十二卷,曰议。此当为姚书之第三部分。萧选有论无议,其入选篇目,姚书亦远较萧选为多。此一部分,论其大体,可谓是古者诸子著论之流变也。

姚书以上诸部分,其门类分别,卷帙先后,大体皆师萧选。即稍有变通,亦无足深论。学者可就此两书而比观之。即姚氏自序,亦屡称萧选,可见其师法所自。

姚书最值注意者,乃在自第四十三卷以下,至第四十九卷,特标一目曰古文,所收多自韩柳以下始有之新文体。若以消纳于萧选旧规之内,则见有格格不相入者。清代四库馆臣所谓后来文体日增,非旧目所能括也(《文苑英华提要》语)。故姚书乃不得不别标古文一目以处之。

姚书于此古文一目之下,又别分子目逾十六七以上,仍有仅举篇名而无适当之子目可标者,其书分类之杂乱无义类,此亦一证。若依后代人文体分类新例,则仅论说或论辨或论著之一目,即可括尽。此见文体分类,其事亦经久始定。姚氏尚在宋初,韩柳古文,于时尚未大行,故姚氏亦不能细辨其归类所宜也。其实此八卷古文一目,正可与上编第三十四至三十八卷之论之一目合编。即姚书所收此五卷之论,其作者亦大体自韩柳以下。至姚书议之一目,自第三十九至第四十二共四卷,此当分归两类。一当属之奏议类,应与表奏书疏合编。一当属之论议类,仍当属论议辨说之列。今姚书专就其题名为议,而合为一类,亦复失之。然姚书即以古文八卷紧承于论议九卷之后,则未为无见。

今即就上所指陈而申说之,则萧选赋与诗之两类,乃由古者《诗三百首》演变而来。萧选诏令奏议两类,乃由古者《尚书》之体演变而来。此可谓皆是承袭于古者王官之学而逶迤递变者。亦可谓其以古经籍为渊源也。至韩柳以下之古文,大体可谓是上承儒道名法诸子著书之意,此当是古者百家言之遗蜕。清儒章实斋《文史通义》,尝谓家言衰而集部与之代兴,以此论建安以下之集部,实更不如以此论韩柳以下之集部为尤贴切矣。

姚书自第五十以至第六十五卷为碑,共得十六卷。又第六十六卷以下至第七十卷,共五卷,为铭。所收义类亦驳杂不纯。一则以碑记与墓碑相混,一则以箴铭之铭与墓志铭相混。然略其小疵,论其大义,则碑碣志铭,正是韩柳创为古文以后绝大一体类。萧选中亦有碑文墓志,然所收共仅六篇,而姚书多至二十一卷。此项文体,可谓由国史而演变为家乘,亦正犹王官学与百家言之分野也。然则谓自韩柳古文兴而家言复盛,此亦其一例矣。

姚书自七十一以下至七十八卷,共八卷,为记。此一体萧选所无,乃自韩柳创为古文以后而大盛。记之为体,较碑益宽,无事不可书。抑且其体亦不专于记事,比兴寄托,言情述志,无往不宜。盖古文中自有记之一类而其用始弘。其体兼诗史,会文质,通上下,包公私,亦可谓散文体中之有记,正所以与荀宋屈马之赋为代兴也。

姚书七十八卷为箴诫铭,在萧选亦有箴铭,惟萧选所收,若依姚书体例,多当纳入碑铭类,此系小节,不具论。

姚书自第七十九以下至第九十卷,共十二卷,为书。此亦绝大一门类,其所分子目,共二十有五。洵可谓无所不包矣。为篇共一百二十二,可见其繁富。萧选于此类,亦得三卷,所收凡二十四篇。然建安一代已占其半。魏文帝陈思王兄弟又占建安诸篇之半。余尝谓书体之骤盛,乃建安新文学之大贡献,而韩柳唱为古文,其对此方面之贡献为更大。此体若远溯自春秋以来,并《左氏传》与《战国策》两书中所收各书一并计之,亦可谓此体乃中国文学自始即最盛行之一体。然必自韩柳以下,此体之为用始广。亦必自韩柳以下,书体在文学范围中之地位亦益显而益高。故亦可谓书牍一体之正式成为文学,乃是韩柳以下而始确定也。

姚书自九十一以下至九十八卷为序,共八卷。序跋赠序,混而不分,此为大病。惟姚书此类中所分子目,如唱和联题、如歌诗、如锡宴、讌集、饯别诸目,实相类似。若专以赠序一目包之,反见未安。今观姚书此一类之内容,更可证明拙著《唐代古文运动》一篇中所主张,赠序一体乃由诗歌演变而来之痕迹。今试再就姚书此八卷所收,重为分析。可谓序之一体,在唐代显有两壁垒。一曰典籍撰著之序,此乃源于古之书序,体近论辨。一曰歌诗讌集之序,此乃源于古之诗序,义通风雅。萧选亦有序,共两卷,亦已包有此两体。至唐代乃演而益畅,为篇益富。自宋以下，始多无诗而专为一序者，于是乃可确然别立赠序一目。然后人亦遂因此而忘此一体之实自诗歌演变而来矣。唐代正在其转变之中途，故观于姚书而此体所由演变之痕迹乃益显。

姚书九十九一百两卷，曰传录记事。所收内容，乃在杂记小说之间，亦萧选所无。观于此两卷之所收，可悟唐代之小说传奇，乃受古文运动之影响而始臻于成体者。若谓韩柳古文运动乃受当时小说传奇文体之影响，此则倒果为因，以偏概全，断无是处也。

今有一事宜再申论者，即姚书何以于第四十三以至四十九卷之七卷，独标古文之目，而于五十卷以下，碑铭记书序传录纪事诸类，又不称之曰古文？若谓姚意以为碑铭书序诸体皆承袭旧有，故仍标旧目，则记之一体，显为萧选所无，其最后传录纪事之目，亦姚书所新增。何不将古文一目，与记述传录两类，共相连缀，以承一切旧有文体之后，以见惟此为新创，而其余则旧有乎？此实无说以通。

再推姚编之意，实以其书所收古文一类，凡诸文体，皆与前两编论议两体相近，如韩愈之五原，《原道》《原性》诸篇，实即论体也。又如韩愈之《师说》，杜牧之《罪言》诸篇，亦皆论体也。姚书古文一类中之子目，有辩，有析微，此亦论体也。在姚书论之一类中，本有辨析一子目，特以原题标出一论字者，始以归入论之一类，而原文未标出论字者，遂以另编为古文一类，而仍立辨与析微两子目，然则如韩愈之《讳辨》，岂始得为古文，而韩愈之《省试颜子不贰过论》收入姚书论文类辨析一子目者，便不得谓之为古文乎？故曰姚书之文体分类，实多可议。

然大体言之,姚氏亦未尝不知其所收古文一类,其文体实与其所编之论议两类大体相近,特以姚氏拘于本文原题之标名,凡原以论字标题者,即归入论类,凡原以议字标题者,即归入议类,而凡不以论与议字标题者,始为特立古文一目,而即以紧承论议两类之后。而不知凡其所收论议两类之文,其文体实已皆是古文,此则姚书分类标目之未当也。

抑且不仅姚氏所收论议两类之文皆已是古文。即此下碑铭记书序传录纪事诸类,其文体亦皆已是古文。此在姚氏,亦不得谓其于此全无知,故姚编即以此诸类紧承于论议古文三类之后。其间有旧自有之者,如碑铭书序之类是也。有旧传所无,体属新创者,如记与传录纪事之类是也。姚氏不再于此加以区别,故以记体羼杂于碑铭之后,书序之前,而以传录纪事一类为其全书之殿。然则在姚氏心中,亦并不以此两类文独为新创,而谓其与碑铭书序有别,可知矣。

通观姚书一百卷,当可分为两大部分。即自三十四卷论文一类之前,大体承袭萧选,其所收文字,大体可代表韩柳唱为古文以前唐文之旧风格。自三十四卷以下,大体乃代表韩柳以下唐文之新体制。虽其篇题标名,有大体仍袭前传之旧者,而其为文之风格体制,则已迥然不同。此其大较也。

然复有不尽然者,于其书自第三十一以至第三十三卷之所谓文之一类目者最可见。试问全书既标名文粹,何一篇而非文,何独于此三卷而独标一类,目之曰文乎?通观姚书分类,独于古文一目最为无理。盖因姚氏于文章分体,太过拘于篇题之命名,此三卷莫非以文字命题,故姚氏总为立一类而名之曰文,此则姚氏之失也。文之一目，萧选亦有之，然所收皆策秀才文，与姚书文类大不同。实则姚书此三卷中，有吉文，有哀文，有朝廷庙堂之文，有私家民间之文。其三十一三十二两卷，适为朝廷庙堂文字，此可谓之王官文。而第三十三卷则尽属家人言，乃可谓之私家文。尤其是三十三卷之下卷，伤悼哀辞之类，所收正多韩柳古文运动以下之新文。然则如我前之所谓韩柳古文运动乃古者家言之复起，其用重在社会，在私家，不重在庙堂，在政府，此又其一征矣。下迄宋代，韩柳古文，既已风行一世，然仍不为庙堂所采用。纵如欧阳修王安石苏轼，皆一代古文大师，然当其为朝廷庙堂文字，则仍必遵时王之制，用四六体，可见其中消息矣。

汉代诏令，不求古而气体自古，后世无可模拟，即汉人之奏议亦然。萧选仅录表与上书，而两汉奏议独摈不与，何者？因萧选尚文，而奏议重质，必先实事而后文采，故萧选不之取也。姚书乃颇及奏议，然其所收，多在韩柳唱为古文之前。若以韩柳所创古文之法度气体绳律之，此等皆非文章之上乘。抑韩柳集中亦殊无好奏议。韩集中此类文字为后世传诵者，如《佛骨表》，仍是表而非奏。唐人奏疏文最佳者必推陆贽。然陆氏奏疏，固不以古文为之。宋代苏氏父子，好作奏进之文，东坡尤号为倾慕贾陆，然东坡奏疏一类，正因其以古文义法出之，亦不见佳。又加荆公东坡之万言书，虽上师贾谊《治安策》，然亦非奏疏中正规文字也。盖古人文以备用，无专自求工于文之意，故其时尚文质合。后世乃始有专意为文者，故文之与质，有时合，有时离。不仅汉人之赋，魏晋以下之诗为然，即韩柳以下之古文，亦何尝不然。故以古文为奏议，即不能有佳作。因奏议贵于就事论事，又限于时王体制,不得专意为文也。

明乎此,则知韩柳以下之古文,正为与汉人之赋争席而代兴。韩柳亦有时偶为小赋,然殊不足重。李汉编韩集,不了此意,赫然冠一编之首者,曰《感二鸟赋》,此与萧选之首《两都》《两京》,可谓迹似心违。即姚书赋为第一类,亦以李华《含元殿赋》李白《明堂赋》作冠冕。宋人传刻柳集,仍亦以赋列前茅。然嫌如《佩韦》《瓶赋》之类,若不足以压卷,乃复以雅诗歌曲弁其前,此亦正与姚氏同一见解耳。然姚氏荟萃全唐一代之文,又略以时代先后分卷,以赋为弁,犹尚可说。今为韩柳私家编集,奈何亦效其例,此则徒见其为无识矣。

抑柳集虽不重为赋,而颇有意于续骚,集中此类佳构极多。今姚书于楚骚体,独采皮日休,不及柳作,此亦可议。下至晁无咎乃始多以柳集续骚。是知文字创作固不易,而识解评骘他人文字,亦殊难耳。

然余读姚书自序,其人虽在宋初,其时文运尚未融,要亦不可谓其乃无识者。清四库馆臣亦极称之,谓其于欧梅未出以前,毅然矫五代之弊,与穆修柳开相应。又谓论唐文者,终以是书为总汇,不以一二小疵掩其全美。所论允矣。然《提要》所指摘,则尤为其书小疵中之小者,余故专就其书编纂分类之大节而稍稍论列之,以见有唐一代文运之所以必以韩柳唱为古文为其转捩之点之大概焉。

五　神会与《坛经》

上　篇

胡适之《论学近著》第一集，有好几篇关于考论中国初期禅宗史料的文章，根据敦煌写卷，颇有发现。但亦多持论过偏处，尤其是关于神会和《坛经》一节。此在中国思想史上，极属重要。胡书出版以来，国内学人，对此尚少论及。病中无俚，偶事翻阅，聊献所疑，以备商榷。

胡氏不仅认为《六祖坛经》的重要部分是神会所作，抑且认为《坛经》里的思想，亦即是神会的思想，故谓神会乃"新禅学的建立者"。又说："凡言禅皆本曹溪，其实皆本于荷泽。"这一断案，实在很大胆，可惜没证据。

胡氏根据韦处厚《兴福寺大义禅师铭》，以为是"一个更无可疑的证据"，其实是胡氏误解文义。韦文云：

> 在高祖时,有道信叶昌运。在太宗时,有弘忍示元珠。在高祖时,有惠能筌月指。自脉散丝分,或遁秦,或居洛。秦者曰秀,以方便显,普寂其胤也。洛者曰会,得总持之印,独耀莹珠。习徒迷真,橘柘变体,竟成《坛经》传宗,优劣详矣。

胡氏云:“韦处厚明说《坛经》是神会门下的习徒所作,可见此书出于神会一派。”又云:“传宗不知是否显宗记。”今按韦文所谓《坛经》传宗,犹云《坛经》嗣法。韩愈《送王秀才序》云:“孔子没,独孟轲之传得其宗”,即用此传宗二字。明人周海门著《圣学宗传》,宗传犹传宗也。今俗语犹云传宗接代。庄周论墨徒,所谓“冀得为其后世”,此即传宗也。传宗亦可称绍祖。元僧德异《坛经序》云:“受衣绍祖,开辟正宗。”韦文之意,习徒迷真,橘柘变体,竟成《坛经》传宗,乃指曹溪以下,专宗《坛经》,成为教外之别传者。其谓习徒,乃指曹溪南宗,决不指神会。更主要者,当如马祖之流。其谓:“惠能筌月指,神会得总持之印,独耀莹珠。”是谓惟神会能承袭惠能。总持者,谓教与宗能兼持而得其总会也。传宗不离教,此征神会之优。离教传宗,乃见习徒之劣。而胡氏乃谓《坛经》成于神会之习徒,又谓《坛经》乃神会所假托捏造。岂不误解之甚乎。韦文在神会死后五十八年,洪州石头诸禅已盛行,韦文则谓惟神会莹珠独耀。今考敦煌本《坛经》亦云:持此经以为依承,是亦以《坛经》为传宗也。此又见敦煌本《坛经》决非神会伪造,即可据韦文以为证。

又按:《神会语录》有云:

若欲得了达甚深法界，直入一行三昧者，先须诵持《金刚般若波罗蜜经》。

此意乃承《坛经》，亦见敦煌本《坛经》中。但慧能虽有此说，其教人则只令依承《坛经》。今神会教人，则承慧能，先须诵持《金刚经》，却不教人诵持《坛经》。这显示神会主张由教通宗，不主张依宗立教。神会又特著《顿悟最上乘论》，编入《南宗定是非论》以申其意。故神会乃从慧能上溯之《金刚经》，不从慧能而下，一依《坛经》，此韦处厚所以称其独耀莹珠，与习徒迷真之以《坛经》传宗者见优劣也。故自慧能不立文字，以《坛经》传宗，固是在禅宗史上开展出一番革命精神，而神会仍主总持宗教，独耀莹珠，则仍是对慧能别有其一番意味。韦处厚乃在此上欣赏神会。胡氏不明韦文之意，乃谓神会与其习徒以《坛经》传宗，斯失之远矣。

胡氏除上述一条“更无可疑的证据”外，又有两条“最明显及很明显的证据”。《坛经》云：

上座法海向前言，大师去后，依法当付何人？大师言，法即付了，汝不须问。吾灭后二十余年，邪法缭乱，惑吾宗旨，有人出来，不惜身命，第佛教是非，竖立宗旨，即是吾正法，衣不合传。（按此引《坛经》乃古写敦煌本，大英博物馆藏本，日本大正新修大藏第四十八卷诸宗部五。下不别注者均同。）

胡氏说:“这是最明显的证据,可为此经是神会一派所作的铁证。因为神会在开元二十二年在滑台定宗旨,正是慧能死后二十一年。”今按此一段,当然不是慧能生前之悬记,然亦尽可谓是震于神会定南北是非后人所私羼。是时“曹溪了义大播于洛阳,荷泽顿门流派于天下”。(宗密语)一时学人,群尊神会。唐帝室并立荷泽大师为七祖。(见宗密《禅门师资承袭图》)当时北方僧人,尽可于他们同所崇奉的《坛经》里私加此节,用相夸耀,借增神秘。当知“有妫之后将育于姜”的占辞,自可为陈氏所伪造,但亦可为卜人所假托。若定要说此为慧能生前预言,固属怪妄,而谓《坛经》乃神会所作,更属荒诞。今所发现之敦煌本《坛经》开首即有“兼受无相戒弘法弟子法海集记”一行十三字,临末又云:

> 此《坛经》,法海上座集。上座无常,付同学道漈。道漈无常,付门人悟真。悟真在岭南曹溪山法兴寺,见今传授此法。

据此明文,显见敦煌本《坛经》之祖本,乃由法海集录。而敦煌本之传钞与更动,乃在法海后第三代门徒悟真之时。其时悟真固尚在岭南曹溪山,而增此条者又显属一北方僧人也。

《坛经》又云:

> 大师先天二年八月三日灭度,七月八日唤门人告别,法海等众僧闻已,涕泪悲泣,惟有神会,不动亦不悲泣。六祖

言神会小僧，却得善等，毁誉不动，余者不得。

胡氏说："《坛经》古本中，无有怀让行思之事，而单独提出神会得道，余者不得，这也是《坛经》为神会杰作一个很明显的证据。"今按胡氏此说，更可商榷。《论语》孔子独称"颜回好学"，屡叹"贤哉回也"，又云："惟我与尔有是夫"。但后人并不疑《论语》乃颜回杰作。《坛经》记慧能临灭称赞神会，此条亦见法海所录《坛经》之祖本，安知非确有其事。必说其为神会伪造显证，岂不太轻视了神会，抑且又太轻视了慧能与法海。似乎慧能决不能先见神会之特出，而法海也决不肯记载他的老和尚欣赏同门后辈。以此衡量古德，太似无情。

上述胡氏所谓"更无可疑的""最显明的""很显明的"几条证据，其实都靠不住。胡氏为何定要作此大胆的翻案文章？我想其间最大动机，恐是胡氏发现了《坛经》和《神会语录》里有很多相同处。胡氏说："我相信《坛经》主要部分是神会所作，我的根据完全是考据学所谓内证。《坛经》中有许多部分和新发现的《神会语录》完全相同。这是最重要的证据。"又说："至少《坛经》的重要部分是神会作的。如果不是神会作的，便是神会弟子采取他的语录里的材料作成的。但后一说不如前一说尽情理，因为《坛经》中确有很精到的部分，不是门下小师所能造作。"对此问题，让我们先试检讨《神会语录》的作者。今按胡氏所编《神会和尚遗迹语录》第二残卷《菩提达摩南宗定是非论》独孤沛序文云：

> 弟子于会和上法席下见与崇远法师论义便修。从开元十八、十九、二十年,其论本并不定。为修未成,言论不同。今取二十一载本为定。后有《师资血脉传》,亦在世流行。

此段文字,据胡氏解释,以为“独孤沛的意思,似是要说他先后共有三部记录神会的书。一是记录神会在滑台大云寺和崇远法师辩论的,二是开元十八年至二十一年的《神会语录》,三是《师资血脉传》。”胡氏此释,信否暂不论,然亦正见《神会语录》并不由神会亲手写成。至少此卷开元二十二年滑台大云寺大会席上定南北宗旨一番辩论,无疑为独孤沛所撰集。并据独孤沛说:“从开元十八、十九、二十年,其论本并不定,为修未成,言论不同。”可见当时已有几种言论不同的《神会语录》,遂使独孤沛有无所适从之苦。若神会当时早有亲手编撰语录行世,独孤沛不至如此为难。独孤沛又说:“今取二十一载本为定”。可见其未能当面取决于神会。是否因独孤沛修集《神会语录》时神会已死,今亦无从判断。我们试再看《神会语录》第一残卷,其开始残脱的几行,所记便与第二残卷《南宗定是非记》大略相同。又卷中另有与远法师问答语,可见第一残卷之编集,亦在滑台定宗旨后,而非出于独孤沛。否则卷首便不必复载滑台定宗旨的问答。而第一残卷亦决非神会自记,如卷中有“荷泽和尚与拓拔开府书”等字样。又如“和尚云:神会今说与忠禅师又别”之类可知。至第三残卷,胡氏说他“或许即是《南宗定是非论》的一部分”,今亦无法判定。但玩其文体与语气,知亦非神会自撰。根据上论,我们可以说,今所得《神会语录》,尚无一种可断定为神会所自撰。然则又如何说现在《坛经》的几部分，却“大致是神会杂采他的语录凑成的”呢？

而且《神会语录》与《六祖坛经》有显相冲突处。最著者如关于菩提达摩以前传世法系的说法。《语录》第三残卷云：

> 远师问：“唐国菩提达摩既称其始，菩提达摩西国复承谁后？又经几代？”和尚曰：“唐国以菩提达摩为第八代，自如来付西方与唐国，总经有一十三代。”

但敦煌本《坛经》却说达摩为第三十五代，慧能为四十代。胡氏既主“《坛经》出于神会一系”，因此又说“《坛经》的四十代说，大概也是神会所倡，起于神会的晚年，用来代替他在滑台所倡的八代说”。但如我们回看独孤沛的序文，若果《南宗定是非论》作于开元二十二年，亲经神会之手或眼，何以又说：“从开元十八年到二十年，其论并不定，为修未成，言论不同”呢？在此却不能说独孤沛的序文又是神会的杰作。假使胡氏因此否认他所疑第三残卷乃是第二残卷之一部分，则我们不妨再问，如何神会在开元二十二年早已亲手写定了一本《南宗定是非论》，而且外间已有流传，甚至使他无法改正，而独孤沛却不惮烦劳，再要来修一遍《南宗定是非论》呢？这又难于自圆其说。

今再看敦煌本《坛经》与曹溪本《坛经》，均有达摩以前印度传世法系之记载，似乎远法师问神会时，对此尚无所知。而神会所答，也不知其根据所在。但在佛门中既已起了此问题，于是随后续有四十代之详细叙述。其实神会答远法师之七代，乃从释迦往下,则至达摩东来,其间断不止七代。后人改其说,乃从释迦溯而上之至释迦共七代,而迦叶以下,又有三十三代,明是承袭神会而有所改定。亦可证今传两种《坛经》关于此条,皆在神会后所增入,较之认为神会所伪造,似乎近情。古籍有疑处,宜可推阐,却不必断定皆由某一人伪造,而其人又先后不断屡自伪造也。

现在我们试再回到《语录》与《坛经》有内容相同的问题上来再作讨论。两书内容相同,非有其他证据,本亦无法确定谁抄谁。若说《神会语录》由他亲手撰成,在他及身早已流传,而在他晚年,忽又把此流传在外的语录"七拼八凑"地来填进《坛经》里去,或说由他来伪造《坛经》,试问此举所为何来?神会当时如此不惮烦地伪造,又是如何的一种心情?但胡氏偏要如此说,亦有他一番理由。据《神会语录》:

> 远师问:"嵩岳普寂禅师,此二大德教人,凝心入定,住心看净,起心外照,摄心内证,指此以为教门。禅师今日何故说禅不教人凝心入定,住心看净,起心外照,摄心内证。何名为坐禅?"和尚答曰:"若教人凝心入定,住心看净,起心外照,摄心内证者,此是障菩提。今言坐者,念不起为坐。今言禅者,见本性为禅。"(尚有几节大意相似,不再录。)

此处神会驳普济降魔的一段话,大体又见于《坛经》。《坛经》云:

善知识，又见有人教人坐，看心看净，不动不起，从此置功。迷人不悟，便执成颠。

又云：

若言看心，心原是妄，妄是幻，故无所看也。若言看净，人性本净，为妄念故，盖覆真如。虽妄念本性净，不见自性本净。心起看净，却生净妄。妄无处所，故知看者，看却是妄也。

胡氏说："我们必须先看神会的话，然后可以了解《坛经》里所谓看心看净是何物？如果看心看净之说是普寂和降魔藏的学说，则慧能生时不会有那样严重的驳论。因慧能死时，普寂领众不过几年，他又是后辈，慧能岂会用力批评？但若把《坛经》中这些话看作神会驳普寂的话，一切困难便可以解释了。"胡氏此一证据，似较坚明。只有此一条够得上他自己所谓的内证。但我们不妨再问，看心看净工夫，固然普寂降魔等人有此主张，但是不是由普寂降魔诸人始创此主张的呢？倘使普寂以前，早有人主张看心看净工夫，则《坛经》里的话，不妨是在批评普寂降魔以前的人，而神会则不过承袭慧能来批评普寂，这又何尝不可呢？今即据楞伽本宗言之。《楞伽经》卷一

大慧菩萨问："世尊，云何净除一切众生自心现流，为顿为渐耶？佛告大慧，渐净非顿，如庵罗果，渐熟非顿，如来净除一切众生自心现流，亦复如是，渐净非顿。"

此即是楞伽宗心净双提之远源。又《师资》记二祖慧可有云:

一切众生,清净之性,亦复如是。只为攀缘妄念诸见,烦恼重云,覆障圣道,不能显了。若妄念不生,默然净坐,大涅槃日,自然明净。……妄净而真现,即心海澄清,法身空净也。……若了心源清净,一切愿足,一切行满。

此即是一种看心看净法了。又四祖道信云:

离心无别有佛,离佛无别有心。念佛即是念心,求心即是求佛。所以者何,识无形,佛无相貌。若知此道理,即是安心。常忆念佛,攀缘不起,则泯然无相,平等不二。入此位中,忆佛心谢,更不须征。即看此等心,即是如来真实法性之身。……亦名净土,……名虽无量,皆同一体,亦无能观所观之意。如是等心要令清净,常现在前,一切诸缘,不能干乱。(一切诸缘,不能干乱,即不动也。)

又曰:

如来法性之身,清净圆满,一切像类悉于中现,而法性身无心起作。如颇梨镜悬在高堂,一切像悉于中现,镜亦无心,能现种种。

云何能悟解法相,心得明净。信曰,亦不捉心,亦不看心。直任运。亦不令去,亦不令住,独一清净。究竟处心自明净，或可谛看，心即得明净。……众生不悟心性本来常清净，故为学者取悟不同。

又曰：

以此空净眼，注意看一物，无问昼夜时，专精常不动。其心欲驰散，急乎还摄来。……终日看不已，泯然心自定。（心定即是不动不起）《维摩经》云："摄心是道场，此是摄心法。"《法华经》云："从无数劫来，除睡常摄心。"

若初学坐禅时，于一净处，直观身心……从本以来空寂。（此即看心看净法）不生不灭，平等无二。……从本以来清净解脱，不问昼夜，行在坐卧，常作此观。

又云：

初学坐禅看心，独坐一处，……身心调适，……徐徐敛心。……心地明净，照察分明，内外空静，即心性寂灭。

凡舍身之法，先定空空心，使心境寂静。……凝净心虚，则夷泊恬平。……初起心失念，不免受生也。

如右诸条，正是禅门坐法，亦即是禅门看心法。至于是否真属慧可道信之言，今暂不论。要之禅家自有此一套看心看净法，为慧能所驳斥。若径看此一套看心看净法，只是普寂降魔所主张，则上引诸条，岂不又即是普寂降魔所伪造假托乎？如是则从来佛门中人,岂不尽都是造谣骗人之能手?神会亦何以自异于普寂降魔诸人乎?

又按:五祖弘忍,据玄赜《楞伽人法志》(即见《楞伽师资记》中)称其"缄口于是非之场"。因此他的思想,现在无从推测。但又据赜传,说他:

> 七岁即奉事道信,役力以资供养。

又说他

> 生不瞩文而义符玄旨。

则五祖与慧能同样是一位很少文字基础的人。他又亲对玄赜宣示楞伽义,说:

> 此经惟心证了知,非文疏能解。

此等处早是慧能路子。故弘忍能欣赏慧能,只似不如慧能锐利。故慧能遂为禅宗开新,而弘忍只是新旧禅中间的一过渡人。神秀普寂从弘忍处直接旧统,慧能从弘忍处另茁新芽。因此两家对弘忍同样尊崇。我们若如此推想,亦可谓《坛经》里批评的教人坐,看心看净,不动不起,或许正指的是道信以来的旧禅。《坛经》又云:

> 此法门中坐禅，元不看心，亦不看净，亦不言不动。

此是新禅，却不能说慧能以前旧禅尽如此，要待普寂降魔来创新。

净觉《楞伽师资记》又述及普寂敬贤义福惠福诸人，说他们"宴坐名山，澄神邃谷"。可见净觉作记时，普寂尚在。记中所载道信诸说，纵出后人传述，但亦如何证其定出慧能之后？而慧能对此等事，必一无闻知？

今再退一步，纵谓《师资记·道信传》皆后出不足信，但我们还有别的证据来说看心看净之说，决非到普寂时始有。更显著的可看天台宗的典籍。佛门禅学，本不止达摩一宗。天台尤显赫，在慧能以前早已盛行。他们的止观法门，正讲的看心看净法。智者大师的六妙法门，一数，二随，三止，四观，五还，六净，净是禅学最深最后的一级。智𫖮说：

> 净为妙门者，行者若能体识诸法本性清净，即便获得自性禅也。

又曰：

> 净亦有二，一者修净，二者证净。誊要言之，若能心如本净，是名修净。三界垢净，故名证净。

又曰：

观众生空,名为观。观实法空,名为还。观平等空,故名为净。一切外观名为观,一切内观名为还,一切非内非外观,名为净。

还禅既进,便发净禅,此禅念想观已除,言语法皆灭,无量众罪除,清净心常一,是名净禅。净若不进,当去却垢,心体真寂,虚心如虚空,无所倚依,尔时净禅渐深寂,豁然明朗,发真无漏。

又曰:

行者当观心时,虽不得心及诸法,而能了了分别一切诸法。虽分别一切法,不著一切法。成就一切法,不染一切法。以自性清静,从本以来,不为无明惑倒之所染故。故经云:心不染烦恼,烦恼不染心,行者通达自性清净心,故入于垢法而不为垢法所染,故名为净,当知心者即是净名。

又观心论云:

问观自生心,云何四不说,离戏论执净,心净如虚空。

又曰:

问观自生心,云何知此心,法界如虚空,毕竟无所念。

问观自生心,云何无文字,一切言语断,寂然无言说。

又四念处云：

今谛观心中三句，实不纵不横，不前不后，毕竟清净广大法界，究竟虚空，观心实心，无有微尘知觉，即是法名不觉。烦恼是道场，断烦恼不名涅槃。不生烦恼，乃名涅槃，烦恼即菩提，生死即涅槃。

此等理论与方法，尚可证之南岳慧思。《续高僧传》记：

思禅师于夏，束身长坐，系念在前，始三七日，发少静观，见一生来善恶业相，因此惊嗟，倍复勇猛，遂动八触，发本初禅。自此禅障忽起，四肢缓弱，不胜行步，身不随心，即自观察，我今病者皆从业生，业由心起，本无外境。反见心源，业非可得。身如云影，相有体空。如是观已，颠倒想灭，心惟清净，所苦消除。

又其所著《诸法无净三昧法门》云：

复次欲坐禅时，应先观身本。身本者，如来藏也。亦名自性清净心。是名真实心，不在内，不在外，不在中间，不断不常，亦非中道，无名无字，无相貌，无自无他，无生无灭，无来无去，无住处，无愚无智，无缚无解，生死涅槃，无一无二，无前无后，无中间，从昔已来无名字，如是观察真身竟。

可见观心观净之理论与方法,原本天台。如来禅与祖师禅,理论上本无大区别。六祖虽为佛学中革命人物,其思想理论亦有依据,并非特然而起。(远溯可以上推及于达摩与竺道生)。当其时,天台一宗之禅法既极盛行,六祖以前之禅宗诸祖师,宜有染涉,六祖必亦闻到此等理论。惟天台诸大德到底不脱学究气,不脱文字障,六祖因文字缠缚少,不走向学究路,故能摆脱净尽,直吐胸臆,明白简捷,遂若与天台截然不同。今《坛经》中屡屡言心言净,正当从天台着眼,寻其根源。看心看净,正是观。不动不起,正是止。只一辈俗僧寻不到天台宗旨,故遭六祖呵斥。又岂得谓六祖当时僧界没有做看心看净工夫的,用不着六祖用气力驳?

至普寂、降魔教人"凝心入定,住心看净,起心外照,摄心内证",亦只是承袭旧禅法,决说不上是他们新创。但他们对旧说似乎稍有变动,故于凝心住心之外,忽来一个"起心外照",此固可说其亦从天台观法来,但恐早已受了慧能南宗影响。至于神会驳普寂,有些是直抄《坛经》,如"若以坐为是,舍利弗晏坐林间,不应被维摩诘诃"等语是也。有些是把《坛经》里的话再加以凝练而成。如《坛经》敦煌本:

> 此法门中无障无碍,外于一切境界上念不去(起)为坐,见本性不乱为禅。

《坛经》明藏本:

> 此法门中无障无碍，外于一切善恶境界，心念不起名为坐，内见自性，不动，名为禅。

《神会语录》：

> 今言坐者，念不起为坐，今言禅者，见本性为禅。

又如《坛经》敦煌本：

> 若言看心，心元是妄，妄如幻，故无所看也。若言看净，人性本净，为妄念故，盖复真如。离妄念，本性净。不见自性本净，心起看净，却生净妄。妄无处所，故知看者却是妄也。

《神会语录》：

> 问何不看心，答看即是妄，无妄即无看。问何不看净，答无垢即无净，净亦是相，是以不看。

何以神会写《语录》时，下笔如此凝练，待他晚年，再"七拼八凑"填入《坛经》时，下笔却又如此缭绕？

又按《神会语录》卷一有一条云：

> 今言佛法不同者，为有凝心取定，或有住心看净，或有

起心外照,或有摄心内证,或有起心观心而取于空,或有取觉灭妄,妄灭住觉为究竟,或有起心而同于空,或觉妄俱灭,不了本性,住无托空。如此之辈,不可俱说。

据此,则凝心取定,住心看净,起心外照,摄心内证,亦是神会述说当时人几种不同的见解与工夫,与第三卷谓普寂、降魔以此四项教人又不同,此正独孤沛所谓言论不同之一证。第一卷又一条云:

若有坐者,凝心入定,住心看净,起心外照,摄心内证者,此障菩提。

此条亦不见是专说普寂等人教人如此,又却不是说种种人主张不同,此该又是一番言论不同。从此等处,均可证明今传《神会语录》并非神会手定。又如第一卷记王维、澄慧与神会共论定慧等义,连有两则,文字略异。又相州别驾马择问僧道自然之辨,同卷亦有两处,语亦略异。此均证今《语录》非神会手定。

抑且将《神会语录》与《坛经》通体比较,尤有一大不同处。如《坛经》云:

自性迷,佛即众生。自性悟,众生即佛。但识众生,即能见佛。若不识众生,觅佛,万劫不得见也。

又曰:

> 不悟，即佛是众生。一念若悟，即众生是佛。
>
> 前念迷即凡，后念悟即佛。
>
> 自心自性真佛。
>
> 一切万法，尽在自身心中，何不从于自心顿觉真如本性。
>
> 各自观心，今自本性顿现。

此等语，是《坛经》最明白直捷处，最见六祖开山精神。《神会语录》中则寻不到此等语。《神会语录》与《坛经》相同处，如论定慧等义，皆见经典气，皆见文字障。全部《神会语录》之精神更如此，处处都讨论经典，剖析文句。神会究竟是一个学僧，与慧能不同。神秀先通庄老及儒家经典，神会亦然。故六祖说：此子向后设有把茆盖头，也只成得个知解宗徒也。我们只细读《坛经》与《神会语录》，便知此两书非慧能与神会手笔，均由许多人纂集，并各经历一段相当时期。但由此两书还可辨出慧能与神会当日精神意境之皎然不同处。如何却随便说《坛经》是神会晚年用他的《语录》拼凑而成？

今按明刻本《坛经》有一条云：

> 一日，师告众曰：吾有一物，无头无尾，无名无字，无背无面，诸人还识否？神会出曰：是诸佛之本源，神会之佛性。师曰：向汝道无名无字，汝便唤作本源佛性。汝向去有把茆盖头，也只成个知解宗徒。祖师灭后，会入京洛，大弘曹溪顿教，著《显宗记》盛行于世。

此条显是后人增入,而增入此条者仍自有据。可见向后禅宗,实不认神会乃曹溪嫡嗣,故曰只成个知解宗徒也。

抑且神会云:

修习即是有为诸法。

又云:

生灭本无,何假修习。

其告王维亦说:

众生若有修,即是妄心,不可得解脱。

只重见解,不重修习,尤见是神会走了偏锋,与慧能《坛经》中教言绝不相似处。

杜诗有云:"流落人间者,泰山一毫芒。"史料记载,尽都如是。六祖神会亦然。若我们只根据一些书籍上的材料,偶尔见到一些小破绽,便轻生疑猜,正如凝视毫芒而疑泰山。泰山究竟怎般大,自然难说,但我们如肯承认人所共认的事,则泰山大而毫芒小,亦可不辨自明。

《坛经》里文句还有好多与《神会语录》相同的,如《坛经》敦煌本:

定慧能一不二，即定是慧体，慧是定用。即慧之时定在慧，即定之时慧在定。

《神会语录》：

即定之时是慧体，即慧之时是定用。即定之时不异慧，即慧之时不异定。即定之时即是慧，即慧之时即是定。

《坛经》明藏本：

定慧一体不是二，定是慧体，慧是定用。即慧之时定在慧，即定之时慧在定。

此等处，神会承用慧能语，事属平常。即如《坛经》烦恼即菩提，即是承用智𫖮语。如《朱子语类》中承用二程及北宋诸贤语，真是指不胜屈。

因此我们尽不妨再回到历史传统与历史常识方面来，慧能到底是南宗开山，是新禅宗的创立者。神会到底是慧能门下，他不过到北方去放了一大炮，把南宗顿义在北方宣扬。正如阳明门下有一泰州，泰州在北方宣扬王学，成绩没有神会大，但泰州后来自成一学派却胜过了神会。神会在当时虽则放了一大炮，究因他太过大惊小怪，转为多数人不满，亦如泰州当时亦为一般人不满。而后来神会不能如泰州样自成一学统，因此渐渐为人所遗忘。直到最近，敦煌古物出现，神会当时一大炮的声威，始再为世所知,这是胡氏的功绩。只可惜胡氏又为他所发现太过渲染了,却如我们骤见《王心斋集》,却说阳明《传习录》乃王艮捏造,这到底是一种戏论。

我们再根据常识推想,六祖既有其人,"《坛经》这当也有一部分是慧能在时的记载,而且他里面几个重要部分,也许是有几许历史根据的。"这都是胡氏承认的。现在我们试想一个"不识字的卢行者",忽然在岭南曹溪大开宗门,轰动一时,我们那位"南宗急先锋""在中国佛教史上没有第二人有这样伟大功勋永久影响"的神会和尚,也远从襄阳前来受法,可见慧能当时定有些吸引人的地方。虽则尽说古本《坛经》里没有怀让行思的事,但当时曹溪宝林寺,定集有十方僧众,法门广大。倘使"《坛经》只是神会的杰作,《坛经》存在一日,便是神会的思想存在一日"(胡氏语),试问除去《坛经》外,慧能的思想又在哪里?神会尽可无忌惮地把自己思想倒装成慧能思想,那时在岭南曹溪一带不是说没有僧众了,难道亦可说"死人无对证",对神会的伪师说,会全部默认吗?而且怀让行思诸人的名字,虽则古本《坛经》里没有,但他们曾在六祖门下,亦无可否认。试问他们的思想还是亲炙于六祖的呢?还是间接从"神会的杰作"《坛经》里的伪师说袭取的呢?胡氏硬要把慧能的思想地位夺给神会,这实在是到处难通。

下　篇

现在再谈到袈裟传法的事。胡氏说此等全是"神会自由捏造”。神会说：

> 达摩传一领袈裟，以为法信，授与惠可。惠可授僧璨，璨传道信，道信传弘忍，弘忍传慧能。六代相传，连绵不绝。

又说：

> 秀禅师在日，指第六代传法袈裟在韶州，口不自称为第六代。

胡氏云：“其实慧能神秀都久已死，死人无可对证，故神会之说无人可以否证。”又更进一步说：“传法袈裟在慧能处，普寂的同学广济曾于景龙三年十一月到韶州去偷此法衣，此时普寂尚生存，但此等事也无人可以否证，只好听神会自由捏造。”今按袈裟传法，见于古本《坛经》。《坛经》决非“神会杰作”，上文已说过。胡氏谓“《行由品》等是神会用气力撰著的，也许有几分历史根据。”但神会在六祖门下本只是一“小僧”，（胡氏考神会年岁均误，详后。）《坛经》明由法海上座所集记，岂能无端说由神会“用气力撰著”。当知“在中国佛教史上没有第二人比得上他功勋之大影响之深的”“这样伟大的一个人物”，至少在他内心精神方面也应有几许支撑他自己人格信心的规律。宗教精神究竟并不是江湖撞骗，他将不容许他自己因死人无可对证而信口胡说，自由捏造。怎么说“袈裟传法说，完全是神会捏造出来的假历史”呢？依据常识判断，当日在曹溪，定都早知有袈裟传法的事。因此神会遂得有此信心与勇气,来鼓励他做“北伐急先锋”。他先在神秀门下三年之久,但他现在却北上申辩:说神秀“师承是傍,法门是渐”。又说:“我今弘扬大乘,建立正法,令一切众生知闻,岂惜生命。”胡氏说他是一种“大胆的挑战”。我则说他是一种诚恳的争辩。试问一切只是信口胡说,自由捏造,那胆又如何大得起来?

到此,更回到是否有弘忍袈裟传法的问题上来。胡氏说:“神秀与慧能,同做过弘忍的弟子,当日既无袈裟传法的事,也没有旁嫡的分别。”这又如何说呢?无论如何,从最低限度的可能来推想,慧能既到过弘忍门下,弘忍是东山法门一代大师,不是一个平常俗僧,对此“岭南獦獠”“不识字的卢行者”,至少亦特具只眼,加以赏识。因此在《玄赜传》里记载弘忍谈话,也把慧能列为传道十大弟子之列。我们若认《玄赜传》里的话可靠,亦尽可设想那位不识字的卢行者,以他那样的富于革命性,在五祖门下,自然不能久居。一旦辞祖南旋,弘忍对此行者,自然可有一番惜别之情。自然可以送他一些作纪念的信物如袈裟之类。(当然,很可能此袈裟,还是道信传下的。更据旧先传说,则是达摩传下,乃系西域的屈眴布,乃缝木棉花心织成。见高丽传本《坛经》以下递注。)将来慧能在南方剃度,在曹溪寺开山,自然会时时提到这件袈裟。一面是他纪念老和尚,一面证明他“东山得法”一段因缘。当知慧能顿义虽是南宗开山,新禅学之创建,但他自己说:“我于弘忍和尚处一闻言下大悟,顿见真如本性。”到底慧能是于弘忍言下悟入,又经弘忍印可认许,那袈裟即是信物,不容慧能不郑重提及。但以后他门下僧众,渐渐将此一段故事更庄严化，神秘化，而且传奇化了，遂成为《坛经》所云云。我们最多也只能如此说，不能说《坛经》全属神会捏造，而袈裟传法则全无其事。慧能说他自己是"东山得法"，弘忍也说他传法十大弟子中有韶州慧能。最多弘忍只没有说东山净法只慧能一人得，但慧能也没有这等话，此在古本《坛经》里有极显明的证据。《坛经》说：

> 世人尽传南能北秀，未知根本事由。且秀禅师于南荆府堂阳县玉泉寺住，慧能大师于韶州城南三十五里曹溪山住。法即一宗，人有南北，因此便立南北。何以渐顿，法即一种，见有迟疾，见迟即渐，见疾即顿。法无渐顿。人有利钝，故名渐顿。（亦见明藏本顿渐第八，古本此下即接叙神秀唤门人僧志诚去曹溪山一节。明藏本又添入吾师五祖又亲传衣法云云。由此可证古本此节必为神会南北宗定是非论以前之记载，并未经神会一派人改动。）

在久视元年武则天诏请神秀到东京之前，神会尚未到曹溪，或已在神秀门下。直到神秀去东京，神会才南游。那时神会还只十四岁，虽则弘忍生前，自说有传法十大弟子，但他死后二十年间，南能北秀对抗之势已成，而神秀为两京法主三帝国师，只有岭南慧能声名势力足以相抗，因此那时在神秀门下的，往往想到慧能这里来听一个究竟。这正如南宋朱陆门人常通往来一般。《坛经》里记载的志诚即是一例。神会亦在这个南能北秀顿渐分宗的风声与形势下，自神秀赴京后即转来曹溪。当时神会心中对此南北顿渐问题，必特受刺激，甚感兴趣，因此他后来忍不住要做北伐急先锋,要在滑台大云寺开无遮大会,定南北宗旨。这是神会早在他幼年心中常常激动的问题,却不能说他晚年忽然来“自由控造”“大胆挑战”。

但慧能生时,究不曾与神秀分宗派。故他说:“法本一宗,人有南北。”又说:“法无渐顿,人有利钝。”可见他并不曾说“东山得法”只他一人,亦决不说神秀“师承是傍,法门是渐”。据《神会语录》,神秀被召入京,告门徒云:“韶州有大善知识,元是东山忍大师付嘱,佛法尽在彼处,汝等诸人如有不能自决了者,向彼决疑,必是不可议,即知佛法宗旨。”此番话也未必不可信。正如朱晦翁说:“八字立脚,只有我与象山两人也。”神会所以转往曹溪,也未必不是这番话的影响。可能当时南能北秀,虽则渐顿教法各自不同,在他们自己却都没有自分宗派,自别门户。

又按《全唐文》卷十七《召曹溪慧能入京御札》有云:

> 朕请安秀二师,宫中供养,二师并推让云:南方有能禅师,密受忍大师衣法。

此则明说道安神秀亦称慧能得弘忍传衣。胡氏乃谓《曹溪大师别传》称此乃神龙二年高宗之勅,由契嵩改正。今《全唐文》所收,即契嵩改本。又谓《别传》出一个俗僧之手,谬误百出。然何从证此勅乃契嵩无据妄改。契嵩乃北宋中叶一博学僧人,亦不能证其为一喜于作伪之人。《别传》有误,契嵩所据本不误,事亦可有。岂《别传》伪造在前,契嵩又妄改于后。凡涉六祖事,尽出伪造伪改,效神会之所为乎?胡氏又谓:果此勅是真,则传衣付法的公案，早已载在朝廷诏勅之中，更何用后来的争论，更何用神会两度定宗旨，四次遭贬谪的奋斗。如胡氏说，必证此勅是伪，乃可证神会之伪。以伪定伪，何不如依真释真之更近情理乎？武后有此勅召，而慧能不至，此勅未必天下皆知。即神会当时，亦不据此为争。惟后来所得，乃可证神会言袈裟传法之不伪，如此而已。今必先定神会所争袈裟传法乃伪造，乃凭之以证此外袈裟传法之说皆伪造。则何天下之爱伪！

今姑重作推想，神秀慧能虽未自分宗派，但神秀死后，普寂义福诸人，渐渐接不上神秀气魄。而南方曹溪宗风却愈来愈盛。慧能的门徒未免要认为只有他们能大师才是东山法门唯一传人，那件袈裟则是唯一信物。这样的空气煽扬到北方，始有普寂同学僧广济在景龙三年到韶州去察看那传法袈裟。今《神会语录》既不是神会手笔，中间自然也可有渲染，遂成广济夜偷袈裟，慧能说此袈裟在弘大师处三度被偷，在信大师处一度被偷之事。当知此非神会对普寂当面诬蔑，信口胡诌，自由造谣，而是《坛经》与《语录》各有经后人羼入处。而神会则亲到北方公开说：

> 秀禅师在日，指第六代传法袈裟在韶州，口不自称为第六代，今普寂禅师自称为第七代，妄竖和尚为第六代，所以不许。

这里便可见禅宗世系说，最多也只能说创自北宗普寂诸人。在此以前，南能北秀，一则说“法本一宗，人有南北”，一则说“东山佛法，尽在彼处”，人家推尊师傅，却没有分谁嫡谁傍。只因神秀成了两京法主，三帝国师，而他门下普寂义福玄赜诸人，又继续领众受宫庭尊崇，由是遂推溯而上，造成他们的七叶世系。亦因此激起南方曹溪一派之不平。神会滑台大云寺无遮大会定南北宗旨的轩然大波，竟把神秀六代祖师资格，夺归南宗。至于弘忍以上五代世系，则仍照北宗成说，并未牵动。以上所说，只照胡氏翻案文字，说其最多只可如此而已。实则还是旧说比较可信，却不烦如此更动。

又按，宗密《师资承袭图》有曰：

> 能和尚灭度后，北宗渐教大行，因成顿门弘传之障。曹溪传授碑文，已被磨换。故二十年中，宗教沉隐。

又宗密《慧能神会略传》有曰：

> 法信衣服，数被潜谋。传授碑文，两遇磨换。

是慧能死后，北宗日盛，我上面所推测，均可援宗密话来作证。惟胡氏又云：慧能死后，未必有碑志。王维作碑，不提及旧有碑文，更没有磨换的话。不知慧能曹溪传法，神会亦曾从北方神秀门下渡江远来，一时讲席必盛，何以知其死后未有碑志。且文章自有体制，王维作碑，何以必提及旧碑。岂能因王碑不及，遂断定其更无前碑。《历代法宝记》亦云：慧能死后，太常寺丞韦据撰碑文，至开元七年，被人磨改，别造碑文。近代报修，侍郎宋鼎撰碑文。宋鼎为碑，又见《宋僧传》，亦神会所主，其文收赵明诚

《金石录》，此碑作于天宝十一载，或说七载，此碑之是真是伪，胡氏不复辨，亦可怪。

今再论神会辨顿渐，其主要证据，便在袈裟传法。但《坛经》六祖明说：

> 法无顿渐，人有利钝。

又说：

> 迷人渐修，悟人顿契。（此二语古本误作"明即渐劝，悟人顿修。"）
>
> 自识本性，自见本性，即无差别，所以立顿渐之假名（古本此节多误字，今从明藏本。）

可见慧能还是顿渐兼顾，并不争其是非。神会则意在争传统，便兼顾不得两面，竟斥神秀"法门是渐"了。这是《坛经》与《语录》理论上之大不同处。若《坛经》是"神会杰作"，对渐顿理论便不如此持平。

此意再还证之于《坛经》所载弘忍之说神秀一偈，亦云：

> 但留此偈，与人诵持。依此偈修，免堕恶道。依此偈修，有大利益。

又令门人炷香礼拜，云：

尽诵此偈,即得见性。

此皆明见于敦煌本《坛经》。弘忍虽面告神秀,汝作此偈,未见本性。只到门外,未入门内。但并未如神会之斥神秀,师承是旁,法门是渐。《神会语录》又曰:约斯经义,只题顿门,唯存一念相应,实非更由阶渐。是神会之意,乃若佛法只许有顿悟,不许有渐修。

厥后宗密《圆觉大疏钞》亦兼采顿渐,谓

寂知之性举体随缘。寂知如镜之净明,诸缘如能现影像。如对未识镜体之人,唯云净明是镜。不言青黄是镜。

此乃针对神会唯宗无念不立诸缘之意见而发。神会不立诸缘,即其轻视修习。然宗密一尊神会,故曰:

但拣后人局见,非拣宗师。

贾悚《大悲禅师灵坦碑》亦云:闻菏泽有神会大师,即决然蝉蜕万缘,誓究心法。此宜是宗密之所谓局见矣。宗密自于修习诸缘有极深工夫。又曰:

于七宗中,若统圆宏为一,则七皆是。若各执一宗,不通余宗者,则七皆非。

荷泽特七宗之一，宗密纵所深尊，然局此一宗，宗密亦不以为然。盖宗密上承神会由教通宗之旨，而不为《坛经》之传宗，惟于神会为又一转手。而胡氏不知，乃谓南宗革命事业，后来只靠马祖石头荷担。到德山临济而极盛。德山临济，都无一法与人，只教人莫向外求，无事休息去，这才是神会当日革命的深意，不是宗密一流学究和尚所能了解。不知马祖石头德山临济正都是《坛经》传宗，直承慧能，与神会有别。教人休息去，即教人在诸缘上自修习。此层细读《坛经》自知。宗密之为学究和尚，正承神会之为知解和尚来。而在知解上，较神会更进一层。胡氏于此昧然，宜乎其无往而不误。

又按：《皎然集》卷八，《能秀二祖赞》（又见《全唐文》九一七）有云：

> 二公之心，如月如日。四方无云，当空而出。三乘同轨，万法斯一。南北分宗，亦言之失。

是皎然在当时，对于普寂神会南北分宗之争，并不赞同。又同卷《二宗禅师赞》有云：

> 安赞天后，寂佐玄宗。卷道就迹，与时从容。邈邈安公，行越常致。高天无言，九有咸庇。不异六宗，无惭七祖。

又同卷《唐湖州佛川寺故大师塔铭并序》谓：

> 我释迦本师,首付饮光。饮光以下二十四圣,降及菩提达摩继传心教,有七祖焉。第六祖曹溪能公,传方岩策公,乃永嘉觉荷泽会之同学也。即佛川大师。讳惠明,俗姓陈氏。受具时,开元七年。建中元年,报举八十四,僧腊五十一。

是皎然当时又认南北两方同可有七祖。安指嵩山道安或慧安,具人在弘忍十大弟子中,与神秀同辈行,又同膺武后之召,乃安顺退避位,推美于秀。(见《全唐文·宋儋碑铭》。)皎然在南方不知底细,故遂目安为承秀,无惭七祖也。又惠明在湖州,宜非《坛经》住袁州之惠明。方岩策乃玄策,慧能弟子,是惠明乃慧能再传。皎然既误道安于前,又误惠明于后。又谓达摩前二十四圣与《坛经》及神会说各不同,此等皆无足细辨。

再说到传法袈裟,慧能本只说他的顿义亦从东山得法,那件袈裟便是物证。神会则主东山法门只有顿义,那件袈裟,则是东山嫡嗣惟一信据。依慧能《坛经》说法,顿义本为利根人设,人又谁不愿为利根人?正如后来阳明门下天泉桥证道,龙溪的四无论到底占了胜利,神会在当时也自然战胜了普寂。在物证上,则慧能那件袈裟,也确是独一无二的,弘忍并未同样赠一与神秀或别人。因此普寂也无可辨难。是神会既未捏造袈裟故事,更不曾杰作了一部《坛经》,只其明宗旨,辨是非,硬分南顿北渐,则显违了能秀两师之本意。

据王维《能禅师碑》云:

> 忍大师临终,遂密授以师祖袈裟,而谓之曰:“物忌独

贤，人恶出己，吾且死矣，汝其行乎？”禅师遂怀宝迷邦，销声异域，如此积十六岁。

王维碑文受神会之托而作，此处言袈裟传法，亦与《坛经》微别。盖《坛经》主要在记弘忍传衣之由来，而王维所述则在此衣不传之因缘。又古本《坛经》有“韶州刺史韦据立碑，至今供养”，而王维碑文有“则天太后孝和皇帝并敕书劝谕，征赴京师”云云，此亦证古《坛经》早于王维碑文，亦即不出神会伪撰。

又按刘禹锡《佛衣铭》，谓：

吾既为僧琳撰曹溪第二碑，且思所以辨六祖置衣不传之旨，作《佛衣铭》。曰：

惟昔有梁，如象之狂。达摩救世，来为医王。以言不痊，因物乃迁。如执符节，行乎复关。民不知官，望车而畏。俗不知佛，得衣为贵。坏色之医，道不在兹。由之信道，所以为宝。六祖未彰，其出也微。既还狼荒，憬俗蚩蚩。不有信器，众生曷归。是开便门，非止传衣。初必有终，传岂无已。物必归尽，衣胡久恃。先终知终，用乃不穷。我道不朽，衣于何有？其用已陈，孰非刍狗。

刘氏此铭，虽力辨袈裟传法无甚意义，但仍信传法袈裟事，并谓之远从达摩以来，此自是当时传说，而刘氏谓六祖出身既微，初还狼荒，若无信器，俗众不信，此说却甚有理。且更有进者，何以慧能在碓坊呈偈后，弘忍即当夜命其离去，此层尤值深思。在弘忍已云:十大弟子各是一方人物,固不限只一人传法。待其晚年,令门人各呈一偈,意态显自不同。而其于秀能两人间,属意特在慧能,亦无可疑。孔门四科十哲,孔子亦何尝有传法只限一人之意。但颜回之死而孔子特发天丧予之叹,则在其心中,颜回自特占重要性。我们若从此推想,可见若定要说袈裟传法绝无此事,系出伪造,则势非将伪造罪名,推上六祖本身不可。如此则六祖既伪袈裟传法在前,神会又伪造《坛经》在后。当时如此一番惊天动地之大事,却全出几个和尚信意作假伪造,试问如何便能惊动得来。胡氏好随便疑古,但古代那些真实事,却不易随便如此。

又按:《唐文粹》卷六四有贾悚《扬州华林大悲禅师碑铭》云:

> 及曹溪将老,神会曰:衣所以传信也,信苟在法,衣何有焉。他日请秘之于师之塔庙,以息心竞。传衣由是遂绝。

大悲乃神会弟子灵坦,乃说成六祖置衣不传,事由神会献议,明与《坛经》不合。究竟此说系神会告之灵坦,抑灵坦自己撰说以尊神会,可不论。然可证《坛经》不出神会伪造,亦可证神会门人如灵坦即颇不诵《坛经》,不如韦处厚之所谓以《坛经》传宗也。

又宗密《禅门师资承袭图》有云:

> 慧能将入涅槃,默授密语于神会。语云:从上已来,相承准的,只付一人。内传法印,以印自心。外传袈裟,标定宗旨。然我为此衣,几失身命。达摩大师悬记云:至六代之

后，命如悬丝，即汝是也。是以此衣宜留镇山。汝机缘在北，即须过岭，二十年外，当弘此法，广度众生。

宗密此条，与敦煌本《坛经》大意相符，不传袈裟乃慧能意，非神会所请，较灵坦云云为信矣。然王维碑弘忍告慧能，物忌独贤，人恶出己。若神会真会此意，亦将不为定宗旨辨是非之举。细读《坛经》弘忍慧能两祖行事何等慎密。神会只仗知解，不重修习，其滑台辨是非定宗旨大会，意气神情，何等豪放。在印度乃及中华全部佛教徒出家人行径上，殆少其匹。慧能六祖洵为开创中国禅，在佛教史上堪称一大革命，然何尝有如圭峰之称神会所谓龙鳞虎尾殉命忘躯之依稀仿佛乎？故神会在当时，虽于传播南宗若有大贡献，然南宗诸祖师真得六祖精神，为《坛经》传宗者，于神会转少称道。遂使其人其事，除却灵坦宗密少数人外，未到百年，若湮若晦，消散净尽。在《景德传灯录》诸书，亦仅有一极不重要的地位。胡氏谓是历史上一最不公平之事。不知其间自有公平。今当谓当时禅学，本可曹溪荷泽分宗。后之禅者，尽从曹溪，不从神会，此不可谓不公平。今不论神会之主张与意见，即专从其人其事方面言，便知与慧能不同。而《坛经》非神会伪撰，袈裟传衣故事非神会捏造，亦可从而论定。

胡氏书中对于慧能神会行事年历考释亦多误，兹再略加比缉，以为此文之佐助。

贞观十二年（西元六三八），慧能生。

永徽二年（西元六五一），道信卒（年七十二）。

龙朔元年(西元六六一),慧能年二十四,闻经有省,往黄梅参弘忍。

宗密《圆觉大疏钞》作二十二,盖字讹。又按:是时神秀亦在黄梅。据张说《神秀碑文》:“神龙二年神秀卒,僧腊八十,生于隋末,百有余岁,未尝自言,故人莫审其数也。”又云:“逮知天命之年,企闻蕲州有忍禅师,禅门法胤,不远遐阻,翻飞谒诣,服勤六年,不舍昼夜。”今按:若以神秀卒时年百岁计,则隋末时神秀年十三,显庆元年年五十,至是适六年,大致相差不甚远。疑神秀俗寿或尚不足百龄,而张说误说之。又按:是年慧能即南归,神秀稍后不久当亦归去。

又按:高丽传本《六祖法宝坛经》有附注云:王维《祖师记》云:师混劳侣,积十六载。柳宗元碑云:师受信具,遁隐南海上十六年。则师至黄梅实龙翔元年,至仪凤丙子得十六年。他本或作师咸亨中至黄梅者非。

咸亨元年(西元六七〇)玄赜至双峰山谒弘忍。

按:是时神秀慧能俱已离去,据玄赜《弘忍传》可知。

咸享五年(西元六七四)弘忍卒,年七十四。

《宋僧传》作上元二年,盖上元元年之讹,即咸亨五年也。又按王维《能禅师碑文》,忍大师临终遂密授以祖师袈裟云云,盖误据神会之说。其时慧能正避难四会怀集两县界,不在黄梅。《宋高僧传》亦谓咸亨中至黄梅,俱误。

仪凤元年(西元六七六)慧能年三十九。印宗为师祝法。

明藏本《坛经》云:慧能至曹溪,又于四会避难猎人队中凡经一十五载是也。《曹溪大师别传》云:在广州四会怀集两县界中避难经十五年,若连龙朔元年计之,则前后十六年。王维碑文:禅师怀宝迷邦,销声异域,杂居止于编氓,农混商于劳侣。如此积十六载是也。

仪凤二年(西元六七七)慧能年四十,至曹溪。

按:《曹溪大师别传》(《续藏经》二篇乙)开法度人三十六年,即自此起算。又按张说《大通禅师碑铭》:"仪凤中始隶玉泉,名在僧录。"是神秀至玉泉,正与慧能曹溪开山略同时。

久视元年(西元七〇〇)武后诏召神秀,神会南游,谒慧能于曹溪。

按:宗密《圆觉大疏钞》卷三下,"神会先事神秀三年,秀奉敕进入,神会遂往岭南,谒慧能,时年十四。"又云:"神会卒乾元元年(西元七五八),年七十五。"今计仅获七十三,疑五乃误字。《景德传灯录》作上元元年卒,盖据七十五之文移后两年也。

《宋高僧传》作乾元元年卒,年九十三,盖不足凭。又明藏本《坛经》云,神会年十三,自玉泉来参礼。差一岁。《曹溪大师别传》云,荷泽寺小沙弥神会年始十三,答师问云云,在仪凤元年四月八日,此必误。若依《别传》则下到乾元元年,应得九十五,《宋高僧传》误盖由此。

大足元年(西元七〇一),神秀至东京。

今按:宋之问《为洛下诸僧请法事迎秀禅师表》云:"玉泉寺僧道秀,年过九十,形彩日茂。"当以今年神秀年九十三四为近是。

又按:越后四年,宋之问贬泷州,有《自衡阳至韶州谒能禅师》诗,此亦时人对能秀二师同样尊重之证。其时神会当在西京受戒。

神龙二年(西元七〇六)神秀卒。

按:今年神秀寿当九十八九为近是。

景龙二年(西元七〇八)玄赜勅召入京。

景龙三年(西元七〇九)广济到韶州偷传法袈裟。

按:此事见《神会语录》,未知信否。据宗密《圆觉大疏钞》:"神会既谒慧能,嗣又北游于西京受戒,景龙中却归曹溪。"则是时神会在南方。

先天二年(西元七一五),慧能卒,年七十六。

按:慧能卒在八月,是年十二月改元开元。高丽藏本有注,谓先天无二年,因改太极元年。又按是年神会年二十七,王维《能禅师碑铭》谓其闻道于中年,而《坛经》慧能临卒,称神会为小僧,论其年事俱合。

开元七年(西元七一九)韦璩碑文被磨改别造。

此据《曹溪大师别传》,谓北宗俗弟子武平一磨却自著。又《历代法宝记》亦云:"太常寺丞韦璩造碑文,至开元七年,被人磨改,别造碑文,近代报修,侍郎宋鼎撰碑文。"惟古本《坛经》云:"韶州刺史韦璩之碑,至今供养。"可证敦煌本《坛经》当在开元七年以前成书,又未经此后神会一系改动。

开元八年(西元七二〇)神会敕配南阳龙兴寺,时年三十四岁。

今按:此数年内,似曹溪佛法颇受北宗逼害。宗密《禅门师资承袭图》有云:"能和尚灭度后,北宗渐教大行,因成顿门弘传之障。曹溪传授碑文,已被磨换。故二十年中,宗教沉隐。"又《圆觉大疏钞》卷三下,"能大师灭后二十年中,曹溪顿旨沉废于荆吴,嵩岳渐门炽盛于秦洛。"皆其证。未知神会敕配南阳,与此有关否。

开元二十二年(西元七三四)神会在滑台大云寺定南北宗旨,是年神会年四十八岁。

开元二十四年(西元七三六)义福卒。

开元二十七年(西元七三九)普寂卒。

天宝四年(西七四五)兵部侍郎宋鼎请神会入东都。

按:是年神会五十九。《历代法宝记》,曹溪碑文,韦璩之后有宋鼎续撰,当在此时。

天宝八年(西元七四九)神会在荷泽定南北宗旨,时年六十三。

天宝十二年(西元七五三)御史卢奕劾奏神会,敕召赴京,寻敕黜弋阳,又移武当。

按:是年神会年六十七。宗密《圆觉大疏钞》有云:"法信衣服,数被潜谋,传授碑文,两过磨换。"此指韦璩与宋鼎曹溪碑文也。宋鼎碑文磨换,当在此时。

天宝十三年(西元七五四)神会量移襄州,又敕移荆州开元寺。

按:王维《能禅师碑铭》有云:"先师所明,有类献珠之愿。世人未识,犹多抱玉之悲。谓余知道,以颂见托。"应在此时。

至德二年(西元七五七)郭子仪收复两京,神会主洛阳度僧租缗事。时年七十二。

乾元元年(西元七五八)神会卒。年七十三。

又按:是年郭子仪请赐达摩谥号,盖出神会生前主张。又《曹溪大师别传》云:"上元二年(此应为乾元元年之为)十二月,勅曹溪山六祖传法袈裟及僧行滔赴上都。乾元二年正月一日,滔和上有表辞老疾,遣上足僧惠象及家人永和送传法袈裟入内。滔和上正月十七日身亡,春秋八十九。"此事应亦由神会生前主之(或如《景德传灯录》神会卒在上元元年)。《别传》又云:"六祖卒,众请上足弟子行滔守所传衣,经三十五年。"若自开元二年下迄至德二年应为四十五年。越年即勅召行滔与袈裟之年。则行滔守此袈裟实历四十七年。《别传》系传写本,多有误字,然正可见其非伪。

此稿刊载于一九四五年七月

《东方杂志》四十一卷十四期

六　读《六祖坛经》

日本刊《大正大藏》所收《六祖坛经》凡两部，一曰《南宗顿教最上大乘摩诃般若波罗蜜经，六祖慧能大师于韶州大梵寺施法坛经》一卷，兼受无相戒弘法弟子法海集记，乃据古写敦煌本大英博物馆藏本。又一为《六祖大师法宝坛经》，风幡报恩光孝禅寺住持嗣祖比丘宗宝编，乃据增上寺报恩藏明本，及宫内省图书寮藏写本。此两本详略悬殊。然多显有后人窜入，非原始《坛经》之真相。如法海本云：上座法海向前言大师，大师去后，衣法当付何人？大师言：法即付了，汝不须问。吾灭后二十余年，邪法辽乱。（辽疑当作撩）。惑我宗旨，有人出来，不惜身命，弟佛教（弟疑当作第）是非，竖立宗旨，即是吾正法。衣不合转（转疑当作传）。今按此条疑非原文，当系神会后人所窜，神会声势煽于北方，故此窜乱本，亦遂流传于敦煌也。所以知是窜入者，《坛经》既是法海集记，不当自称上座。上文云：大师遂唤门人法海志诚法达智常志通志彻志道法珍法如神会，大师言：汝等拾弟子近前。又云：拾僧得教授已，写为《坛经》，则法海显是六祖门下弟子之上座，然不特加上座字。又如云：慧能大师于大梵寺讲堂中，升高座，说摩诃般若波罗蜜法，刺史（韦璩）遂令门人僧法海集记，流传后代。亦仅称门人，不称上座。故知问衣法当传何人一条，法海上特加上座字，定非法海之原本，显由后人窜入。又此经有《坛经》传授一条云：此《坛经》法海上座集。上座无常，付同学道漈。道漈无常，付门人悟真。悟真在岭南溪漕山法兴寺，见今传授此法云云，此条亦显系后人所加。法海身后以《坛经》付道漈，道漈身后又付悟真，在悟真时称法海为上座可也，然此条决非悟真所加，又非当时南方禅门所加，观其云现今在岭南溪漕山法兴寺传授云云可知。亦可即此知今传《坛经》敦煌本自有祖本在南方，即出法海编集，而传之道漈悟真者，而神会一条之窜入则当在悟真之后也。而今传《坛经》敦煌本之决非神会及其信徒伪造亦可知。

宗宝本，前有德异一序，亦云：韦使君命海禅者录其语，目之曰《法宝坛经》，此语当远有传述，则《坛经》出于法海集记，当为敦煌本之祖本可知。德异序又云：惜乎《坛经》为后人节略太多，不见六祖大全之旨。德异幼年尝见古本，自后遍求三十余载，近得通上人寻到全文。窃疑此古本全文当从北宋契嵩来，故宗宝本亦首附《契嵩法宝坛经赞》一文。其所谓节略太多者，或反较近《坛经》之祖本。惜今乃无可详考也。

宗宝本之多有增入，即在附录宗宝跋语中已明白言之，曰：余初入道，有感于此，续见三本不同，互有得失，其板亦已漫灭。因取其本校雠，讹者正之，略者详之，复增入弟子法益机缘，庶几学者得尽曹溪之旨。按察使云公从龙，深造此道，一日过山房，睹余所编,谓得《坛经》之大全。则宗宝跋明明自承多有增入矣。惟宗宝谓见三本不同,互有得失,则在前,《坛经》至少有三种不同之本,而据宗宝本,并无上引敦煌本吾灭后二十余年,有人出来,不惜身命,第佛教是非,竖立宗旨一段,此或宗宝所见三本中,并无此条。亦可宗宝所见三本中有此条而将其删去,此亦不可详考。惟就宗宝跋文,明云讹者正之,仅系校正讹字,不涉考辨删定之范围,则敦煌本又在宗宝所见三本不同之外可知。

今若谓宗宝所见不同之三本中本无此条,则更见乃神会之徒之窜入,其本仅传于北方,最后仅存于敦煌,故为宗宝所未见。若谓此一条或由宗宝删去,则因当宗宝时禅宗流衍情形已与神会时大不同,故宗宝认此一条不合存在,而径自删去,又不再提及也。两说固皆可通,而似以前说所猜测者为尤近情理耳。

宗宝本另有一条云:吾去七十年,有二菩萨,从东方来,一出家,一在家,同时兴化,建立吾宗,缔缉伽蓝,昌隆法嗣。此条预言七十年后事,明见是后人加入,不烦详论。惟其禅宗流衍,越后变化越大,故宗宝改编本,特于弟子请益机缘一门,有甚多之增入。宗宝本《机缘》篇第七,记弟子请益机缘,首法海,次法达,又次智通智常智道,又次为行思禅师,怀让禅师,永嘉玄觉禅师,禅者智隍及方辩。法海乃六祖门下弟子之上座,又为集记《坛经》之主要人,而考敦煌本则并无法海请益之特别记载。其次法达智通智常智道,皆在敦煌本十弟子之列,然敦煌本记其请益语者则仅法达智常两人。至于行思怀让以下,则显是宗宝增入。宗宝之跋文有曰:此经非文字也。达摩单传直指之指也。南岳青原诸大老,尝因是指以明其心,复以之明马祖石头诸子之心。今之禅宗，流布天下，皆本是指。则宗宝之特意增入行思怀让，乃据后以定前。禅宗自六祖以下，得南岳青原之两大支而宗风大畅。其事略如《论语》下论有《子张》篇，所记如子张子夏子游有子诸人语，皆孔门后起之秀，而颜渊子路诸人转不与，此必宗宝采自南岳青原以后所传述。当法海编录《坛经》时或尚未有也。而宗宝特曰：此经非文字，此一语尤重要。因南岳青原以后，皆主不立文字，而特以《坛经》传宗也。

宗宝本于怀让一条云：怀让禅师初谒嵩山安国师，安发之曹溪参扣。让至礼拜师曰：甚处来？曰：嵩山。师曰：什么物？恁么来？曰：说似一物即不中。师曰：还了修证否？曰：修证即不无，污染即不得。师曰：只此不污染，诸佛之所护念，汝既如是，吾亦如是。西天般若多罗谶，汝足下出一马驹，踏杀天下人。应在汝心，不须速说。让豁然契会，遂执侍左右一十五载，日臻玄奥。后往南岳，大阐禅宗。今按此条足下出一马驹踏杀天下人，显指南岳门下出一马祖而言，其为后人窜入，自无可疑。一本或无自西天以下二十七字，即是此二十七字为随后窜入之证。然即除去此二十七字不论，此条前文疑亦后人窜入，非《坛经》祖本所有。

于此更堪注意者，宗宝本《机缘》篇既多有增入，而独不见有神会之请益。神会事见于宗宝本之《顿渐》篇，有一条云：一日，师告众曰：吾有一物，无头无尾，无名无字，无背无面，诸人还识否？神会出曰：是诸佛之本源，神会之佛性。师曰：向汝道无名无字，汝便唤作本源佛性，汝向去有把茆盖头，也只成个知解宗徒。祖师灭后，会入京洛，大弘曹溪顿教，著《显宗记》盛行于世。此一条亦为敦煌古本所无,然亦决非法海祖本所有。不仅祖师灭后数语显系后人增入,即就全条论之,亦出后人所增。惟同篇此一条前尚有一条云:神会问:和尚坐禅见与不见。师以柱杖打三下云:吾打汝,痛不痛?对曰:亦痛亦不痛。师曰:吾亦见亦不见。神会问:如何是亦见亦不见?师云:吾之所见,常见自心过愆,不见他人是非好恶,是以亦见亦不见。汝言亦痛亦不痛如何?汝若不痛,同其(按其疑当作于)木石。若痛,则同凡夫,即起恚恨。汝向前,见不见是二边。痛不痛是生灭。汝自性且不见,敢尔弄人。神会礼拜悔谢。师又曰:汝若心迷不见,问善知识觅路。汝若心悟,即自见性,依法修行。汝自迷不见自心,却来问吾见与不见。吾见自知,岂代汝迷。汝若自见,亦不代吾迷。何不自知自见,乃问吾见与不见。神会再礼百余拜,求谢过愆,服勤给侍,不离左右。此一条,敦煌本亦所同有。惟字语略有异同。若谓《坛经》系出神会或其徒所伪造,则神会与其徒又何必伪造此条以见神会之深为六祖所呵。抑且疑此条亦非法海祖本所有。此条明言神会年十三,观其与祖相语,已极见机锋,故疑未可信。又此条前尚有一节云;师曰:知识远来艰辛,还将得本来否。若有本,则合识主,试说看。会曰:以无住为本,见即是主。以此比较之六祖初见弘忍时问答,远为深至。若法海祖本有此节,敦煌本又为何删去不录?而今宗宝本于此条后又增入汝向去有把茆盖头,也只成个知解宗徒一条。又列此两条于《顿渐》篇,不入《机缘》篇,皆可知乃此下宗门排拒神会,不许其为六祖之真传,故斥之为知解宗徒。盖宗门主张不立文字,而神会造诣,则终是在知解一边也。而前面以无住为本,见即是主云云，则殆是神会声气大张时，南方宗门在法海祖本中先增此条，以自光门楣。至于最后祖师灭后，神会在京洛大弘顿教一节，则更见为后人窜入，而敦煌本又无之，则可见敦煌本在此等处见其更近祖本之真相。

又六祖十弟子，神会名居末，而宗宝本《付嘱》篇，师一日唤门人法海志诚法达神会智常智通志彻志道法珍法如，神会名次升在第四，此殆由神会京洛弘宗，于禅门有大功，又其事为举世所知，故后人将其名转提在前。然敦煌本此条神会名仍在最后，由此更可知《坛经》自有祖本，确有来历，神会在六祖门下，最为一小僧，故当时名刊十弟子之最后。今传敦煌本纵对祖本有所窜入，然此条十弟子之名次则尚一仍祖本之旧，而法海则褎然为上座，《坛经》由其所编集，事更无疑。宗宝本于《机缘》篇特增行思怀让诸人，而于《付嘱》篇十弟子名字，亦终不能将思让诸人窜入，可见《坛经》传本，纵是逐有增窜，逐有改动，而大节依然，仍可想见也。

又清代有真朴重梓本，前有《重刻法宝坛经凡例》，其一条云：

> 得法弟子志诚志彻神会，皆在付嘱之列，而前所编得法之人，则以此三人揭于顿渐品中，不预悟道机缘。盖诚因禀秀命，窃法于曹溪，彻因北宗门人，使为南来之刺客。至若神会禅师，即为荷泽，乃襄阳人。童真出家，可谓正信。自来参礼，可谓正见。况生平未登北宗之门。且传末云：会入宗洛，大弘曹溪顿教，何得列于诚彻之后，而堕阐提之类哉。

今按:志诚志彻神会三人,皆从神秀门下来,故同列顿渐品,且于神会下明云从玉泉来,真朴乃谓神会生平未登北宗之门。误也。惟真朴此条,实说明了《坛经》今传本以此三人同列《顿渐品》之用意。《机缘》章既随后所加,而敦煌本三九南能北秀下,志诚,法达,智常,神会来参,于志诚神会中间又加进了法达智常,其义反不可说。盖以志诚直承南能北秀条,法达条则申心行转法华,不行法华转,智常条则申佛说三乘,又言最上乘义,而神会一条,则申其严受呵斥,便为门人,不离漕溪山中,常在左右。此皆见六祖法门之广大。是则敦煌本与今通行本神会此条之用意显有不同,而即观敦煌本神会来参此条,亦不见即是神会伪造也。

抑且《坛经》之本有异本,即在初期宗门,亦有指摘。南阳慧忠国师问禅客从何方来。禅客曰:南方来。师曰:南方有何知识。曰:彼方知识直下示学人即心是佛。离此之外,更无别佛。此身即有生灭,心性无始以来未曾生灭。身生灭者,如龙换骨,蛇蜕皮,人出故宅,即身是无常,其性常也。南方所说大约如此。师曰:若然者,与彼先尼外道,无有差别。吾比游方,多见此色,近尤盛矣。聚却三五百众,目视云汉,云是南方宗旨,把他《坛经》改换,添糅鄙语,削除圣意,惑乱后徒,岂成言教。苦哉!吾宗丧矣。慧忠与马祖同在肃宗时,其时禅宗正大盛,却已有改换《坛经》之说。上举敦煌本有神会之徒窜乱之迹,当距马祖慧忠时不远,或出同时前后,而宗宝本足下出一马驹踏杀天下人云云,显然尚在后。则《坛经》流传,自始即多有改换,岂不据慧忠之言而益资可信乎?《宋僧传》云:慧忠论顿不留朕迹,语渐返常合道。则慧忠与神会马祖意见各不同。其所指添糅鄙语,惑乱后徒，究是今传《坛经》中何等话，则尚待参究。岂今传《机缘》章如行思怀让诸人当时已有增入乎？

余读日本黑田亮所著《朝鲜旧书考》，内有《朝鲜流传之〈坛经〉》一篇，引及高丽沙门知讷一跋文，论及慧忠语，谓：南阳忠国师谓禅客曰：我此间身心一如，心外无余，所以全不生灭。汝南方身是无常，神性是常，所以半生半灭，半不生灭。又曰：把他《坛经》云是南方宗旨，添糅鄙谈，削除圣意，惑乱后徒。子今所得，正是本文，可免国师所诃。然细详本文，亦身生灭心不生灭之义。如云：真如性自起念，非眼耳鼻舌能念等，正是国师所诃之义。老僧曩者依此经心，玩味忘斁，得祖师善权之意。何者？祖师为怀让行思等密传心印外，为韦璩等道俗千余人说无相心地戒。故不可以一往谈真而逆俗，又不可一往顺俗而违真，故半随他意，半称自证。说真如起念，非眼耳能念等语，要令道俗等先须返观身中见闻之性，了达真如，然后方见祖师身心一如之密意耳。若无如是善权，直说身心一如，则缘目睹身生灭故，出家修道者尚生疑惑，况千人俗士，如何信受。是乃祖师随机诱引之说也。忠国师诃南方佛法之病，可谓再整颓纲，扶现圣意。今按：知讷所辨，可谓极调解之苦心。然若就禅宗思想之主要精神言之，弘忍告慧能即曰：有情来下种，因地果还生。无情既无种，无性亦无生。慧能亦曰：师法在世间，不离世间觉，离世觅菩提，恰如求兔角。又曰，一切经书皆因人说有。世间即是有情，人即指此无常之身。不能离却世情来讲佛性，亦不能离却生灭来讲真如。若论此等即是南方宗旨，则除却此等，《坛经》中复有何等圣意，经人削除，此处实属大有研究。据说慧忠之无情说法无情有性之说,则只可谓慧忠见解自与慧能不同。但却不知慧忠所见《坛经》未经添糅前之原木,固是如何也。惟《坛经》宗旨,自经神会马祖慧忠以下,宗风所煽,愈见分歧,已非《坛经》宗旨之所能范围,于是而有超佛越祖之谈,呵佛骂祖之风,一发而不可制。而溯其渊源所自,则要之由《坛经》启之。慧忠因不满于《坛经》,乃谓《坛经》经人改换,添糅鄙谈,削除圣意,其意固尚不至于呵佛骂祖,然已见此端倪矣。则慧忠所谓把他《坛经》改换者,实未必是真改换。然若非确有此《坛经》,又确有人把《坛经》改换,异本杂出,想慧忠亦不为此语。故根据上述,《坛经》确自有一祖本,其字句章节,确曾不断经后人之窜改,而大体言之,可谓仍不远违于其祖本之真面目,此则应可大体推知也。

又按:宗宝所编本又附契嵩所撰《六祖大师法宝坛经赞》一文,其文略曰:《坛经》者,至人之所以宣其心也。何心邪?佛所传之妙心也。不得已况之,则圆顿教也,最上乘也,如来之清净禅也,菩萨藏之正宗也。《坛经》曰:定慧为本者,趣道之始也。定也者,静也。慧也者,明也。明以观之,静以安之。一行三昧者,法界一相之谓也。无相为体者,尊大戒也。无念为宗者,尊大定也。无住为本者,尊大慧也。夫戒定慧者,三乘之达道也。夫妙心者,戒定慧之大资也。以一妙心而统乎三法,故曰大也。无相戒者,戒其必正觉也。说摩诃般若者,谓其心之至中也。般若也者,圣人之方便也,圣人之大智也。今按契嵩此文,一面提示《坛经》主要内容所在,由其所举,下窥马祖石头以下诸祖师之语录,即可知马祖石头以下,宗门提示所重,已显较《坛经》中所讨论者有大不同。又据契嵩此赞,似可推知《法宝坛经》乃其简名，而敦煌本于施法坛经之前又题称《南宗顿教最上大乘摩诃般若波罗蜜经》云云，契嵩此赞，已一一提及。又称兼受无相戒弘法弟子法海云云，契嵩此赞似亦注意顾到。然兼受无相戒云云，只见于敦煌本，而宗宝本无之。则当时《坛经》本有详略两种题名，敦煌本虽流传不广，而敦煌本《坛经》之题名，则或不仅敦煌本如此，下及宋代，契嵩所见之《坛经》，亦可有同于如今所见敦煌本之详题者，此亦可微辨而推也。

又按：敦煌本《坛经》有云：

> 刺史遂令门人僧法海集记，流行后代，与学道者承此宗旨，递相传授，有所依约，以为禀承，说此《坛经》。

又曰：

> 若论宗旨，传授《坛经》，以此为依约。若不得《坛经》，即无禀受。无《坛经》禀承，非南宗弟子也。未得禀承者，虽说顿教法，未知根本，终不免诤。

又曰：

> 大师言，十弟子，已后传法，递相教授一卷《坛经》，不失本宗。不禀受《坛经》，非我宗旨。如今得了，递代流行。得遇《坛经》者，如见吾亲授。

依此诸条,乃说法海集记此《坛经》,得慧能亲所同意。慧能不再以弘忍袈裟传人,特以此一卷《坛经》相传。慧能生前说法,固亦时时称古经典中语,然此下即以此《坛经》传法。佛教诸经典,陈义纷纭,禀承此《坛经》,即知根本,便可免诤。此即《坛经》宗旨,亦即可谓是南方宗旨,亦即韦处厚《兴福寺大义禅师铭》所谓《坛经》传宗也。慧能自以《坛经》传宗,惟神会争南顿北渐,不称引《坛经》,而特称袈裟,是神会特以袈裟证慧能之传宗也。此亦证今传敦煌本《坛经》,非出神会伪造,而神会亦未可确认其为南宗真传矣。至胡适《坛经考》,既谓《坛经》由神会伪造,又谓法海集记云云,亦神会之伪托,则神会又何不称引《坛经》,自居传宗乎?韦处厚《大义禅师铭》明明特斥以《坛经》传宗之迷真习徒,而盛称神会得总持之印,独耀莹珠,是即推尊其不专承《坛经》耳。此据敦煌本上引诸条,而义旨自显。胡氏误解韦文,又岂止于郢书之燕说乎?

数年前,余既据日刊《大正大藏》写有《读〈六祖坛经〉》一篇,顷又得日人柳田圣山编《〈六祖坛经〉诸本集成》一册,所收《坛经》凡十一种。

一、敦煌本。

二、兴圣寺本。

今按:此本首有绍兴二十三年六月晁子健记一篇,叙述自其七世祖即宝观此经,乃写本,至是始镂版,今观此本,颇与敦煌本为近。

三、金山天宁寺本

今按:此本有政和六年隆庆庵比丘存中序。

四、大乘寺本

按:此本同为政和六年隆庆庵比丘存中所序。

五、高丽传本

按:此本首有至元二十七年古筠比丘德异序。有所南翁跋,知讷跋等。

六、明版南藏本

按:此本首有宋契嵩《六祖大师法宝坛经赞》一篇,宗宝编。

七、明版正统本

按:此本在正统四年,上距德异本又一百又二年矣。

八、清代真朴重梓本

按:此本有宋郎简序,乃据契嵩所得曹溪古本镂版,时在至和三年三月,又有重刻凡例,于宗宝本颇有辨难。盖承李见罗本之意也。

九、曹溪原本

按:此本有万历改元岁在癸酉李见罗序一篇,又有《重锓曹溪原本〈法宝坛经〉缘起》,于宗宝本严加辨难,故自称曹溪原本也。

一〇、流布本

按:此本首载德异序,后载宗宝跋。

一一、金陵刻经处本

按:此本亦称曹溪原本,民国十八年重刊。

会合而观,《坛经》曹溪本皆出北宋之契嵩,溯其最先当在致和。德异宗宝承之。而宗宝本乃特有所增,明万历后之曹溪原本,亦出同源,惟于宗宝本文字上多有核正而已。至唐本现存者,则惟有敦煌一本,契嵩所据之曹溪祖本,无可寻究矣。

此稿成于一九六一年,刊载于一九六九年三月

《大陆杂志》三十八卷五期《读佛书三篇》之一。

七 《六祖坛经》大义

在后代中国学术思想史上有两大伟人，对中国文化有其极大之影响，一为唐代禅宗六祖慧能，一为南宋儒家朱熹。六祖生于唐太宗贞观十二年，卒于玄宗先天二年，当西历之七世纪到八世纪之初，距今已有一千两百多年。朱子生于南宋高宗建炎四年，卒于宁宗庆元六年，当西历之十二世纪，到今也已七百八十多年。慧能实际上可说是唐代禅宗的开山祖师，朱子则是宋代理学之集大成者。一儒一释。开出此下中国学术思想种种门路，亦可谓此下中国学术思想莫不由此两人导源。言其同，则慧能是广东人，朱子生卒皆在福建，可说是福建人，两人皆崛起于南方，此乃中国文化由北向南之大显例。言其异，慧能不识字，而朱子博极群书，又恰成一两极端之对比。

学术思想有两大趋向互相循环，一曰积，一曰消。孟子曰："所存者神，所过者化。"存是积，化是消。学术思想之前进，往往由积存到消化，再由消化到积存。正犹人之饮食，一积一消，始能营养身躯。同样，思想积久，要经过消化工作，才能使之融汇贯通。观察思想史的过程，便是一积一消之循环。六祖能消能化，朱子能积能存。所以中国传统文化的儒释融合，如乳投水，经慧能大消化之后，接着朱子能大积存，这二者对后世学术思想的贡献，也是相辅相成的。

自佛教传入中国，到唐代已历四百多年。在此四百多年中，求法翻经，派别纷歧。积存多了，须有如慧能其人者出来完成一番极大的消的工作。他主张不立文字，以心印心，直截了当的当下直指。这一号召，令人见性成佛，把过去学佛人对于文字书本那一重担子全部放下。如此的简易方法，使此下全体佛教徒，几乎全向禅宗一门，整个社会几乎全接受了禅宗的思想方法，和求学路径，把过去吃得太多太腻的全消化了。也可说，从慧能以下，乃能将外来佛教融入于中国文化中而正式成为中国的佛教。也可说，慧能以前，四百多年间的佛教，犯了"实"病，经慧能把它根治了。

到了宋代，新儒学兴起，诸大儒如周敦颐、程颢、程颐、张载诸人，他们都曾参究佛学，其实他们所参究的，也只以禅宗为主。他们所讲，虽已是一套新儒学，确乎与禅宗不同。但平心而论，他们也似当时的禅宗，同样犯了一个虚病，似乎肚子吃不饱，要待朱子出来大大进补一番。此后陆王在消的一面，明末顾王诸大儒，在积的一面。而大体说来，朱子以下的中国学术界，七八百年间，主要是偏在积。

佛教有三宝，一是佛，一是法，一是僧。佛是说法者，法是佛所说，但没有了僧，则佛也没了，法也没了。佛学起于印度，而后来中断了，正因为他们没有了僧，便亦没有了佛所说之法。在中国则高僧大德,代代有之,绵延不绝,我们一读历代《高僧传》可得其证,因此佛学终于成为中国文化体系中之一大支。而慧能之贡献,主要亦在能提高僧众地位,扩大僧众数量,使佛门三宝,真能鼎足并峙,无所轩轾。

让我们再来看一看当前的社会,似乎在传统方面,已是荡焉无存,又犯了虚病。即对大家内心爱重的西方文化,亦多是囫囵吞枣,乱学一阵子,似乎又犯了一种杂病,其实则仍还是虚病。试问高唱西化的人,哪几人肯埋首翻译,把西方学术思想,像慧能以前那些高僧们般的努力。既无积,自也没有消。如一人长久营养不良,虚病愈来愈重。此时我们要复兴中国文化,便该学朱子,把旧有的能好好积。要接受西方文化,便该学慧能,把西方的能消化融解进中国来。最少亦要能积能存。把西方的移地积存到中国社会来,自能有人出来做消化工作。到底则还需要有如慧能其人,他能在中国文化中消化佛学,自有慧能而佛学始在中国社会普遍流传而发出异样的光采。

讲佛学,应分义解、修行两大部门。其实其他学术思想,都该并重此两部门。如特别着重在义解方面而不重修行,便像近世中国高呼西化,新文化运动气焰方盛之时,一面说要全部西化,一面又却要打倒宗教,不知宗教亦是西方文化中一大支。在此潮流下,又有人说佛教乃哲学,非宗教,此是仅重义解思辨,却蔑视了信奉修行。两者不调和,又成为近代中国社会一大病痛。

稍进一层讲。佛教来中国,中国的高僧们早已不断在修行义解两方面用力,又无意中不断把中国传统文化渗进佛教,而使佛法中国化。慧能以前,我且举一竺道生为例。竺道生是东晋南宋间人,他是第一个提倡顿悟的。所谓“顿悟”,我可简单把八个字来说,即是:“义由心起,法由心生”。一切义解,不在外面文字上求,都该由心中起。要把我心和佛所说法迎合会一,如是则法即是心,心即是法。但须悟后乃有此境界,亦可谓得此境界乃始谓之悟。悟到了此境界,则佛即是我,我即是佛。信法人亦成了说法人。如竺道生说一阐提亦得成佛,明明违逆了当时已译出之小品《泥洹经》之所云。但竺道生却说,若我错了,死后应入拔舌地狱;若我说不错,则死后仍将坐狮子座宣扬正义。此后慧能一派的禅宗,正是承此“义由心起,法由心生”之八字而来。

此前佛门僧众,只知着重文字,宣讲经典,老在心外兜圈子,忽略了自己根本的一颗心。直到不识一字的慧能出现,才将竺道生此一说法付之实现。固然竺道生是一博学僧人,和慧能不同,两人所悟亦有不同。然正为竺道生之博学,使人认为其所悟乃由一切经典文字言说中悟。惟其慧能不识一字,乃能使人懂得悟不自一切经典文字言说中悟,而实由心悟,而禅宗之顿悟法乃得正式形成。

今天我将偏重于慧能之“修”,不像一般人只来谈他之悟。若少注意到他的修,无真修,又岂能有真悟?此义重要,应大家注意。慧能是广东人,在他时代,佛法已在中国渐渐地普及民间。佛法从两条路来中国:一从西域到长安,一从海道到广州。当慧能出世,在广州听闻佛法已早有此机缘。

据《六祖坛经》记载,慧能是个早丧父的孤儿,以卖柴为生。他亦是一个孝子,以卖柴供养母亲。一日背柴到城里卖,听人念

《金刚经》,心便开悟。此悟正是由心领会,不借旁门。慧能便问此诵经人,这经从何而来,此人说:是从湖北黄梅县东禅寺五祖那里得来。但慧能身贫如洗,家有老母,要进一步前去黄梅听经是不易之事,有人出钱助他安置了母亲,独自上路前往黄梅。我们可说,他听到其人诵《金刚经》时是初悟,此后花了三十余天光阴从广东到黄梅,试问在此一路上,那时他心境又如何?他自然是抱着满心希望和最高信心而前去,这种长途跋涉的艰苦情况,无疑是难能可贵的。我们可想知他在此三十余天的路程中,实有他的一番修,此是真实的心修。

到了黄梅,见到五祖弘忍。弘忍问他:"你何方人,前来欲求何物?"他说:"惟求作佛,不求余事。"这真是好大的口气呀!请问一个不识字人如何敢如此大胆?当知这正与他三十余天一路前来时的内心修行有大关系,不是临时随口能出此大言。他那时的心境,早和在广东初闻人诵《金刚经》时,又进了一大步,此是他进一步之悟。

当时弘忍再问:"你是岭南人,又是獠獦,若为堪作佛?"他答说:"人虽有南北,佛性本无南北。獠獦身与和尚不同,佛性有何差别。"此一语真是晴天霹雳,前无古人。想见慧能一路上早已自悟到此。在他以前,固是没人说过,在他之后,虽然人人会说,然如鹦鹉学舌,却不能如慧能般之由心实悟。弘忍一听之下,便知慧能不是泛泛之徒,为使他不招意外,故将明珠暗藏,叫他到后院去做劈柴舂米工作。慧能眼巴巴自广东遥远来黄梅,一心为求作佛,却使他去厨下打杂做粗工,这真是所为何来?但他毫不介意,天天在厨下劈柴舂米,此时他心境应与他到黄梅初见五祖时心境又大不同。这些工作,好像与他所要求的毫不相干,其实他亦很明白,五祖叫他做此杂工,便正是叫他“修”,也便是做佛正法啊!

慧能在作坊苦作已历八个月,一天,弘忍为要考验门下众僧徒工夫境界,叫大家写一偈,自道心得。大家都不敢写,只有首座弟子神秀不得不写,在墙壁上写一道偈说:“身是菩提树,心是明镜台,时时勤拂拭,勿使惹尘埃。”这首偈却又不敢直陈五祖,但已立时传遍了东山全寺,也传到了慧能耳中。慧能一时耐不住,也想写一偈,但不识字,不能写,只好口念请人代笔写道:“菩提本无树,明镜亦非台,本来无一物,何处惹尘埃?”我们又当知,此“本来无一物”五字,正指心中无一物言,这是他在磨坊中八个月磨米磨出来的。只此一颗清清净净的心,没有不快乐,没有杂念,没有渣滓,没有尘埃,何处再要拂拭?此正是慧能自道心境,却不是来讲佛法。此时则已是慧能到家之悟了。

五祖弘忍见了慧能题偈,对于他身后传法之事,便有了决定。他到磨坊问慧能:“米熟了没有?”答称:“早已熟了。”弘忍便以杖击碓三下,背手而去。有这老和尚这一番慈悲心与其一代宗师之机锋隐语,配上慧能智慧大开,心下明白。叫他劈柴就劈柴,教他舂米就舂米,不折不扣,潜心暗修,时机一到,便知老和尚有事要他去,他便于三更时分,由后门进入老和尚禅房。弘忍便把宗门相传衣钵付给与慧能,嘱他赶快离开黄梅以防不测。慧能说:深夜不熟路径,五祖遂亲自把他送到江边,上了渡船,离开了黄梅。我们读《坛经》看他们师弟间八个月来这一番经过,若不能直透两人心下,只在经文上揣摩,我们将会是莫名其妙,一无所得。由上说来,我们固是非常佩服六祖,亦不能不佩服到五祖。但五祖也不是一个博学僧人呀!

两个月后,六祖到了大庾岭,但在黄梅方面,衣钵南去的消息也走漏了,好多人想夺回衣钵,其中一人脚力健快,赶到大庾岭见到了慧能。所谓善者不来,来者不善,这位曾经是将军出身的陈慧明追赶六祖的目的,无非是在衣钵上。即时六祖便把衣钵放置石上,陈慧明拿不动衣钵,转而请教六祖,问:"如何是我本来面目?"六祖说:"你既然为法而来,可屏息诸缘,勿生一念。"良久又说:"不思善,不思恶,正与麽时,那个是明上座本来面目。"陈慧明言下大悟。

这是《坛经》的记载。但以我个人粗浅想法,慧能本不该把五祖传授衣钵轻易交与陈慧明,可是逼于形势,又不能坚持,所以置之石上。意谓我并无意把衣钵给你,你如定要强抢,我也不作抗拒。另一方面的陈慧明,本意是在夺回衣钵,待一见到衣钵置于石上,却心念一转,想此衣钵不好夺取,所以又转向慧能问他自己本来面目,这正由要衣钵与不要衣钵这一心念转变上来请问。若说衣钵在石上,慧明拿不动,似乎是故神其辞,失去了当时实况,但亦同时丧失其中一番甚深义理,这也待我们心悟其意的人来善自体会了。我们当知,见衣不取,正是慧明心中本来面目,而慧能此一番话,则成为其第一番之初说教。

慧能承受衣钵之后,又经历了千辛万苦,他自说那时真是命如悬丝。他是一不识字的人,他在东山禅寺,也未正式剃发为僧,他自知不得行化太早,所以他只是避名隐迹于四会猎人队中,先后有十五年之久。每为猎人守网,见到投网的生命,往往为它们放出一条生路。又因他持戒不吃荤,只好吃些肉边菜。慧能在此漫长岁月中,又增长了不少的潜修工夫。比之磨坊八月,又更不同。

后来到了广州法性寺,听到两个僧人在那里争论风动抑是幡动。慧能想,我如此埋藏,终不是办法,于是他上前开口说:“不是风动,不是幡动,而是仁者心动。”此语被该寺座主印宗听到,印师也非常人,早已传闻五祖衣钵南来,如今一听慧能出语,便疑他是受五祖衣钵的人。一问之下,慧能也坦白承认了。诸位又当知,此“仁者心动”四字,也并不是凭空说的。既不如后来一般禅师们之浪作机锋,也不如近人所想,如一般哲学家们之轻肆言辨。此乃慧能在此十五年中之一番真修实悟。风动幡动,时时有之。命如悬丝,而其心不动,这纯是一掴一掌血的生活经验凝炼而来。慧能只说自己心情,只是如实说法,不关一切经典文字。自五祖传法,直到见了印宗,在此十五年中,慧能始终还是一个俗人身份,还没有受比丘的具足戒。自见印宗后,才助他完成了出家人和尚身份。此下才是他正式设教度人的开始。

六祖不识字,在他一生中所说法,只是口讲给人听。今此一部《六祖坛经》之所有文字,乃是他门人之笔录。他门人也把六祖当时口语,尽量保存真相,所以《六祖坛经》乃是中国第一部白话作品。宋明两代理学家之语录,也是受了此影响。依照佛门惯例,佛之金口说法始称“经”,菩萨们的祖述则称“论”。只有慧能《坛经》却称“经”,此亦是佛门中一变例,而且是一大大的变例。这一层,我们也不该忽略过。若说《坛经》称“经”,不是慧能之意,这又是一种不必要的解说。

我们必要明白了慧能东山得法此一段前后十六年之经过,才能来谈慧能之《坛经》。《坛经》中要点固多,但在我认为,所当注意的以下两点最重要。

其一,是佛之自性化:竺道生已说,一切众生都有佛性,此佛性问题不是慧能先提出。慧能讲“心即是佛”,反转来说则成为佛即是心。此与竺道生所说也有些区别。慧能教我们见性成佛,又说言下见性,又说佛向性中作,莫向身外求。自性能含万法,万法在人性中。能见性的是我此心。故说万法尽在自心,何不从自心中顿见真如本性。他说:但于此心常起正念,烦恼尘劳常不能染,即是见性。又说:能识自心见性,皆成佛道。他强调自修心,自修身,自性自度。又说自修自行自成佛道。此乃慧能之独出前人处,亦是慧能所说中之最伟大最见精神处。

其二:是佛之世间化。他说“万法皆由人兴”,“三藏十二部皆因人置”。“若无世人,一切万法本自不有。”“欲求见佛,但识众生。不识众生,则万劫觅佛难逢。”这样讲得何等直截痛快!

总而言之,慧能讲佛法,主要只是两句话,即“人性”与“人事”。他教人明白本性,却不教人屏弃一切事。所以他说:“恩则孝养父母,义则上下相怜,让则尊卑和睦,忍则众恶无喧。”所以他又说,“若欲修行,在家亦得,不由在寺。”又说:“在家能行,如东方人心善。在寺不修,如西方人心恶。”又说:“自性西方。”他说:“东方人造罪念佛,求生西方,西方人造罪念佛,又求生何国?”又说:“心平何用持戒,行直何用修禅。”这些却成为佛门中极革命的意见。慧能讲佛法,既是一本心性,又不屏弃世俗,只求心性尘埃不惹,又何碍在人生俗务上再讲些孝弟仁义齐家治国。因此唐代之有禅宗,从上是佛学之革新,向后则成为宋代理学之开先,而慧能则为此一大转捩中之关键人物。

现在我再讲一则禅门寓言来作此文之结束。那寓言云:有一个百无一失的贼王,年老预备洗手不干了,他儿子请老贼传授做贼技巧。某夜间,老贼带他儿子到一富家行窃,命儿上楼入室,他却在外大叫捉贼。主人惊醒,儿子无法躲入柜中。急中生智,故自作声,待主人掀开柜门,他便一冲逃走。回家后,埋怨老贼。这时贼王却向他说,他可以单独自去做贼了。这是说法从心生,真修然后有真悟。牢记这两点,却可帮助我们了解慧能以下禅门许多故事和其意义之所在。

一九六九年三月十三、十四、
十五日《中央日报》副刊

八　记《坛经》与《大涅槃经》之定慧等学

六祖系一不识字人，其创禅家南宗顿教，实为遥符南朝晋宋间高僧竺道生顿悟义。而生公之孤明独发，乃自主张一阐提亦得成佛说来。此一辩论起于《大涅槃经》。后人论禅学，多注意在《楞伽经》与《金刚经》。顾考六祖始末，亦不能谓与《涅槃经》无关。略著其说，以备谈禅者作参考。

《传灯录》卷五，广州法性市印宗和尚者，吴郡人，姓印氏，从师出家，精《涅槃》大部。曾行蕲州谒忍大师。后于广州法性寺讲《涅槃经》，遇六祖能大师，始悟法理，以能为传法师。今按：印宗亦吴人，其治《涅槃经》，或可与生公有关。其在广州法性寺讲《涅槃经》，六祖预听众之席。因论风动幡动，而得印宗敬礼，因问如何是佛法不二之法，六祖云：法师讲《涅槃经》，明佛性是佛法不二之法。凡夫见二，智者了达，其性无二。无二之性即是佛性。印宗闻说，欢喜合掌，言某甲讲经，犹如瓦砾。仁者论义，犹如真金。于是为六祖薙发，愿事为师。此事见《坛经·行由品》。据此知六祖曾闻印宗讲《涅槃经》,虽历时几日,所闻几何,今不可知,要之六祖从头听人讲经,殆惟此一次。然此事大可注意。至印宗云佛性是佛法不二之法,此即承生公说来。惟印宗只能依文作解,故自云犹如瓦砾。六祖则直透奥义,故印宗尊之,谓其犹如真金也。

又《坛经·机缘品》,师自黄梅传法,回至韶州曹侯村,人无知者。时有儒士刘志略,礼遇甚厚。志略有姑为尼,名无尽藏,常诵《大涅槃经》。师暂听,即知妙义,遂为解说。尼乃执卷问字,师曰:字即不识,义即请问。尼曰:字尚不识,焉能会义。师曰:诸佛妙理,非关文字。尼惊异之,遍告里中耆德云,此是有道之士,宜请供养。有曹叔良及居民竞来瞻礼,遂于宝林古寺故基,重建梵宇,延师居之。住九月余日,又为恶党寻逐。此事又见《传灯录》,《五灯会元》,《正宗记》诸书。惟谓在六祖去黄梅之前,今作在黄梅回至韶州之后,当以后说为是。刘志略据《万性统谱》,乃刘志道之子,此事殆无可疑。是六祖先曾于无尽藏口诵中获闻《大涅槃经》,后又参印宗之讲会也。

《定慧品》师示众云:善知识,我此法门,以定慧为本。大众勿迷言定慧别,定慧一体不是二。定是慧体,慧是定用。即慧之时定在意,即定之时慧在定,若识此义,即是定慧等学。按《涅槃经》北本三十一,善男子,十住菩萨,智慧力多,三昧力少,是故不得明见佛性。声闻缘觉,三昧力多,智慧力少,以是因缘,不见佛性。诸佛世尊定慧等,故明见性佛。又云:定慧等学,明见佛性。是六祖言见佛性,固本诸《涅槃》。其言定慧等,亦出《涅槃》。《顿渐品》六祖告志彻,《涅槃经》吾昔听尼无尽藏读诵一遍,便为讲说,无一字一义不合经文。是则六祖曾听《涅槃经》一遍,此故事六祖门下殆无不知之也。

《机缘品》法海初参六祖,问即心即佛,曰:前念不生即心,后念不灭即佛。成一切相即心,离一切相即佛。又示以偈曰:即心名慧,即佛乃定,定慧等持,意中清净。悟此法门,由汝习性。用本无生,双修是正。法海以偈赞曰:即心元是佛,不悟而自屈。我知定慧因,双修离诸物。近人胡适见《神会语录》亦言定慧等,因疑《坛经》此等处皆神会所造。不知六祖与《涅槃经》有因缘,岂无尽藏与印宗之故事皆出神会捏造乎。又若出神会捏造,何为独捏造六祖与法海之两偈,法海固是《坛经》著录人也。

六祖既主定慧等学,则自不赞成由定得慧之坐禅法。《机缘品》禅者智隍初参五祖,自谓已得正受,庵居长坐,积二十年。六祖弟子玄策告以非是,智隍遂谒六祖。是则先从游于五祖之门者,亦仍以坐禅为要可知。

又《顿渐品》神秀命其门人志诚去曹溪参决,六祖问曰:汝师若为示众。对曰:常指诲大众,住心观净,长坐不卧。师曰:住心观净,是病非禅。是神秀亦以住心观净为教。《宋高僧传》神秀遇忍师,以坐禅为务,乃叹伏曰:此真吾师。是则坐禅之教,正是东山法门。圭峰《禅源诠》二有云:息妄者,息我之妄。修心者,修唯识之心。故同唯识之教。既与佛同,如何毁他渐门。息妄看静时:拂拭,凝心住心,专注一境,及跏趺调身调息等,种种方便,悉是佛所劝赞。净名云:不必坐,不必不坐。坐与不坐,任逐机宜。凝心运心,各量习性。当高宗大帝乃至玄宗朝时,圆顿本宗,未行北地,惟神秀禅师大扬渐教,为二京法主,三帝门师,全称达摩之宗，又不显即佛之旨。曹溪荷泽恐圆宗灭绝，遂呵毁住心、伏心等事，但是除病，非除法也。况此之方便，本是五祖大师教授，各皆印可，为一方师。达摩以壁观，教人安心，外止诸缘，内心无喘，心如墙壁，可以入道，岂不正是坐禅之法。又庐山远公与佛陀耶舍二梵僧所译《达摩禅经》两卷，具明坐禅门户渐次方便。与天台及洗秀门下意趣无殊。故四祖数十年中胁不至席，即知了与不了之宗。各由见解深浅，不以调与不调之行而定法义偏圆。但自随病对治，不须赞此毁彼。宗密此言，甚为圆通。胡氏不察，乃谓《定慧品》有人教坐，看心观静，不动不起，此种禅出自北宗门下的普寂，可知此种驳议，不会出于慧能生时，乃是神会驳斥普寂的话。不知普寂、降魔等教人凝心入定，住心看净，起心外照，摄心内证，此皆远有来历。胡氏于佛门故事不细查考，犹可说，乃既盛推神会，而不细看宗密之书，则不得不谓是一大轻率也。

九　读《少室逸书》

研讨唐代禅宗思想，必以六祖慧能为其先后转捩之中心人物。六祖以前虽经衣钵相传，要可谓之是旧禅。六祖以后，诸宗竞起，始为新禅。新禅诸祖师之思想义理，皆可于《坛经》溯其源。若在《坛经》以前，已有此后新禅诸祖师之意见，又为之详阐细述，一若成为《坛经》思想之所从出，实则乃《坛经》思想盛行以后所伪托。若于此不加辨别，则一部唐代禅宗思想史全成颠倒紊乱，将难条理，而此后新禅诸祖师血脉精神所在，亦均无可把握矣。

姑举一例言之。

《坛经》云：

> 善知识，摩诃般若波罗密是梵语，此言大智慧，到彼岸。此须心行，不在口念。
>
> 何名摩诃，摩诃是大。心量广大犹如虚空。……心如虚空，名之为大，故曰摩诃。善知识，迷人口说，智者心行。

善知识,何名般若。般若者,唐言智慧也。一切处所,一切时中,念念不愚,常行智慧,即是般若行。一念愚,即般若绝。一念智,即般若生。世人愚迷,不见般若。口说般若,心中常愚。

何名波罗密,此是西国语。唐言到彼岸。解义离生灭,著境生灭起。如水有波浪,即是于此岸。离境无生灭,如水常通流,即名为彼岸。故号波罗密。

又曰:

慧能与诸人移西方如刹那间,目前便见,各愿见否?众皆顶礼云:若此处见,何须更愿往生。愿和尚慈悲,便现西方,普令得见。师言:大众,世人自色身是城,眼耳鼻舌是门。外有五门,内有意门。心是地,性是王。王居心地上。性在,王在。性去,王无。性在,身心存。性去,身心坏。佛向性中作,莫向身外求。自性迷,即是众生。自性觉,即是佛。慈悲即是观音,喜舍名为势至。能净即释迦,平直即弥陀。人我是须弥,邪心是海水。烦恼是波浪,毒害是恶龙,虚妄是鬼神,尘劳是鱼鳖,贪嗔是地狱。愚痴是毒生。

上引《坛经》,粗看只是译梵语成唐言,实是将佛法归入日常人生中,而一本之于自心自性。所谓一切万法不离自性。何期自性本自清净,本不生灭,本自具是,本无动摇,能生万法也。慧能当日碓坊一悟,三鼓入五祖室,亲受衣钵,主要精诣只在此。当知此等意本不从文字得来。若谓上来诸僧早有此等说法,并各已见之文字著作,则何以谓东山法门,乃为一新州葛獠独得,而新禅诸宗之竞起,亦不待曹溪开山之后。此所谓截断众流语。此下长江大河,则全从此一滴真源流出,故不得不郑重认取也。

余读《少室逸书·修心要论》而感其有可疑者。《要论》有云:

> 夫修道之本体,须识当身心本来清净,不生不灭,无有分别。自性圆满清净之心,此是本师,乃胜念十方诸佛。

又五祖弘忍说《最上乘论》,亦谓:

> 夫修道之本体,须识当身心本来清净,不生不灭,无有分别。自性圆满清净之心,此是本师,乃胜念十分诸佛。

两书取名不同,而内容则一。惟一属达摩,一属五祖弘忍。时间上大不同。但不论为达摩抑弘忍,要之先有持此论者,抑且见之撰造。慧能不识字,特把此改用口语复述一遍,试问其他识字僧人何俱于此茫然,乃并不知六祖所说仅只是达摩乃及弘忍之绪言陈论乎?

又《少室逸书》中有《达摩和尚观心破相论》,由慧可问,达摩答。

> 慧可问云:经中所说六波罗密者,亦名六度,所谓布施持戒忍辱精进禅定智慧。今言六根清净,六波罗密,若为通会。

又六度者其义云何？达摩答曰：欲修六度，当净六根。欲净六根，先降六贼。能舍眼贼，离诸危境，心无愿悋，名为布施。能禁耳贼，于彼声尘，勿令纵逸，名为持戒。能除鼻贼，等诸香臭，自在调柔，名为忍辱。能制舌贼，不贪邪味，赞咏讲说，无疲厌心，名为精进。能降身贼，于诸触欲，其心湛然不动，名为禅定。能摄意贼，不顺无明，常修觉惠，乐诸功德，名为智慧。若能永除六贼，常修净六根，是名六波罗密行。又度者运也。六波罗密喻如船筏，能运众生达于彼岸，故名六度。

今按：《坛经》只说波罗密唐言到彼岸，六波罗密，指布施持戒忍辱精进禅定智慧，乃是旧说。今云六波罗密即六根清净，无怪有难为会通之问。答语显属强说，不必一一致辨。今所欲辨者，是否达摩以前已有六波罗密即指六根清净之说而始引起慧可之问。又是否达摩真曾作此强解以答？此一条即可证《观心破相论》之可疑，为后人之妄托。

《观心破相论》继此后续问：

经中说佛言众生修伽蓝、铸形象、烧香散花、然长明灯、昼夜六时绕塔行道。持斋礼拜种种功德，皆成佛道。若唯观心，总摄诸行，说如是事，应虚妄也。达摩答：言伽蓝，西域梵音，此地翻为清净处地。若身心湛然，内外清净，是名为修伽蓝。又铸写形象，岂道铸写金铜之作。求解脱者，以身为炉，以法为火，智慧为工近，三聚净戒六波罗密以为画样，镕炼身心真如佛性，遍入一切戒律模中，如教奉行，以无缺漏？

> 自然成就真容之像。所谓究竟常住微妙法身。烧香者,亦非世间有相之香,乃薰诸秽恶业悉令消灭。散花者,所谓演说正法诸功德花。佛所称叹,究竟常住,无凋落期。长明灯者,正觉心也。常然如是真如正觉灯,照破一切无明痴暗,能以此法转相开悟,即是一灯然百千灯,以灯续明,明终不尽,以无尽故,号曰长明。六时行道者,长时不舍,名曰六时行道。又持斋,所谓齐整身心,不令散乱。言断食者,断于无明恶业之食。又礼拜,若能恶情永断,善念恒存,虽不见相,常名礼拜。又念佛者,在口曰诵,在心曰念。念从心起,名为觉行之门。诵在口中,即是音声之相。执相求福,终无是处。

凡其所答,较之《坛经》所谓:慈悲即是观音,喜舍名为势至。能净即释迦,平直即弥陀,一属正解,一为曲说。双方高下判然。岂慧能如此豁达,而达摩顾如此庸劣乎?较之将来与汝安六字亦复有霄壤之别。又修伽蓝铸形象、烧香散花、然长明灯、昼夜绕塔、持斋礼拜等,在达摩时应是佛门普通法事,此下新禅盛行,对此等多肆讥斥,何得谓于达摩时,已对慧可作此破相之论。则试问慧可以下至于弘忍,历代山门法规,究是如何,岂于此等早已全不理会,全成废弃乎?故知《观心破相论》,断系后人伪造,非真达摩慧可当年有此问答。

既定《观心破相论》之伪,《修心要论》与《最上乘论》亦可例推。盖《坛经》重在舍弃经论直指本心,而《修心要论》则重在就此本心再于经论求证说,此在思想路线之进展上,孰在前,孰在后,自可不烦深辨而知。今粗举其要如次:

问曰:何知自心本来清净?

答曰:《十地论》云:众生身中有金刚佛性云云。

问曰:何知自心本来不生不灭?

答曰:《维摩经》云:如无有生如无有灭云云。

问曰:何名自心为本师?

答曰:此真心者,自然而有,……故知三世诸佛,以自心为本师。故《论》云:众生者,依妄识波浪而有,体是虚妄。了然守心,妄念不起,即到彼无生。故知心为本师。

问曰:云何凡心得胜佛心?

答曰:《金刚般若经》云:若以色见我,以音声求我,是人行邪道,不能见如来。

问曰:众生与佛,真体既同。何故诸佛不生不灭,受无量快乐,自在无碍。我等众生,堕生死中,受种种苦。

答曰:《心王经》云:真如佛性,没在知见六识海中,沉沦生死,不得解脱。努力会是,守本真心,妄念不生,我所心灭,自然与佛平等。

问曰:真如法性,同一无二,迷应俱迷,悟应俱悟,何故佛独觉悟,众生昏迷?

答曰:《维摩经》云:无自性,无他性。法本无生,今则无灭。此悟即离二边,入无分别智。若解此义,但于行住坐卧,恒常凝然,守本净心。妄念不生,我所心灭,自然证解。欲知法要,守心第一。此守心者,乃是涅槃之根本,入道之要门。十二部经之宗,三世诸佛之祖。

问曰:何知守心是入道之要?

答曰:经云:制心一处,无事不办。故知守心是入道之要。

问曰:何知守真心是十二部经之宗?

答曰:《涅槃经》云:知佛不说法者,是名具足多闻。故知守真心者,是十二部经之要。

观上引,凡诸发问,如自心本来清净,心为本师,凡心得胜佛心,众生与佛真体同,真如法性,同一无二,守心是涅槃根本,守心是入道之门,是十二部经之宗,是三世诸佛之祖云云,此诸观念,多自《六祖坛经》摆弃经论,直指心性,新禅诸宗既盛以后,乃始流传。若成为佛法门中一种普遍讨论之话题。在弘忍时(《最上乘论》)或达摩东来时(《修心要论》)已有人提出此等话题,则试问此等话题又何自而来?若人人早已知得此等话题,慧能不过以不识字人亦预闻知而已。《坛经》所云,转成无聊,不致轰动一世。

又且弘忍《最上乘论》与达摩《修心要论》之答此诸话题,既已全部承许,又必杂引诸经论以作证明与解说之用。一若表示此诸话题在经论中全已涵有,凡诸答语,杂引经论,最多不过凭问者之话题而为经论增重,则试问提出此诸话题者,达摩弘忍以外又属何人?

今按《续高僧传》,达摩以四卷《楞伽》授惠可,《六祖坛经》弘忍以《金刚经》指点慧能。具后宗密乃谓《金刚》《楞伽》,此二经是我心要。而此论所引有《十地论》,有《维摩经》,有《金刚般若经》,有《心王经》,有《涅槃经》,有《法华经》,此岂亦是禅宗自达摩下迄弘忍相传,以为彼宗传法之主要经典乎?

又《修心要论》与《最上乘论》之最后同有一跋云:

> 上来集此论者，直以信心，依文取义，作如是说，实非了了证知。若乖圣理者，愿忏悔除灭。若当圣道者，愿回施众生。愿皆识本心，一时成佛。

可见集此论者，乃出依文取义之徒，又自承实非了了证知。诸话题早盛行，集论者自承非能了了证知，只依文取义，杂引经论以证说此诸话题，如此著述，又岂真出于达摩弘忍之手乎？可知集此论者，不仅非自身有闻于达摩、弘忍，抑且亦非后起新禅诸宗之嫡裔，真能透悟到新禅诸宗所提出之义理深处。特习闻新禅绪言，而依文取义，向诸经论中求证，故自承于此诸义未能了了证知也。

且同此一书，既云出于达摩，又云为五祖弘忍说。真不俱真、伪可俱伪。《师资记》有云：其忍大师，萧然净坐，不出文记，口说玄理，默授与人，在人间有禅法一本，云是忍禅师说者谬言也。今不知此人间禅法一本，是否即指《最上乘论》。要之弘忍不出文记，则据《师资记》而可知。今果谓弘忍实无《最上乘论》，又岂得谓达摩有《修心要论》乎？

又《师资记·惠可传》有云：

> 《十地经》云：众生身中有金刚佛性，犹如日轮，体明圆满，广大无边，只为五阴重云覆障，众生不见。若逢智风，飘荡五阴，重云灭尽，佛性圆照，焕然明净。《华严经》云：广大如法界，究竟如虚空。

又曰：

> 亦如世间云雾,八方俱起,天下阴暗,日光岂得明净。日光不坏,只为云雾覆障。一切众生清净之性亦复如是。只为攀援妄念诸见,烦恼重云,覆障圣道,不能显了。默然静坐,大涅槃日自然明净。

又曰:

> 若了心源清净,一切愿足,一切行满,一切皆辨,不受后有。得此法身者,恒沙众生莫过有一。亿亿劫中时有一人与此相应耳。

又曰:

> 若精诚不内发,三世中纵值恒沙诸佛,无所能为。是知众生识心自度,佛不度众生。佛若能度众生,过去逢无量恒沙诸佛,何故我等不成佛?只是精诚不内发。

上列诸节,皆见今《修心要论》与《最上乘论》中。岂《师资记》所云人间有禅法一本,谬托弘忍者,即指此言乎?抑其时有《修心要论》,而尚未有《最上乘论》,《师资记》所谓人间有禅法一本者系别有所指乎?然若《师资记》作时,先见有《修心要论》,岂《师资记》作者认为是慧可之说乎?向来称禅宗不立文字,以心传心,语录传世,亦是不立文字,岂慧可当时,已有要论之著述乎?凡此固无确实反证可资推断,要之此等语皆出后人伪托,则大体可定。

又按:《少室逸书》第一篇《杂录第一》有一条云:

修道法,依文字中得解者,气力弱。若从事上得解者,气力壮。从事中见法者,即处处不失念。从文字中解者,逢事即眼暗。经论谈事与法疏,虽口谈事,耳闻事,不如身心自经事,若即事即法者深。

此一条乃颇有当于《坛经》及此下新禅诸宗之要旨。据第一篇《达摩大师二入四行论》记达摩言理入,重凝住壁观,寂然无为。行入,则列举四行,报怨行,随缘行,无所求行,称法行。惟六祖以下新禅诸宗则更偏重于事入,即达摩之言凝住壁观亦所不取,更何论于依文字中得解乎?若把握得此要旨,始可以读《坛经》,可以读此下诸宗语录,而上列《修心要论》,《最上乘论》与《观心破相论》之为晚出伪书,又非真得新禅嫡传者之所伪,自可定论,不烦多为文字版本之辨证也。

又按:《少室逸书》共六篇、一《达摩大师二入四行论及略序》云:

吾恒仰慕前哲,广修诸行。常钦净土,渴仰遗风。……向涉多载,未遑有息。始复端居幽寂,定境心王。但妄想久修,随情见相,其中变化,略顾难穷。末乃洞监法性,粗练真如。……故写幽怀,聊显入道方便偈等,用简有缘同悟之徒,有暇披览坐禅,终须见本性。

据此,知第一篇作者之身份,断非跟随达摩亲有闻见之徒。又《杂录》中有问云何名为大道甚易知易行,而天下莫能知能行,又问:老经云:慎终如始,必无败事。据此,知作者亦兼信道家言。殆是居士,非僧人。又《杂录》兼引志法师,缘法师,楞禅师,以下共十二人语,此诸禅师年世皆难考,疑当不与慧可弘忍同时,称禅师显是后起。又分别法师禅师,知作者非新禅诸宗之嫡徒。

其第二篇《修心要论》下有《证心论》,篇末云:

> 一乘既悟,大道无穷略证心路,圣会经文。虽非如来诸言,亦用菩萨之说。请上圣王,伏愿善思本心一义,无为正登正觉云云。

此亦可证作者身份决非禅宗嫡嗣传法之人。

又第三篇《和尚顿教解脱禅门直了性坛语》,即观书名,决知不出达摩弘忍之时,必出六祖慧能以后。

又第四篇《观行法无名上士集》,知作此集者,是一学佛人而兼治道家言。后附《沙门知嵩述》,《寂和尚说偈》,《慧达和尚顿悟大乘秘密心契禅门法》,此诸人殆亦如第一篇志法师以下之类,皆晚起无名僧人也。

此稿成于一九六三年,刊载于一九六九年三月《大陆杂志》三十八卷五期。

十　读宝志《十四科颂》

抗战时在成都，病中成《神会与〈坛经〉》一篇，又成《禅宗与理学》三篇，后遂久不理此业。六三年在港偶闲，戏翻佛书，又成《读〈坛经〉》《读〈少室逸书〉》及《读宝志〈十四科颂〉》诸篇，不足云有发现，特聊资遣日而已。

宗门好称宝志，黄檗《宛陵录》引志公语凡两则，一云：志公云：本体是自心作，那得文字中求。又一云：未逢出世明师，枉服大乘法药。观所引，似语录体，不似从成篇著作中拈来。志公远在梁武帝时，何以其时已有语录，此大可疑。

相传志公有《十二时颂》，洪觉范已云：志公《十二时歌》，大明佛祖要妙，然年代浸远，昧者故改易其语以徇其私。其大害意者如曰云云，幻寄非之，曰：觉范于文字转接处求志公语脉，既其华，未既其实。窃谓志公《十二时颂》，恐尚不止如洪觉范之所指摘，因年代浸远而多改易，或是后人假托为之也。如："禺中已，未了之人教不至，假使通达祖师言，莫向心头安了义。"试问志公时，达摩初来，禅宗未确立，何有祖师之称？此非一真赃实据乎?

又如:“人定亥,勇猛精进成懈怠,不起纤毫修学心,无相光中常自在。超释迦,越祖代,心有微尘还窒碍,放荡长如痴兀人,他家自有通人爱。”此尤可疑。超佛越祖语,应更起在祖师一辞之后,余不能遍检诸祖师语录,然似祖佛平提齐称,多见于临济。如云:山僧今日见处,与祖佛不别。又云:堪与祖佛为师。又云:若能歇得念念驰求心,便与祖佛不别。要与祖佛不别,但莫外求。又曰:逢佛说佛,逢祖说祖,逢罗汉说罗汉,逢饿鬼说饿鬼,又曰:逢佛杀佛,逢祖杀祖,逢罗汉杀罗汉,逢父母杀父母,逢亲眷杀亲眷。同时德山乃有呵佛骂祖之说。而超佛越祖,则见于某僧之问云门。岂有在南朝萧梁之代,而可有超释迦越祖代之语?其出后人伪造,可不烦辨。

又如:“半夜子,心住无生即生死,生死何曾属有无,用时便用无文字。祖师言,外边事,识取起时还不是。作意搜求实没踪,生死魔来任相试。”洪觉范曰:言则工矣,然下句血脉不贯。既云生死不属有无,又曰用时便用,何哉?幻寄曰:心法不属有无,又何可用时便用。志公诸赞咏,拔善恶刺,裂凡圣网,苟会其旨,则踏毗卢顶䪼上行。一以情求,则入地狱。如箭射真,龙象蹴踏,非驴所堪也。二人所辩,尽着义理一边,义理所争在是非,与真伪无关。即拈祖师一辞,便可断其非宝志真笔。考据之学,即读禅门诸祖德语,亦尚可用。禅宗主张不立文字,惟既于文字上见,则即可于文字上作考据也。

志公《十四科颂》,同样有可疑。所谓十四科者,一、菩提烦恼不二。二、持犯不二。三、佛与众生不二。四、事理不二。五、静乱不二。六、善恶不二。七、色空不二。八、生死不二。九、断除不二。十、真俗不二。十一、解缚不二。十二、境照不二。十三、运用无碍。十四、迷悟不二。即观题目，后来禅门精义，都已包举，下视《坛经》所陈法宝，实尚远不如此《十四科颂》之详尽而要简。若谓在达摩北去嵩山同时，江南已有宝志其人，提纲挈领，制此《十四科颂》，则达摩岂不徒劳东来？而循诵《坛经》以下禅门诸师语录，亦将觉诸祖师多费唇舌，读之如嚼蜡之无味矣。

今姑不详述《十四科颂》之内容，单招一端言之。如云：一切无非佛事，何须摄念坐禅。又曰：声闻执法坐禅，如蚕吐丝自缚。又曰：三毒本自解脱，何须摄念禅观。又曰：烦恼即是菩提，何用别求禅观。单就此言，曹溪开宗，竟是远承宝志，而达摩九年之嵩山面壁则诚如蚕之吐丝自缚也。

今另拈一节言。其《真俗不二颂》云：法师说法极好，心中不离烦恼。口说文字化他，转更增他生老。真妄本来不二，凡夫弃妄觅道。四众云集听讲，高座论义浩浩。南坐北坐相争，四众为嫌为好。虽然口说甘露，心里寻常枯燥。自己元无一钱，日夜数他珍宝。恰似无智愚人，弃却真金担草。心中三毒不舍，未审何时得道。此颂中四众云集四语，亦是宗门大盛后始有。窃疑南朝萧梁时，佛寺讲经情形，殆不如此。若论其文字，亦当与寒山拾得相先后，不当与梁《昭明文选》楼诸人同时。

志公又有《大乘赞》十首，殆亦后人伪托。如云：向上看他师口，恰似失奶孩儿。道俗峥嵘聚集，终日听他死语。此等口吻，非在德山以后，亦不宜有。

《大乘赞》又云:有心取相为实,定知见性不了。此虽寥寥十二字,若不细诵宗门语录,即不易得其意趣所归。此乃伪托者凝缩宗门语而成此十二字,决非宝志先有了此十二字,而唐以下诸禅德乃将此十二字引申演绎出许多话来,此亦据文字可以考订思想先后之一例。余辨《庄》《老》先后,辨《孟子》《中庸》先后,皆颇用此例。辨禅宗思想演进脉络,此例仍可援用。

治禅宗思想史者,《坛经》以前,所传语言著作,出后人伪托,可资辨订者甚多,偶举宝志为例,余不多及。

此稿成于一九六三年,刊载于
一九六九年《大陆杂志》三十八卷五期。

十一　读寒山诗

豪雨绝往来，得半日闲，偶温寒山诗，稍为钩稽其身世。回忆弱冠，窥《荆公集》，始知有寒山，乡居不易得书，阅四五年，乃见之，至是倏逾四十载矣。

寒山之诗曰：

> 重岩我卜居，鸟道绝人迹。……住兹凡几年，屡见春冬易。

又曰：

> 吾家好隐沦，居处绝嚣尘。践草成三径，瞻云作四邻。

知寒山子乃以隐士家居。

其诗又曰：

> 琴书须自随，禄位用何为。投辇从贤妇，巾车有孝儿。

风吹曝麦地,水溢沃鱼池。常念鷦鷯鸟,安身在一枝。

则寒山有妇有儿,有麦地鱼池,其为挈家隐居益显。

又曰:

有才遗草泽,无艺闭蓬门。日上岩犹暗,烟消谷里昏。其中长者子,个个总无裈。

则寒山非止一子,其卜隐之动机,与其生事之艰窘,亦尽可见。

其诗又曰:

弟兄同五郡,父子本三州,乡国何迢递,同鱼寄水流。

则寒山有兄弟,分地异居,其先殆亦一大家庭也。

其诗又曰:

去年春鸟鸣,此时思弟兄。今年秋菊烂,此时思发生。绿水千场咽,黄云四面平,哀哉百年内,肠断忆咸京。

是寒山虽隐,仍未能忘情于家族。

又曰:

岁去换愁年,春来物色鲜,山色笑渌水,岩岫舞青烟。蜂蝶自云乐,禽鱼更可怜。朋游情未已,彻晓不能眠。

是寒山虽隐，亦未能忘情于朋游之乐。

其诗又曰：

欲得安身处，寒山可长保。微风吹幽松，近听声逾好。下有斑白人，喃喃读黄老。十年归不得，忘却来时道。

又曰：

寒山有裸虫，身白而头黑。手把两卷书，一道将一德。

又曰：

家住绿岩下，庭芜更不芟。新藤垂缭绕，古石竖巉岩。山果猕猴摘，池鱼白鹭衔。仙书一两卷，树下读喃喃。

又曰：

生为有限身，死作无名鬼，……可来白云里，教尔紫芝歌。

是寒山隐居，喜道家言，治《老子》书，而尤喜神仙长生修炼之术。

其诗又曰：

茅栋野人居，门前车马疏。林幽偏聚鸟，溪阔本藏鱼。山果携儿摘，皋田共妇锄。家中何所有，唯有一床书。

又曰:

少小带经锄,本将兄共居。缘遭他辈责,剩被自妻疏。抛绝红尘境,常游好阅书。谁能借斗水,活取辙中鱼。

是寒山本业儒,身虽隐而书卷未抛。其终隐之心,初非坚定。

又曰:

天生百尺树,翦作长条木。可惜栋梁材,抛之在幽谷。年多心尚劲,日久皮渐秃。识者取将来,犹堪柱马屋。

又曰:

默默永无言,后生何所述。隐居在林薮,智境何由出。枯槁非坚卫,风霜成夭疾。土牛耕石田,未有得稻日。

又曰:

独卧重岩下,蒸云昼不消,梦去游金阙,魂归渡石桥。

皆可证其有用世心。

其诗又曰:

书判全非弱,嫌身不得官。铨曹被拗折,洗垢觅疮瘢。

必也关天命，今冬更试看。盲儿射雀目，偶中亦非难。

是寒山早年亦曾应科举，并屡试不售。其诗曰：

徒劳说三史，浪自看五经。洎老检黄籍，依前注白丁。

又曰：

个是何措大，时来省南院。年可三十余，曾经四五选。囊里无青蚨，箧有中黄绢。行到食店前，不敢暂回面。

又曰：

一为书剑客，二遇圣明君。东守文不赏，西征武不勋。学文兼学武，学武兼学文。今日既老矣，余何不足云。

据下引入塞红尘起诗，是寒山亦曾作从军游。又曰：

一人好头肚，六艺尽皆通。南见驱归北，西逢趁向东。长漂如泛萍，不息似飞蓬。问是何等色，姓贫名曰穷。

又曰：

昨夜梦还家，见妇机中织。驻梭如有思，擎梭似无力。

呼之回面视,况复不相识。应是别多年,鬓毛非旧色。

此皆寒山未隐前情况。

其诗又曰:

出生三十年,当游千万里。行江青草合,入塞红尘起。炼药空求仙,读书兼咏史。今日归寒山,枕流兼洗耳。

前引年可三十余,曾经四五选,知寒山初隐,年当逾三十。

其诗又曰:

一向寒山坐,淹留三十年。

是寒山之隐,至少亦逾三十年。

其诗又曰:

满卷才子诗,溢壶圣人酒。行爱观牛犊,坐不离左右。霜露入茅檐,月华明瓮牖。此时吸两瓯,吟诗五百首。

又曰:

久住寒山凡几秋,独吟歌曲绝无忧。

又曰:

> 栖迟寒岩下，偏讶最幽奇。……当阳拥裘坐，闲读古人诗。

是寒山所好所长尤在诗，故其隐，亦以诗为遣。

其诗又曰：

> 五言五百篇，七字七十九，三字二十一，都来六百首。一例书岩石，自夸云好手。若能会我诗，真是如来母。

又曰：

> 一住寒山万事休，更无杂念挂心头。闲书石壁题诗句，任运还同不系舟。

又曰：

> 有人笑我诗，我诗合典雅。不烦郑氏笺，岂用毛公解。不恨会人稀，只为知音寡。若遣趁宫商，余病莫能罢。忽遇明眼人，即自流天下。

又曰：

> 下愚读我诗，不解却嗤诮。中庸读我诗，思量云甚要。上贤读我诗，把着满面笑。杨修见幼妇，一览便知妙。

此寒山对其诗之自负,是寒山实以隐士兼诗人也。今所流传,其诗仅约三百首,已逸过其半矣。

其诗又曰:

有个王秀才,笑我诗多失。云不识蜂腰,仍不会鹤膝。平侧不能压,凡言取次出。我笑你作诗,如盲徒咏日。

此王秀才,或寒山未隐前交游。寒山诗之独具风格,亦自其未隐前已然矣。

其诗又曰:

客难寒山子,君诗无道理。吾观乎古人,贫贱不为耻。应之笑此言,谈何疏阔矣。愿君似今日,钱是急事尔。

疑此诗亦未入山前作。既隐寒山,当甚少此等交游。

其诗又曰:

忆得二十年,徐步国清归。国清寺中人,尽道寒山痴。痴人何用疑,疑不解寻思。我尚自不识,是伊争得知。低头不用问,问得复何为。有人来骂我,分明了了知。虽然不应对,却是得便宜。

此诗始提及国清寺。又曰:

惯居幽隐处，乍向国清众。时访丰干道，仍来看拾公。独回上寒岩，无人话合同。寻究无源水，源穷水不穷。

此诗始提及丰干与拾得。又曰：

闲自访高僧，烟山万万层。师亲指归路，月挂一轮灯。

高僧或亦指丰干拾公。自隐寒山，因近国清寺，颇与僧徒往返，亦时读佛书也。其诗曰：

自羡山间乐，逍遥无倚托，逐日养残躯，闲思无所作，时披古佛书，往往登石阁。

于是道家言与佛理相会，而自有所悟，其诗曰：

本志慕道伦，道伦常获亲。时逢杜源客，每接话禅宾。谈玄月明夜，探理日临晨。万机俱泯迹，方识本来人。

则寒山终自有一境界，而非专皈依于佛门者。其所接已为禅，非寻常高僧矣。其诗曰：

高高峰顶上，四顾极无边。独坐无人知，孤月照寒泉。泉中且无月，月自在青天。吟此一曲歌，歌终不是禅。

其实此诗已深具禅机，而自辨不是禅，知寒山生世，应在唐代禅学既盛之后。

寒山诗深入禅境,集中如此类者,多不胜举。如曰:

吾心似秋月,碧潭清皎洁,无物堪比伦,教我如何说。

又曰:

众星罗列夜明深,岩点孤灯月未沉。
圆满光华不磨莹,挂在青天是我心。

又曰:

寒山顶上月轮孤,照见晴空一物无。
可贵天然无价宝,埋在五阴溺身躯。

又曰:

岩前独静坐,圆月当天耀。万象影现中,一轮本无照。廓然神自清,含虚洞玄妙。因指见其月,月是心枢要。

又曰:

余家有一窟,窟中无一物。净洁空堂堂,光华明日日。疏食养微躯,布裘遮幻质。任你千圣现,我有天真佛。

又曰：

世有多事人，广学诸知见。不识本真性，与道转悬远。若能明实相，岂用陈虚愿。一念了自心，开佛之知见。

又曰：

报汝修道者，进求虚劳神。人有精灵物，无字复无文。呼时历历应，隐处不居存。叮咛善保护，勿令有点痕。

又曰：

我见利智人，观者便知意。不假寻文字，直入如来地。心不逐诸缘，意根不妄起。心意不生时，内外无余事。

又曰：

自古多少圣，叮咛教自信。人根性不等，高下有利钝。真佛不肯认，置功枉受困。不知清净心，便是法王印。

又曰：

寄语诸仁者，复以何为怀。达道见自性，自性即如来。天真原具足，修证转差回。弃本却逐末，只守一场呆。

又曰:

常闻释迦佛,先受然灯记。然灯与释迦,只论前后智。前后体非殊,异中无有异。一佛一切佛,心是如来地。

此等皆禅学极盛后语。故曰:家有寒山诗,胜汝看经卷也。若寒山生在贞观世,似不应先有此造诣。

寒山具此理趣,故其诗中常看不起出家人,而时加以嘲讽。其诗曰:

世间一等流,诚堪与人笑。出家弊己身,诳俗将为道。虽著离尘衣,衣中多养蚤。不如归去来,识取心王好。

又曰:

语你出家辈,何名为出家。奢华求养活,继缀族姓家。美舌甜唇嘴,谄曲心钩加。终日礼道场,持经置功课。垆烧神佛香,打钟高声和。六时学客舂,昼夜不得卧。只为爱钱财,心中不脱洒。见他高道人,却嫌诽谤骂。驴屎比麝香,苦哉佛陀耶。又见出家儿,有力及无力,上上高节者,鬼神钦道德。君王分辇坐,诸侯拜迎逆。堪为世福田,世人须保惜。下下低愚者,诈现多求觅。浊滥即可知,愚痴爱财色。著却福田衣,种田讨衣食。作债税牛犁,为事不忠直。朝朝行弊恶,往往痛臀脊。不解善思量,地狱苦无极。一朝着病缠,三年卧床席。亦有真佛性,翻作无明贼。南无佛陀耶,远远求弥勒。

又曰:

我见出家人,不入出家学。欲知真出家,心静无绳索。澄澄孤玄妙,如如无倚托。三界任纵横,四生不可泊。无为无事人,逍遥实快乐。

六祖有言,若欲修行,何必出家,寒山有此意。然其诗曰:

自从出家后,渐得养生趣。伸缩四肢全,勤听六根具。褐衣随春冬,粝食供朝暮。今日恳恳修,愿与佛相遇。

则知寒山晚年,实自出家。惟曰自从出家后,渐得养生趣。又曰今日恳恳修,愿与佛相遇。则寒山固是先慕道,后依佛。故曰:

白拂旃檀柄,馨香竟日闻。时时方丈内,将用指迷人。

又曰:

昨到云霞观,忽见仙尊士,余问神仙术,云道若为比。谓言灵无上,妙药必神秘。余乃返穷之,推寻勿道理。饶你得仙人,恰似守尸鬼,心月自精明,万像何能比。欲知仙丹术,身内元神是。莫学黄巾公,握愚自守拟。

此寒山出家终于舍道从佛之证也。其诗又曰:我家本住在寒山。又曰:余家本住在天台。则寒山出家后离去寒山之证。

知其出家在晚年者,其诗云:

一向寒山坐,淹留三十年。昨来访亲友,太半入黄泉。渐减如残烛,长流似逝川。今朝对孤影,不觉泪双悬。

寒山既年逾三十始隐,入寒山又三十年,此当逾六十。观此诗,似其时尚未出家。然又似一人独居。其诗又曰:

昔日经行处,今复七十年。故人无来往,埋在古冢间。余今头已白,犹守片云山。为报后来子,何不读古言。

此诗与前引诗正相足。昔日经行处,即前诗昨来访亲友之所在,盖指未隐前之居处。故人无来往,埋在古冢间,即前诗所云太半入黄泉也。是寒山过七十后曾一返隐前故居。其重返寒山,似已妻亡子散。其诗曰:

竟日常如醉,流年不暂停,埋著蓬蒿下,晓月何冥冥;骨肉消散尽,魂魄几凋零。遮莫咬铁口,无因读老经。

寒山之终于出家,殆在此后,盖已过七十之年矣。

知寒山生世决不在贞观者，其诗曰：

> 自闻梁朝日，四依诸贤士。宝志万回师，四仙傅大士。显扬一代教，作时如来使。造建僧伽蓝，信心归佛理。虽乃得如斯，有为多患累。与道殊悬远，拆西补东尔。不达无为功，损多益少利。有声而无形，至今何处去。

近人余嘉锡《四库提要辨证》云：

> 《宋高僧传》卷十八《释万回传》，所叙事皆在武后中宗朝。《太平广记》卷九十二万回条引《两京记》云：太平公主为造宅于己宅之右，景云中卒于此宅。寒山果为贞观时人，安得以万回与古之宝志傅大士并称？

释赞宁《宋高僧传》，万回在《感通篇》，屡见神异。并记博陵崔玄玮母卢氏言，万回僧宝志之流。又《景德传灯录》卷二十七，叙禅门达者十人，首宝志，其下即有万回丰干寒山拾得。盖慧皎《高僧传》，宝志即列神异，唐人以万回上拟志公，寒山所慕在此一流。复引傅大士，可知寒山兴趣向往，仍在仙佛之间也。又按：《景德传灯录》卷首有《西来年表》，于达摩至梁前后，独叙傅大士志公两人，则唐代禅林，好言宝志傅翕，又非寒山一人之诗为然矣。惟此诗明言梁朝诸贤，何得于宝志傅翕两人间横插万回，此则终可疑。盖是寒山信笔拈来，乃以武后时人上厕梁贤，只证寒山之生则尚在其后而已。

其诗又曰:

> 余见僧繇性希奇,巧妙间生梁朝时,道子飘然为殊特,二公善绘手毫挥。

余氏云:

> 吴道子为玄宗开元时人,《历代名画记》卷九纪之甚详。寒山于贞观中自瘗山穴死,安知天下有吴道子者。

吴兴张氏《择是居丛书》用庆福院藏本重雕《寒山子诗集》,此诗只作余见僧繇性希奇,巧妙间生梁朝时,饶邈虚空写尘迹,无因画得志公师,而无道子飘然语,是宋人亦知寒山若果在贞观时,便不应下及道子,而径为删去也。

今按福庆院藏宋本《寒山子集》书前附陆放翁《与明老帖》曰:

> "有人兮山陉,云卷兮雾缨。秉芳兮欲寄,路漫兮难征。心惆怅兮犹疑,蹇独立兮忠贞。"此寒山子所作楚辞也。今亦在集中。妄人窜改附益,至不可读。放翁书寄天封明公,或以刻之此中也。

今检集中有此诗。诗云:

> 有人坐山陉,云卷兮霞瓔,秉芳兮欲寄,路漫兮难征。

心惆怅狐疑，年老已无成，众喔咿斯蹇，独立兮忠贞。

此即放翁所谓妄人窜改附益至不可读者。殆是锓版已成，获放翁书，懒于改刻，可知宋本亦尽多潦草。至四部丛刊影宋本，此诗亦与福庆院本同，而路漫兮难征又作路漫漫长征，则更失之。据此知今传寒山诗，纵是宋版，已多经妄人窜改附益，上引两诗即其例，而后一诗窜改之迹更显。惟不知诗中牵涉吴道子语，为后人所增入抑删去乎。故若专就此两诗而确判寒山子之生世，所据似仍嫌不足。

余氏又引《宋高僧传》卷十一记大沩遇寒山事，略云：

释灵祐，冠年鬀发，三年具戒。及入天台，遇寒山子于途中，谓祐曰：千山万水，遇潭即止。旋造国清寺，遇异人拾得。遂诣沩潭，谒大智师，顿了祖意。元和末，随缘长沙，因过大沩山，遂欲栖止，群信共起梵宇。以大中癸酉岁正月归灭，享年八十二，僧腊五十九。

余氏曰：以其卒年推之，盖生于代宗大历六年，下数至德宗贞元九年，年二十三，遇寒山拾得在此年。

又宋释普济《五灯会元》卷二记：

赵州游天台，路次逢寒山，见牛迹，问州曰：上座还识牛否？

余氏曰：唐赵州东院僧从谂，《传灯录》卷十云：唐乾宁四年十一月二十日寂，寿一百二十，则当生于代宗大历十一年，与灵祐遇寒山时代约略相当。

又《宋高僧传》卷十三,《梁抚州曹山本寂传》云:

> 注对寒山子诗,流行寓内。

又卷十九《寒山子传》云:寒山集人多讽诵,后曹山寂禅师注解,谓之《对寒山子诗》。余氏曰:《对寒山子诗》者,本寂注解之名也。寂盖以其颇含玄理,惧人不解,遂敷衍其义,与原诗相应答,如《天问》之有《天对》,故谓之对。

又《太平广记》卷五十五引《仙传拾遗》曰:

> 寒山子者,不知其名氏,大历中隐居天台翠屏山。其山深邃,当暑有云,亦名寒岩。因自号寒山子。好为诗,每得一篇一句,辄题于树间石上,有好事者随而录之,凡三百余首,多述石林幽隐之兴,或讥讽时态,能警励流俗。桐柏征君徐灵府序而集之,分为三卷,行于人间。十余年,忽不复见。

余氏曰:从大历中下数十余年,正当贞元间,与灵祐以贞元九年遇寒拾适相合。盖寒山即以此时出天台。又曰:《传灯录》卷十七,本寂以天复辛酉季夏告寂,寿六十二,则实死于唐昭宗之世。由此上推六十二年,当生于文宗开成五年。徐灵府于元和十年已至天台,寂注寒山诗,当即根据徐本。辑寒山诗者,当莫早于灵府也。

今按:代宗年号大历,凡十四年(七六六——七八〇),纵谓寒山子以大历元年卜隐寒山，上推三十年，应为开元二十四年。惟据《宋高僧传》卷十九，丰干于先天年中在京兆行化，则尚在睿宗时，犹应在此前二十四年。丰干行化于京兆，则其在天台国清寺，犹应在前。若寒山于睿宗景云年间在天台国清寺晤及丰干，则由此再上推三十年，寒山子之生，应在唐高宗之末叶矣。由此再下数至德宗九年，灵祐遇寒山，其时寒山应已年过百岁。而赵州生代宗大历十一年，若其晤寒山，尚在灵祐后数年，则赵州方年三十左右，而寒山已近一百二十岁。寒山素重道家长生修炼之术，杜光庭列之入仙传，其获跻高寿，亦非不可信。若寒山卒顺宪间，据嘉定赤城志徐灵府居天台云盖峰，会昌初，频诏不起。大中咸通中，与道士叶藏质重修天台桐柏崇道观，是灵府初居天台，应在会昌前。其辑寒山诗，当距寒山之卒约略四十年左右，宜大体无扞格。然则灵府谓寒山于大历中隐居天台者，其时寒山当已八九十。此亦证之寒山之诗而大体可无扞格也。然则寒山之离天台，其将垂及百龄之际乎？

上所称引，多出禅林传说，或未可尽信，欲求考核明确，事有难能。要之寒山诗极富禅理，其人亦为禅门所乐引重，其生世当在大历贞元间，不能上出贞观，即就禅学发展及其诗风格言，亦断可无疑。今传闾丘胤一序，显为唐末人伪撰，余氏《四库提要辨证》已详论之，此不赘。

五九年四月在九龙钻石山寓庐。

此稿刊载于一九五九年十月
香港新亚书院《学术年刊》第一期

十二 读宗密《原人论》

远自南梁达摩东来,迄于唐初慧能崛起,佛门中爆出了教外别传之禅宗。从此掩胁一世,越五代,传两宋,几乎整个佛门,全属禅宗天下。而影响所及,则普遍全社会。此在中国宗教信仰乃及学术思想史上,实具有莫大之意义与地位。禅宗虽称不立文字,直指人心,但其所指示者,究该有一套先后承袭的思想系统。以现代哲学术语言之,应可谓是一套绝对的唯心论。所谓达摩传上乘一心之法是也。何以达此境界,则达摩已分别揭示理入行入两门。其言理入曰借教悟宗。可见达摩虽为禅宗创始,但仍主借教得悟。其言行入之四,则曰:信解此理,应当称法而行。(见达摩大乘入直四行观)信解此理,仍得借教。惟理入贵悟,必以顿。行入贵修,必以渐。既言二入,则必兼顿渐。亦断无只悟不修,有顿无渐之理。如达摩在嵩山少林寺面壁,此属悟后事,故曰行解相应。面壁属行不属解,属渐不属顿。二祖慧可,外览坟索,内通藏典,乞达摩安心。达摩曰:将心来,与汝安。可良久,曰:觅心了不可得。达摩曰:我与汝安心竟。慧可由此悟入。后住邺都，化导四种，皈依三十四载。遂韬光混迹，变易仪相，或入酒肆，或过屠门，或习街谈，或随厮役。或问之，何故如是。可曰：我自调心，何关汝事。此亦悟后之修行也。

神秀与慧能各在五祖弘忍门下呈偈，秀之偈曰：身是菩提树，心如明镜台。时时勤拂拭，勿使惹尘埃。依此偈，心外有尘埃来惹，须勤拂拭，则犹心尘对立，与禅门相传宗旨未合。悟解未到，仅赖修行。故弘忍谓其未见自性，只到门外。依此偈修，免堕恶道也。能之偈曰：菩提本无树，明镜亦非台。本来无一物，何处惹尘埃。此倡于禅门宗旨已征悟解，但偈中不见修行，故弘忍曰亦未见性。是夜三鼓，召慧能入室，为说《金刚经》应无所住而生其心。慧能言下大悟，一切万法，不离自性。遂启祖言，何期自性本身清净，何期自性本不生灭，何期自性本自具足，何期自性本无动摇，何期自性能生万法。至是乃真得悟解，因悟后复有行。此心能无住，自无尘埃之惹。而又能不断生，则自见万法随起。人生一切，全在此心，此即所谓绝对的唯心论也。故慧能又告祖，迷时师度，悟了自度。蒙师传法，今已得悟，只合自性自度。自度，亦即悟后之修也。

慧能在大庾岭，告陈惠明曰：不思善，不思恶，正与么时，那个是明上座本来面目。后来禅师们在本来面目上又多加了父母未生以前几字。辞有多寡，义旨则一。《坛经》言，性在身心存，性去身心坏。身心连言，此是父母生后心。至恕生万法之自本心，则不随身坏，亦不因身起。禅宗不认心只在腔子里。在父母未生我此身以前，此心早有。始是我此心之本来面目。三世诸佛，密密相传，便要悟此心。宋代理学家，则必明白交代此心只在腔子里,父母未生前,可谓之性,却非有心。心属气,性属理。此一分别,乃是理学与禅宗绝大相异处。陆复斋在鹅湖会前有诗云:千古相传只此心。象心认为未是,和诗云:斯人千古不磨心。千古不磨,即是历劫常存。故曰:此心同,此理同。心理不容有二。象山此处,只用理字来换去佛家法字。其实象山言心即理,即犹禅宗言心生万法。后来阳明言,良知生天生地,成鬼成帝,是造化的精灵,真是与物无对。此始符合了禅宗绝对唯心论的最要法印。故陆王言心不言性,或说心性无别,程朱学派必斥之为近禅。

慧能自别弘忍,避难四会猎人队中,时与猎人随宜说法,此亦其悟后之修。一日,在广州法性寺印宗讲会上,时有风吹幡动。一僧曰风动,一僧曰幡动,慧能曰:不是风动,不是幡动,仁者心动。佛家相传,本有风吹铃声,非风铃鸣,乃心鸣之说。慧能此处即是禅宗绝对唯心论的具体引用。依宋代理学家言,当说风与幡铃皆是物,属气。气之动,其后必有理,乃性而非心。此又是理学与禅宗一绝大相异处,而慧能于此遂受印宗薙发,在广州光孝寺开东山法门。

慧能此下所讲,法海所录全部《坛经》,主要不出前引两义。慧能宗旨,主要在导人悟,但悟了还得修。故曰:法无顿渐,人有利钝。迷即渐契,悟人顿修。渐契是由行入悟,顿修是由悟启行。又曰:世人尽言南能北秀,法即一宗,人有南北。因此便立南北。何以顿渐,法即一种,见有迟疾。见迟即渐,见疾即顿。法无顿渐,人有利钝,故名顿渐。可见顿渐皆在一法中,有渐无顿,有顿无渐,皆与此法不合。其告智常曰:法无四乘,人心有等差。见闻读诵是小乘，悟法解义是中乘，依法修行是大乘。万法尽通，万行俱备，一切无杂，且离法相，作无所得，是最上乘。乘即行义。不在口诤，汝须自修，莫问吾也。慧能又曰：摩诃般若波罗蜜者，西国梵语，唐言大智慧到彼岸。此法须行，不行如幻如化。又曰：无《坛经》禀承，非南宗弟子。虽说顿教法，未知根本，终不免诤。但得法者，只劝修行。诤是胜负之心，与道违背。《坛经》中类此之言，不胜列举。可证宗教究与哲学有不同。哲学凭语言文字思辨议论，总不免有异同，终不脱一诤字。宗教于悟解后更贵修行。人皆说禅宗顿法重悟，其实从自心中顿见真如本性，当下便悟，此是顿。但须依此修，即又是渐。慧能说，一行三昧，当于一切处行住坐卧，常行一直心，此则亦顿亦渐。故曰法无顿渐。惟慧能主张由顿归渐，更要于由渐入顿而已。

禅宗自达摩以下，迄于慧能，此一宗旨，迄未有变，而又日益显豁。达摩尚要借教悟宗，而慧能则教人禀承《坛经》，自识本心，自见本性，不再上溯诸经典，遂以确成其为教外之别传，即所谓《坛经》传宗是也。此下禅宗诸祖师，可谓其着精神处尽在行上。神会定南北宗旨，力辨南顿北渐，似乎偏重悟解，却于修行上不免忽了。故后来禅门，终说神会是一知解宗徒。今姑举一例，慧能于延和七月，集徒众，曰：吾至八月，欲离世间。法海等闻，悉皆涕泣。惟有神会，神情不动，亦无涕泣。慧能当时虽加称许，但昔释迦逝去，诸大弟子亦无不涕泣。弘忍告慧能曰：有情来下种，因地果还生。无情既无种，无性亦无生。神会久在慧能座下，慧能将离世，而独不悲泣，此证其在文字知解上纵有悟，但在性情修行上终有缺。知师将去，而神情不动，则慈悲之谓何。今果细读《神会语录》,取与《坛经》相比,一在知解上,一在修行上,此一差别,亦非难睹。自神会后下迄宗密,此一差别乃益见。

宗密幼业儒典,遇神会法嗣第三传道圆,遂从剃染。其学该于内外,宗说兼通。著有《华严》《圆觉》等诸经论疏钞,又为《禅源诸诠集》,其序文自言,所集诸家述作,多谈禅理,少谈禅行。则其宗旨所在,偏重知解,即理入一边可知。又宗密有《禅门师资承袭图》,谓达摩之心流至荷泽,又谓荷泽宗是释迦降出达摩远来之本意。将前望此,此乃迥异于前。将此摄前,前即全同于此。则其于禅宗自慧能下独所推尊于神会者亦可知。今即观于宗密之所从事,而神会之终不得预于曹溪之嫡传正宗亦可知矣。

今当特一提出者,则为宗密之《原人论》。此书可谓近似一纯粹哲学性的论著,专意讨论人类原始,而思辨所及,亦可谓其乃偏涉在宇宙论方面,而明白揭出其绝对唯心论之主张。虽其大义,亦一本佛学与禅宗。然论其趋势所归,则显已有自宗教折入于哲学之倾向。而求其血脉渊源,则不得不谓其乃出于神会。今即就宗密此书,亦可证禅宗一脉,自达摩迄于慧能,此下五家分宗,其精神意态,显不与自神会以至宗密者相似。此亦治禅宗思想者不可不注意之一端。而自另一面言,则宗密《原人论》所主张之绝对唯心,自哲学意味方面言,亦不得谓其于禅宗诸祖师远自达摩以下,一脉所悟,无所阐发。然自慧能以下禅宗诸祖师,终于宗密此书,颇少称道。盖禅宗诸祖师,几乎无不从其日常修行上启悟,而宗密之书,则显从文字言说之思辨上得来,此与《坛经》传宗不立文字直指本心之大统不得谓无违背。其书中所持之绝对唯心论，亦只可谓是一种哲学思辨，与禅宗诸祖师顿然之悟，其间亦大有径庭。惟此书通论全部佛说，又兼及于中国儒道两家与佛法之异同，实已远启此下宋代理学诸儒所探讨。虽宋代理学家亦绝少称引此书，但此书在唐宋之际之思想史上，要当有其一加注意之价值也。今姑为撮述如次。

《原人论》凡分四篇，第一篇《斥迷执》，专对儒道两家作批评。大意谓：

> 儒道二教说，人畜等类，皆是虚无大道生成养育。谓道法自然，生于元气。元气生天地，天地生万物。故愚智贵贱贫富苦乐，皆禀于天，由于时命。死后却归天地，复其虚无。

宗密折之曰：

> 所言万物皆从虚无大道生，大道即是生死贤愚之本，吉凶祸福之基。基本既其常存，则祸乱凶愚不可除，福庆贤善不可益。何用老庄之教耶？又道育虎狼，胎桀纣。夭颜冉，祸夷齐，何名尊乎。又言万物皆自然生化，则一切无因缘处，悉应生化。石应生草，草或生人。又应生无前后，起无早晚。神仙不借丹药，太平不借贤良，仁义不借教习，老庄周孔，何用立教为轨则乎？又言皆从元气生成，岂得婴儿便能爱恶骄恣，五德六艺，何待因缘学习而成。又若生是禀气而欻有，死是气散而欻无，则谁为鬼神。

又曰:

> 圣人设教,责人不责天,罪物不罪命,是不当也。《诗》刺乱政,《书》赞王道,《礼》称安上,《乐》号移风,岂是奉上天之意,顺造化之心乎?是知专此教者,未能原人。

今按:宗密斥老庄自然之教,其言皆属常识范围。孔孟儒家固不然,持论并不限于一气与自然。五德六艺,必借教习,太平必借贤良,贵人不责天,罪物不罪命,以及鬼神之事,儒家别有深义发明。宗密皆未能详辨。至佛家提出因缘义,南北朝时,竺道生已多言及理字,宋代理学家,亦于道家气外加入理,此所言理,即犹佛家之言因缘也。唐代道家盛行,于宇宙论方面,尚多阐说,儒家则仅退居在社会人事间,不能与释道抗衡。宋代理学家,起而辟佛,其所宗主者,是儒非道,即观宗密此论之斥迷执,实已透露此中之消息矣。

《原人论》第二篇,《斥偏浅》,指习佛之不了义者。宗密分佛教为五等,一斥人天教三世业报善恶因果之说,其言曰:

> 我此身心能造业,此身已死,谁受苦乐之报。若言死后更有身,岂有今日身心造罪修福,令他后世身心受苦受乐。据此则修福者屈甚,造罪者幸甚。故知但习此教,虽信业缘,不达身本。

次斥小乘教说,形骸之色,思虑之心,从无始来因缘力故,念念生灭,相续无穷,身心假合,似一似常。凡愚不觉,执之为我。即起贪嗔痴等三毒,造一切业。造业受报。身则生老病死,死而复生。界则成住坏空,空而复成。劫劫生生,轮回不绝。宗密诘之曰:

> 经生累世为身本者,自体须无间断。今五识阙缘不起,意识有时不行。无色界天无此四大,如何持得此身世世不绝。是知专此教者,亦未原身。

三斥大乘法相教说,一切有情,无始以来,有八种识。第八阿赖耶识是其根本。转生七识,缘此执为实我实法。宗密说之曰:

> 悟解此理,方知我身唯识所变,识为身本。

四斥大乘破相教说:破前大小乘法相之执密显后真性空寂之理。宗密诘之曰:

> 所变之境既妄,能变之识岂真。若言一有一无,则梦想与所见物应异。梦不是物,物不是梦。寤来梦灭,其物应在。物若非梦,应是真物。梦若非物,以何为相。故知梦时则梦想梦物,似能见所见之殊。据理则同一虚妄,都无所有。诸识亦尔。以皆假托众缘,无自性故。

又引《破相论》之说曰:是知心境皆空,方是大乘实理。若约此原身,身原是空,空即是本。宗密又诘之曰:

若心境皆无,知无者谁。又若都无实法,依何现诸虚妄。现见世间虚妄之物,未有不依实法而能起者。虚妄之梦,必因睡眠之人。故知此教,但破执情,亦未明显真灵之性。

宗密又综说之曰:

上之四教,前浅后深。若且习之,自知未了。名之为浅。若执为了,即名为偏。

以上《原人论》第二篇,历破佛教四等偏浅之执。已显属一种哲学思辨,与宗教信徒意态迥异。

《原人论》第三篇,《直显真源》,即指习佛之了义实教者。此教说,一切有情,皆有本觉真心,无始已来,常住清净。昭昭不昧,了了常知。亦名佛性,亦名如来藏。从无始际,妄想翳之,不自觉知。故耽著结业,受生死苦。大觉愍之,说一切皆空。又开示灵觉真心清净全同诸佛。宗密评曰:

我等多劫未遇真宗,不解反自原身。但执虚妄之相,甘认凡下,或畜或人。今约至教原之,方觉本来是佛。返本还源,断除凡习。当知迷悟同一真心。大哉妙门,原人至此。

此为《原人论》第三篇大义,提出本觉真心,全同诸佛,无一众生而不具有如来智慧。迷悟同一真心为大妙门。此证宗密持论,全同禅宗。取与《坛经》同读，自可互相发明。

《原人论》第四篇，会通本末。会前所斥，同归真源，皆是正义。其言曰：

> 真性虽为身本，生起盖有因由，不可无端忽成身相。但缘前宗未了，所以节节斥之。今将本末会通，乃至儒道亦是。

此下宗密乃为前斥佛教四等及儒道两家各各解说，明其各有是处，惟未臻了义而已。今不详引，姑举一端。宗密曰：

> 所禀之气，展转推本，即混一之元气。所起之心，展转穷源，即真一之灵心。究实言之，心外的无别法。元气亦从心之所变。属前转识所现之境，是阿赖耶相分所摄。从初一念业相，分为心境之二。心既从细至粗，展转妄计，乃至造业。境亦从微至著，展转变起，乃至天地。业既成熟，即从父母禀受二气与业识和合，成就人身。据此，则心、识所变之境，乃成二分。一分即与心识和合成人，一分不与心识和合，即成天地山河国邑。三才中惟人灵者，由与心神合也。佛说内四大与外四大不同，正是此也。

此处见宗密所论，实大有问题存在。宗密认佛教前四等皆可斥，而会归于最后第五等之真源了义所在则皆可通。其说实相似于其所推尊于神会者，谓将前望此，此乃迥异于前。将此摄前，前即全同于此。可见宗密之论，实从神会悟入。惟其间有大可申论者。禅宗诸祖师,莫不于日常人生中真修实悟而来。日常人生,人各相异,则所修所悟,宜可有别。神会则从言说文字知解上用力,故见其若为摄诸异而成一同。然修悟是实,知解则虚。修悟是主,而知解附而从之。知解仅堪为修行作说明,非知解能独立自有所成就。此层不可不辨。推此以论佛教全体,宗密所斥之前四部,其实亦皆因缘时会,方便立说,所说虽各不同,而同有一段真境界与真向往,即其真精神所在,此所以能成为一宗教而持续向前也。逮其最后,文字言说愈繁,思辨愈细愈密,在哲学意义上看,亦是一进步,然不免逐渐脱离其重修行之宗教原始真境界,而转用其精神于经典书本上,则其向往亦自不能无歧。今论释迦之真精神,端在其月夜之离家出走,亦在其雪山六年之修行,又在其迦耶山菩提树下之晏坐。当其时,又何尝有所谓佛法中后起之真源与了义。厥后小乘大乘,相宗空宗,纷然迭起,议论日繁,知解日歧,甚至启近代佛家究是宗教抑是哲学之争辨。窃恐哲学最多亦仅可阐述佛家之了义,而未必能实得佛家之真源。达摩精神,在其远来中国,在其嵩山少林寺之面壁。慧能精神,在其辞母去黄梅的一段路上,在其在东山寺后院碓坊八月之破柴踏碓,在其在四会猎人队中之一段时间。凡佛家见精神处,都必在其行为上,而不在其理论上。方释迦之月夜离家,慧能之辞母远行,何尝有佛法中所谓了义者存其心中。若论真源,则惟在其日常之自修自悟。悟所修,修所悟。此即所谓法无顿渐,定慧体一也。宗密《禅源诸诠集都序》亦曰:

所谓源者,是一切众生本觉真性。悟之名慧,修之名定。定慧通明为禅,此性是禅之本源。

又曰:

佛说顿教渐教,禅开顿门渐门。二教二门,各相符契。

此等语,透彻扼要。但宗密又曰:

今讲者偏彰渐义,禅者偏播顿宗。禅讲相逢,胡越之隔。宗密不知夙生何作,熏得此心,自未解脱,欲解他缚,为法忘于躯命,愍人切于神情。每叹人与法差,法为人病。故别撰经律论疏,大开戒定慧门。显顿悟资于渐修,证师说符于佛意。意既本末而委示,文乃浩博而难寻。泛学虽多,秉志者少。况迹涉名相,谁辨金鍮。徒自疲劳,未见机感。

读此可知宗密心意之诚,其不失为一宗教信徒者在此。其谓顿悟资于渐修,师说符于佛意,则其意实欲重挽禅门之新宗,返之佛法之旧教。再泯教与宗而为一。惟一切经典文字,三乘万法,则必以禅宗之直提心性为其真源了义而已。其《禅源诸诠集都序》有曰:

有禅师问曰,净名已呵宴坐,荷泽每斥凝心,曹溪见人结跏,曾自将杖打起。今闻汝(宗密)每因教诫,即劝坐禅。禅庵罗列,遍于岩壑。乖宗越祖,吾窃疑焉。

是宗密不仅推崇新禅,实亦遵奉旧禅。其论渐修,不仅偏向经典讲解,实亦兼重佛门修持。在其思想义理之探寻方面,题已转入哲学家道路,然其制心修行方面,则依然仍是一宗教家精神。在理论上极推神会,而在修行上,则神会亦不惜背弃。此诚宗密一特出处。其所欲包罗融会者太广,则宜其所主张从事之未能即收宏效。此在宗密亦自知之,而仍不改其涂辙,此即宗密一番宗教精神之最好表现也。

故宗密虽极尊神会,而于神秀亦不深斥。《指月录》引宗密《草堂禅师笺要》有曰:

> 秀公为黄梅上首,顿宗直指,纵曰机器不逮,然亦饫闻饱参矣。岂甘自为渐宗徒也。盖祖道于时疑信半天下,不有渐,何以显顿哉。至于纷争者,皆两宗之徒,非秀心也。

此一种持平之论,与神会所诤大有辨。然经典知解,究非一行三昧之谓。禅宗后起,如药山不许人看经,百丈谓:解得三乘教,觅佛即不得。宗之与教,已成如此隔阂。但禅宗之再演进而至于参话头,已与净土口念南无阿弥陀佛无异。禅净合一,皆在修行,不在知解。而即在弘忍神秀,亦有令人齐速念佛名,令净心之说,见杜朏《传法宝纪》。宗密资性所近,则自好为哲理之探讨,于文字经典上多用工夫,此固不得为曹溪禅之正宗嫡传,而亦复与神秀北宗有别。教之与宗,终自不同,可于此觇之。而宗密之特出处,亦于此见矣。

又按:方释迦有感于此身之有生老病死,而月夜离家,此亦后世禅宗所谓心有未安也。逮其坐迦耶山菩提树下得悟,此则心已得安,遂据以说法,问题即皆在当下一念上。非有如哲学家悟得一套宇宙论,或如后起进化论物种原始之类之一套生物学知识也。今宗密说一切有情,皆有本觉真心,即真性,而以此本觉真性认为一切生命之开始,其《原人论》所谓真源了义者在此。是宗密之原人,其主要精神只限在生命界,虽可说是一种绝对的唯心论,然只是一种生命哲学,究与达摩以至慧能历代禅宗相传注重在实际人生之唯心论不同。慧能曰:佛法在世间,不离世间觉,离世觅菩提,恰如求兔角。又曰:一切经书,皆因人说有。又曰:不悟,即佛是众生。一念若悟,即众生是佛。故知一切万法,尽在自身心中。何不从自心顿现真如本性。用近代语说之,可谓禅宗所认佛法只是一种人生哲学,又是当下即是的日常人生。禅宗之绝对唯心,亦只限于人生界之当下现实。而宗密所主张,则已由生命界而侵入宇宙论范围。纵谓一切有情皆有一本觉真心,然无情即无生界,又何以说之。此处遂见宗密《原人论》一大破罅,大漏洞。今再放开言之,佛法中本有佛法僧三宝,禅宗之达于极趋,则可谓只剩了僧,而没有佛与法。尤其极趋,则僧亦可无,只剩有人。《坛经》所谓在家亦得,不由在寺是也。宗密则要在僧与人之上仍加有佛与法,其所重则更在法。重法则转入哲学思维,而在哲学思维中,又不能仅限在人生界与生命界,必侵入宇宙论范围,而宗密采中国道家说,谓混一元气即真一灵心之所变,此若可完成其宇宙的绝对唯心论之系统,然实未能有所证成。则亦终未得谓之为了义。其谓心识变成二境,一为人生界,一为天地山河,即自然界,究属粗疏,不成体统。盖宗密立论,专据佛书为说,其病犹小,会通之于中国儒道两家说,则其病更大也。

佛学入中国,至是已久历年数。若从宗教修行言,则到禅宗而鞭辟入里,更难有进。若从思想知解言,则会通中国儒道两家以完成一系统,亦已如箭在弦上,有不得不发之势。宗密之《原人论》,正其嚆矢也。其书之可值重视者在此。然其事则须待有宋理学家出而始告完成。有宋理学家原本古先儒家言,分别心性。心只限于一切有情,性字则兼包有生与无生,此可为宗密更进一解。佛家亦说性含万法,一切法在自性,然佛家终是从人生界看性,必言佛性,究不如儒家言性之更为恢宏。又谓心属气,性属理,整个宇宙,不专以唯气一元说之。唯气一元,则偏近唯物,与中国传统乃至佛家说皆不合。但亦非理气二元,实当谓之理气混合之一元。气必涵理,理必附气。中国古人言天人合一,宋代理学家则易之以理气合一。其所主张,实较宗密之心识变成二境,远于情实为符。且理字又兼摄佛家之因缘义。理学家言理气,已远胜于佛家之言因缘。如因种子而生果,瓶缘泥而成。既言因缘,则必有物有气,而理亦寓之。佛家言:佛为一大事因缘出世。其实宇宙人生之整体,悠久盛大而多变,即是一大事,而此一大事,则亦只是一因缘和合而已。既推阐至此,又何必拘拘焉专为原人一端立论乎?亦可谓专论生命哲学,终是未了,必推论及于宇宙全体,乃始有了义可觅。惟禅宗之专主实际人生,则又当别论。

理学家之可宝贵,在其吃紧人生,于宇宙万物之推阐,莫不以人文界为基点而出发。其于人文界,则特重人之心性与修行。

此一层,其精神乃特与禅宗为近。但禅宗不脱佛学传统,以出世离尘为主,理学家则以淑人拯世为本。因此禅宗推论宇宙,必归之于寂灭空虚,而理学家论宇宙,则不忽其悠久性与复多性。此乃双方之大异处。宗密初受披薙于道圆,为禅门传法。后又执弟子礼于华严第四祖澄观,获嗣法为华严第五祖。其书亦名《华严原人论》。而澄观亦曾受法于神会法嗣五台之无名禅师。今可谓神会主顿,华严澄观则尚圆,双方本可相通,宗密之称大宏圆顿之教者在此,而神会一支之终不得预于曹溪慧能之正宗嫡传者亦在此。理学家提出理气混合之一元论者为朱子。朱子力辟禅学,而于华严亦有所称道。今若必谓理学近禅,则程朱一派,在修行精神上实近曹溪,而在思辨知解上,则转近华严圭峰,此又不可不知也。

理学中在修行精神上更近曹溪,而于知解上绝不走圭峰一路者,则为与朱子同时之陆象山。至明代王阳明而厥风大肆。阳明晚年,始唱良知为造化精灵之说,亦由人生界闯进宇宙界,而提出其三教合一之观点。然阳明在此方面,仅粗抽端绪,王龙溪承之,亦未能有发挥。亦可谓陆王仍仅留驻在曹溪禅一边,未能如神会以至宗密之蕲求由顿达圆之路。象山讥朱子为支离,不知伊川晦庵意欲求圆,由渐入顿,由顿归渐,双方兼顾,实亦不能以支离讥之也。若循此说之,则理学家中之程朱一派,正于慧能法无渐顿定慧合一之大宗旨,更能有所推衍深入,确非象山阳明所及也。

神会在滑台大云寺之定南北宗旨,大播神秀师承是傍法门是渐之说,实仅是当时佛门中一诤论。神会意气激昂,而于佛门中一套修行精神,则显见疏远。故此下禅家,于此事皆不愿多谈。甚至神会名字,亦若湮若晦,而其文字著述,亦失落不传。宗密承神会而益进,其努力,更偏在文字知解上,会通禅学于起信圆觉华严,而在修行精神上,亦能兼顾,惟不见有持著处,其在哲学思维上,则实能有组织,自寻一系统。故立论归根虽在顿,而亲所从事则属渐。而属文字知解之渐者为更大。因此在曹溪传统下,亦不甚称述。而较之神会,则隐显不同矣。逮及宋代理学兴起,于修行精神上既密近禅宗,而在思维知解上,则较宗密益进。所以在中国全部学术思想史上,禅学终让位于理学,而宗密《原人论》,亦终沦于若阴若晦之列。今特为钩稽出之,加以撮述,庶使关心于儒佛进退,及宗教与哲学异同之间,乃至于理学中程朱与陆王之分别所在,亦可由此而有所窥入也。

此稿刊载于一九七六年
十二月《书目季刊》十卷三期

十三　评胡适与铃木大拙讨论禅

胡适与日本铃木大拙曾对中国禅学有过一番书札往复的讨论。胡书大意谓：

> 禅是中国佛教运动的一部分，中国佛教是中国思想史的一部分。只有把禅宗放在历史的确当地位中，才能确当了解。这像其他哲学思想宗派是一样的。

铃木书大意是说：

> 禅必须先从内在来领会。只有在做过这种领会之后，才可去研究禅的历史外观。

今从第三观点，认为两人说各有是，亦各有非。各有得，亦各有失。

胡适对中国禅学，并无内在了解，先不识慧能神会与其思想之内在相异,一意从外在事象来讲禅学史,是其病痛所在。不仅讲禅学犯此病,其讲全部中国思想史,几乎全犯此病。

胡适先未深求孔子思想内在的大体系,便把孔子思想纳入中国史的范围里来看,遂若孔子思想与帝皇专制结了不解缘。其实胡氏亦未对所谓中国帝皇专制的内在政体深求。思想与制度,双方落空,无内容、无实情,便配搭来讲历史,那只是形式的、虚无的,非真历史。

即专就思想史言,孔子上承周公,下启孟子,岂不是一确当地位。但孔子思想何处上承周公,何处下启孟子,须从内在实情中去研求。若不先深明孔子思想之本身,则其上承周公下启孟子处皆把握不到。只说中国儒学由周公孔子而孟子,只成一虚格套,空洞形式,一番无内容的废话。

今说周公为相不为君,孔子承之,只想为现政权服务,不作领导政治之第一人想,此下儒家,由孟子起,全如此。则中国儒家岂不从头与专制帝皇配合,为从不为主,仅供专制帝皇之使用。从形式上论,未尝不是。实则彻头彻尾,只是一形式,无内容,无实情。而历史本身则绝非如此。

又如言文学史,中国文学有中国文学之内容。自《诗经》而楚辞而汉赋,以及建安以下,各时代有各时代之因与变。其间有同有异。但胡氏写《白话文学史》,只注意在文言与白话一节目上,此仍是形式的。无关文学内在之真实性。

近几十年来,此一习俗成为风气,只从外面形式上来讲历史,于是讲政治史,则自秦以下为一大变,讲文学史,则自元以下为一大变。究竟什么是中国传统政治与中国传统文学,皆可不究。只觉民国以下,政治是民主了,文学是以白话为正宗了,较之以往数千年来,莫不沛然大变,焕然一新。当前主要任务,则惟慕效西方,力求所谓现代化,其实还是一形式主义。依样葫芦,不问葫芦里卖的是什么药。

胡氏又提出当时禅宗祖师们的一套困学教育法,认为这方法以不说破为原则,可分三阶段。鸳鸯绣出凭君看,莫把金针度与人。禅师们在第一阶段时,不把事情用和平语言解释,鼓励沙弥去自己思考,自己发现。第二阶段则是禅师们的机锋与棒喝。于是转入第三阶段,由沙弥们去行脚。用此来说禅宗发展史,乃只是外皮形相,并未触及禅学思想之内在深处。而且胡氏以伪撰与捏造来说神会,与以不说破来说整体的禅师说教,似乎都是以一种不正常乃至不良的心理和行为来解释轰动一世的思想,与其解释儒家思想,正犯了同样相似的大病。

铃木的回答是说:历史是一种公共财产,可说是客观的东西。但历史的角色或创造者,却不是历史家可做客观掌握的。构成他的个体性或主观性的,不能从历史性的考察去获得。因此它拒离客观考察,只能被各人自己去领会,自己去直观。深入它内在的奥秘,不是历史家的事情。胡适未能了解这一点。

铃木此层,亦可商榷。如孔子梦见周公,领会到周公之内在奥秘,而周公则是一历史角色与创造者,但确为孔子的客观所获得了。历史是公共客观的,但同时必为个别主观所考察而认取。孔子用自己主观来领会周公,但孔子所领会,同时亦即是客观的。孔子领会周公,是领会周公之个体性与主观性,但同时即领会到周公之时代,与其在此时代的创造与所成的角色,亦即是同时领会了周公时代之历史内涵的共同性。铃木谓历史每个人都可接近,是仍认历史只是一形式,未能跳出胡氏的圈套。

铃木又谓,胡氏没有资格来就禅论禅,禅必须从内在去了解,不从外在。胡适知道禅的历史环境,但却不知道禅本身。此层仍可商榷。研究慧能的禅,不能不知慧能禅的历史环境。至少从达摩到弘忍是如何,神秀与慧能是如何,南岳青原与神会又如何。全撇开了慧能当时禅的历史环境,又如何来直参慧能禅之本身是如何?

铃木又说:仅从智性分析不能解释禅,智性是关乎语言文字与观念的,永远不能接触到禅。禅必须先从内在领会,只有在做过这种领会之后,才可去研究禅的历史外观。此层一样可商榷。禅宗不立文字,但至少弘忍是以《金刚经》应无所住而生其心一语来启悟慧能。慧能亦以一部《坛经》来教人依持。我们今天,也只从禅的历史来领会禅。历史不仅是外观,而语言文字也可作内在领会之凭借阶梯。

铃木又说:胡适似乎提出道生顿悟以为是禅宗思想的开端,但顿悟却是佛教的根本本质。佛陀在尼连禅河畔菩提树下的开悟,亦就是顿悟。在禅宗史中,慧能是独步的,他的教训,是禅那与般若为一,确实是革命性的。在慧能之前,两者被认为是分开的。道信与弘忍都未能将禅那和般若的同一和分别说清楚。神会对顿悟教训之强调,并未能完全反映出慧能的真精神。铃木这一番话,已透入禅的历史来讲,可谓能从内在来领会。但还可有商榷。佛法远从佛陀起,有其内在,同时亦有其外在。慧能亦然。隋唐以下,佛教中国化,慧能禅的革命,亦有其中国化的深厚的外在意义。外内不可分，专从禅那与般若之分合为言，似乎于慧能禅的个体性与主观方面，终嫌未尽把握到。铃木亦说智𫖮与法藏，尤其说法藏更为伟大，代表佛教思想在中国的顶峰，是中国心灵令人惊异的成就，也是世界思想中有最高重要性的东西。慧能成就，其在文化史上的价值，与智𫖮法藏相等。循此说下，应该说到佛教在中国思想史中的地位与价值。惜乎铃木对此，未有更深一层的阐说。

铃木此下，提到马祖名言平常心是道。但铃木的阐说，似乎偏重了内在之心，没有更注意到外在的道。只铃木说：胡适认为用最直接的方法要和尚自己去认识真理，是一种疯狂的禅宗方法，这却直入阃奥，把禅理的深处指点出。但铃木究对中国思想史的大传统，未有深入研寻，这也未足深怪。

铃木又说：知识有两类，第一种是可知的知识，第二种是不可知的知识。当知识是主体与客体的关系时，这个知识是可知的，因为它是公共财产，每个人都可接近的。当它不是公共财产，而是完全私有的，不能被他人分享的东西时，它就是不可知的。是一种内在的体验的结果，它全然是个人性和主体性的。奇异的是，尽管这种体验是私有性的，任何具有这种体验的人，却绝对相信它的普遍性。他知道每个人都有它，但并非每个人都意识到它。

铃木这番分析，更大可商榷。凡属知识，一面是个人性主体性的，但另一面又必是共同性客观性的。但个人主体性有深浅，共同客观性有广狭，其分别只在此。宋代理学家常责禅家心性不分，其实禅家说性，即说佛性，这是共同而客观存在的。以己心悟佛性,即是以个人主体的知识来体会共同客观之存在,此即佛性。悟到佛性其实也只是己心。佛性与己心为一体,故说明心见性。中国儒家说心性,大义亦如此。惟先秦儒言道,宋明儒言理,佛家言法,其间尽有不同。但同样是一共同客观之存在。个人主体的知识对象即在此。故竺道生说顿悟,又说一阐提亦得成佛,慧能说顿悟,又说烦恼即菩提,众生即佛。一切知识,其最终境界必然是公共财产,不能完全私有。

铃木又用许多话来发挥他提出的般若直观与内在知识。又说:某种东西是最终的实在。或主体性,或空。而最重要的,它是自我意识的。这个自我意识即是知,而宗密与神会都十分正确的把它认做是禅宗一切秘奥之门。这里又是铃木意见之很值商榷处。铃木只研究中国禅学,却未注意到中国禅学史。因此铃木论禅,虽极主个人性与主体性,但实际只讲了禅之共同性与客观性。他并未从达摩以下迄于慧能,乃至南岳青原以至马祖,及此后禅的每一宗派,对每一禅师作为分别的观察,而指示出每一禅师之个性主体所在。如此始是同中见异,先后演变,于传统中有创新,于多样中见一色,便成了禅学史。但铃木只用力描绘了禅的共同面貌,禅的普遍性。在胡氏发现敦煌神会遗集以前,铃木只读《传灯录》等书,根本未注意到神会。但因胡氏自震于其所发现,过分渲染了禅学史中神会之重要性,却未能深入体会到曹溪禅与荷泽禅之各别相异处,乃遽认神会为中国禅学史中一革命人物。铃木认为禅学革命在慧能,不在神会,此是其见到处。但亦未能就神会与慧能加以分别,亦震于胡氏之所发现,把神会所说认为是禅宗一切秘奥之门,则何以从南岳青原马祖以下,禅宗诸祖师皆只提曹溪,不提荷泽,遂使神会之名,未百年即暗晦消失,在《传灯录》诸书中,绝不见其地位之重要,此是一历史明证。可见此下中国禅学只重曹溪,不重荷泽。惟宗密能尊荷泽,但又从神会转手,于禅学外又旁通以华严,又于悟外兼修,于心外重缘,于荷泽一宗,并明加指摘。而铃木把宗密神会混并说之,又把《传灯录》中曹溪禅的诸祖师们的言语来证释神会意见,那不得不说是铃木太粗疏亦是大错误所在。

铃木又说:把禅适当地安置在某个角落,并不能穷尽它的意义。因禅绝不仅是历史。历史可以告诉我们许多禅与其他事物的关系,但那全都是关于禅,而不是我们每个人都生活着的禅本身。此处又可有商榷。铃木不了解什么是历史,只认禅与其他事物关系处有历史,不知禅本身之内在演变亦是历史。浅譬说之,不仅人与人关系处有历史,每一人之本身,自幼到老,其一切内在生长过程亦有历史,而且是更重要的。铃木只说历史框架,此亦是形式的。不知历史不只是一框架,是一形式。历史本身有内容,有生命,有主体,有个性。如说儒学史与禅学史,便各有其内在之生命与个性为之作主体。如说中国思想史与西洋思想史亦然。任何一家之禅,虽是生长于禅学史中而各有其生命。绝不如铃木所想象,把禅放在历史角落的即非禅本身。

铃木又说:禅确实是世界思想史中一个伟大的革命。它起源于中国,不可能起源于任何其他地方。中国有许多值得骄傲处。中国人的成就是了不起的。诸如智𫖮法藏这样的佛教哲学家,无疑是中国人的果实。但也可说他们的思想方式,由印度先驱所激发,使得中国人心灵完全肯定其自身。而与印度心灵有所不同的则是禅。禅只有在中国人的土地上得以如此繁茂。铃木此处所说,实际已说上了历史。应从印度佛教史,中国佛教史,禅宗史,乃及中国思想史等各部门、各方面,来求取解释与证明。铃木又说:禅在中国人的德性智性与精神上发挥如此大的力量,是什么原因呢?这答案应在中国历史中去求,至少应在中国思想史中去求。这一大工作,非铃木所能担任。铃木只说中国人是脚踏实地的,遂从禅门故事中提出了许多例。那是一种浅的阐释,并未深入到中国禅的内在深处,并未通透到中国禅与中国儒道两家思想之内在融通处,与其心灵生命之真来源。换言之,我们须将禅学史与以前的儒道思想史乃及以后的理学思想史一并研究。明得了儒道思想乃及理学思想,更可明白得禅学思想。亦从明得了禅学思想更可明白得儒道思想与理学思想。胡氏说:禅是中国佛教运动的一部分,而中国佛教是中国思想史的一部分。只有把禅宗放在历史的确当地位中,才能确当了解。这像其他哲学思想宗派是一样的。这话并不错,只惜胡氏不了解禅,铃木不了解禅学史乃及中国思想史,所以他们的讨论,都嫌不深入,还待继起学者之努力。

铃木最后又说:慧能带给中国佛教的福音是般若与禅那的同一。神会在宣扬这个题旨方面是最有表现力的,他比马祖石头等人,在对禅的了解上更为智性。也就由于这个原因,他的宗派未能抓住中国的人心。中国人的心智,不倾向于智性或形上学,而禅是中国本土心智的产物。他厌恶这种智性的风格。临济禅更为适合禅的精神,与中国人的落实性格甚为相合,它是直指目标的。不论怎样说:般若与禅那的同一,这是禅的本质,已经由神会用相当明白的方式说出来。

此处铃木涉及禅的本质及禅学发展史之两项。但铃木自身意见，显有内在冲突，仍值商榷。若果慧能禅学，从中国人心智发出，何以神会最能表现慧能禅的本质，而未能抓住中国人的心，而临济宗又最适合禅的精神呢？铃木所谓禅的本质与禅的精神间又当作何分别？又谓临济宗直指目标，但禅那与般若之合一，究能说是取径，不能说是目标。铃木在此等处，皆未能更有分疏。盖因铃木本未在禅学史之进展上留心，复震于胡氏对神会史料之发现，竟亦谓神会最表现了慧能，而慧能之发展，应属临济，不属神会，铃木亦非不知，而未能再有阐释，遂有此含混而矛盾的说法。最多我们可以说，铃木只把自己的主观来说禅，故说神会最能表现禅的本质。但铃木未能把客观的中国禅学史来说慧能禅，故未能深入慧能禅之深处。

以上评胡氏与铃木两人之讨论禅学竟，此下略抒己见。人生当分心的内在与事的外在之两面，由两面合成一体。心必以事为表达而完成。事必以心为发动与归宿。印度心理重心，西方心理重事。中国人心理，则心事兼重。《中庸》言，人鲜不饮食，鲜能知味。饮食属事，知味属心。佛教徒不肯以饮食为事，不得已，乃沿门托钵。西方人从事饮食，成为功利人生中一手段，而知味非所重。故其烹饪还不如中土之精美。饮食不可免，犹之一切人事不可免。佛教徒出家离世。人事方面能避则避，能免则免。而色与杀最所当戒。西方人以恋爱与斗争为人生两大事。某一西方教授告余，君言历史当以人为主，此固不误，但其人苟无历史事业，则其姓名亦不获入历史。余告以此非余两人意见相异,乃东西方历史本身相异。印度心理不重事,故无历史。中国在事业上无所表现之人,亦多入历史记载,并占重要地位。故可谓印度重心,西方重事,中国则重人。重人乃心事并重。佛教中国化,即成佛教之世俗化,禅宗即其著例。马祖言,平常心是道。谓只如今行住坐卧,应机接物尽是道。故南泉弟子景岑禅师言,在他们未进入鹿苑时,还知道得多些。此即主张心事合一。百丈为禅堂立规矩,正如慧能在东山碓米砍柴,也即是参禅悟道一正途。

心有悟,事在修。达摩言理入行入,慧能偈本来无一物,何处惹尘埃。而弘忍告以应所住而生其心。此是有了悟,仍有修。故慧能言,人有利钝,法无顿渐。必为顿渐分旁正,乃是神会所主张。故神会言,修习即是有为诸法。又曰:未得修行,但得知解。知解属心,修习修行则必寓之事。神会弟子灵坦,要蝉蜕万缘,誓究心法。宗密以禅学会之华严,知理事无碍,事事无碍,故于神会之唯宗无念、不立诸缘之说,加以批斥。

然禅宗终自佛教中来,若依中国儒家义解之,神会只在致知阶段,而又要不格物而致知,终嫌心事分别。慧能曹溪禅,可谓已到修身阶段,而齐治平皆尚未及。若言本来无一物,何处惹尘埃,则家国天下亦无尘埃可著。若言无住而生其心,则居家生齐家心,出仕生治国心,在人群中生平天下心,何尝不是应机接物。此处正应无是非,无取舍。何必定要把家国天下与身作分别观。人在家国天下中,何尝不是当下直接。砍柴洗碗,不必不屑为,何以齐治平硬要不屑为。古镜可以天地通明,何以定要把家国天下放在灰黑面。佛法究竟是一空,但中国人心智,则只是一真如。此真如是心事合一,却不必定要说心事皆灭。理事无碍,事事无碍,斯则齐治平亦无碍。依慧能曹溪禅说应是修无碍,只要平平实实当下现前做一人,不一定要作佛,则为何定要出家,亦可在家修。在家修,便连带而生齐治平诸业。宋代理学家,只在禅学精神中更进一步,便回到脚踏实地的中国人心智。

至于禅有不可说处,中国儒学亦有不可说处。其实一切思想皆有不可说处。故孔子曰:予欲无言。又曰:予无行而不与二三子者是丘也。不可说,即不可知。故孔子曰:知我者其天乎?心属内在,何可言,何可知。但心生活即人之内在人生,有一共同要求,曰心安心乐。印度人离事,专求内心安乐。西方人则专在事上求,此心却会永不安乐。中国人能不离事,却得此心安乐。此心安乐,即是中国人的人生目标。饭疏食、饮水、曲肱而枕之,孔子曰乐亦在其中。一箪食、一瓢饮,在陋巷,孔子曰:人不堪其忧,回也不改其乐。周濂溪教二程寻孔颜乐处所乐何事。可见乐在心,亦不离事。要心乐,先求心安。孔子曰:汝安则为之。又曰:察其所安。慧可向达摩求心安,达摩教其觅心不得,却说我与汝安心竟,此是佛法。孔子曰:仁者安仁,知者利仁。仁即是教人在世界人群中做人。能在世界人群中做人,此心即安。知者知此事,却未真到此境界。《大学》言,知止而后有定,定而后能静,静而后能安,安而后能虑,虑而后能得。知止静定即天台之止,禅家之定,铃木谓之禅那。虑是天台之观,禅家之慧,铃木谓之般若。慧能言无念法门云:无念法者,见一切法,不著一切法。遍一切处,不著一切处。于六尘中不离不染。又说:外迷著相,内迷著空。于相离相,于空离空。即是内外不迷。慧能不教人离相著立,即不教人离事著心。慧能只教人心正法华转,何曾要人觅心不得。神会亦言定慧等,却要离事言定,离修言慧。此是一大分别。窃谓依此来看中国禅,来治中国禅学史,庶可把禅放在中国佛学史、中国思想史中,得一确当地位也。

此稿刊载于一九七七年二月
五、六、七日《中华日报》副刊

十四　禅宗与理学

后世言理学，必谓其涉禅。顾理学家必辟禅，虽陆王亦然，而程朱尤甚。今平心称量，姑拈其言性者论之。禅宗意见，反有较程朱转近孔孟处。陆王较近禅，故亦较与孔孟近。试举罗整庵《困知记》述之。整庵《困知记》，排击陆王，亦反禅学，高景逸谓其于禅学，尤极探讨，发其所以不同之故，自唐以来，排斥佛氏，未有若是之明且悉者。

《困知记》云：

> 有物先天地，无形本寂寥，能为万象主，不逐四时凋，此高禅所作也。自吾儒观之，昭然太极之义，夫复何言。然彼初未尝知有阴阳，安知有所谓太极哉，此其所以大乱真也。以佛家言为据，则无始菩提，所谓有物先天地也。湛然虚寂，所谓无形本寂寥也。心生万法，所谓能为万象主也。常生不灭，所谓不逐四时凋也。求之吾儒之书，太极生两仪，是固先大地而立矣。无声无臭，则无形不足言矣。富有之

谓大业,万象皆一体也。日新之谓盛德,万古犹一时也。诗凡二十字,其十六字彼此无甚异同,所当辨者三字耳。物也,万象也。以物言之,菩提不可为太极明矣。以万象言之,在彼经教中即万法耳。以其皆生于心,故谓之能主,然所主者实不过阴界入。自此而外,仰而日月星辰,俯而山河大地,近而君臣父子兄弟夫妇朋友,远而飞潜动植水火金石,一切视以为幻而空之矣。彼亦得复有所谓万象乎哉。为此诗者,盖尝窥见儒书,遂窃取而用之耳。余尝谓天地间非太极不神,然遂以太极为神则不可。诚以太极之本体,动亦定,静亦定,神则动而静,静而能动者也。以此分明得见是二物。故《系辞传》曰:一阴一阳之谓道,又曰阴阳之谓神。由其实不同,故其名不得不异,然其体则同一阴阳,所以难于理会也。佛氏初不识阴阳为何物,故无由知所谓道,所谓神。但见得此心有一点之灵,求其体而不可得,则以为空寂。推其用而偏于阴界入,则以为神通。所谓有物者此耳,以此为性,万无是处。

今按:《困知记》此条引儒书皆属《易系》。整庵讥佛氏初不识阴阳,不悟孔孟亦不道阴阳。即《周易》上下经,亦不言阴阳。《易传》中所谓道与神,复与孔孟所谓道与神者异。盖《易系》已羼入道家言,非孔孟本旨。孔孟言性,特据人心言之,未尝就阴阳万物以言性也。宋儒如濂溪晦翁,始本《易系》言天地万物而推致于人性。朱子言气,即本《易系》之阴阳。言理,即本《易系》之道。朱子主横渠气质之性与义理之性之别,亦即理气之辨。

谓朱子承《易系》则可，谓朱子承孔孟则有辨。《困知记》此条，正可看出禅宗与程朱异处。余固非谓禅宗即近孔孟，然就孔孟言心性，不广涉外界天地万物一点，则禅宗意态，实与孔孟相近。至《困知记》谓禅家此偈乃窃用儒书，此亦有辨。庄生有言：

> 夫道，有情有性，无为无形。可传而不可受，可得而不可见。自本自根，未有天地，自古以固存。神鬼神帝，生天生地。在太极之先不为高，在六极之下不为深，先天地生不为久，长于上古不为老。

此岂亦窥见儒书，遂窃取而用之耶。惟整庵此条，有一极关重要之辨析。整庵谓佛家万象即万法，实不过阴界入，此颇近西方哲学上之唯心论。孔孟虽不言阴阳，然并不抹杀外界事物。盖孔孟所重在人生界，《易》《庸》周朱则越入自然界，而另创其一套形上学之意见。如再深细言之，《易》《庸》所涉，大体仍在宇宙论范围，而宋儒如横渠朱子，则更富于形上学精神。此种转变，实受佛学影响，此则为整庵之辨所不及也。

《困知记》又云：

> 僧问忠国师，古德云：青青翠竹，尽是法身，郁郁黄华，无非般若，有人不许，云是邪说，亦有信者，云不思议，不知若为？国师曰：此是普贤文殊境界，皆与大乘了义经合。故《华严经》云：佛自充满于法界，普现一切群生前，随缘赴感靡不周，而恒处此菩提座。翠竹既不出于法界，岂非法身

乎。又《般若经》云:色无边,固般若亦无边。黄华既不越于色,岂非般若乎。又华严座主问大珠和尚云:禅师何故不许青青翠竹尽是法身,郁郁黄华无非般若。珠曰:法身无像,应翠竹以成形。般若无知,对黄华而显相。非彼黄华翠竹而有般若法身。故经云:佛真法身犹如虚空,应物现形,如水中月。黄华若是般若,般若即同无情。翠竹若是法身,翠竹还能应用。若见性人,道是亦得,道不是亦得。若不见性人,说翠竹着翠竹,说黄华着黄华,说法身滞法身,说般若不识般若,所以皆成诤论,宗杲云:国师主张翠竹是法身,直主张到底,大珠破翠竹不是法身,直破到底。老汉将一个主张底一个破底收在一处,更无拈提,不敢动着他一丝毫,要你学者具眼。余尝举翠竹黄华二语以谓与鸢飞鱼跃之言绝相似,只是不同。据慧忠分析语与大珠成形显相二言,便是古德立言本旨。大珠所以不许之意,但以黄华翠竹非有般若法身尔。慧忠所引经语,与大珠所引经语皆合,直是明白,更无余蕴。其与吾儒鸢飞鱼跃之义所不同者,诚以鸢鱼虽微,其性同一天命也。飞跃虽殊,其道同一率性也。彼所谓般若法身,在华竹之身之外。吾所谓天命率性,在鸢鱼之身之内。在内则是一物,在外便成二物。二则二本,一则一本,讵可同年而语哉。且天命之性,不独鱼有,华竹亦有之。程子所谓一草一木亦皆有理,不可不察者,正惟有见乎此也。佛氏只缘认知觉为性,所以于华竹上便通不去,只得以为法界中所现之物尔。楞伽以四大种色为虚空所持,楞严以山河大地咸是妙明真心中物,其义亦犹是也。

今按:《困知记》此条所谓儒说,皆本《中庸》。《中庸》《易系》,皆秦汉间儒家羼杂老庄道家言所成,非孔孟本旨。鸢飞鱼跃虽本诗句,然庄生有言,梦为鸟而厉乎天,梦为鱼而没于渊,道乌乎往而不存。《中庸》之旨,实自庄生来。整庵谓佛氏只认知觉为性,孟子以恻隐辞让是非羞恶言性,独非知觉乎。若曰鸢鱼华竹皆属天命之性,皆有率性之道,是谓人之性犹犬之性,犬之性犹牛之性也。又岂人能弘道,非道弘人之旨乎。孟子只言人之性善,绝不言鸢鱼之性皆善。孟子只言人皆可以为尧舜,绝不言率鸢鱼之性而皆是道。今欲于鸢鱼华竹上皆通得去,故必凡天下之物而格。孟子曰:子归而求之有余师,又曰:求其放心而已矣,此又何说哉。

整庵谓禅家翠竹黄华,近似鸢飞鱼跃,此固得之,然其间亦有辨,而整庵亦已辨之甚析。然所辨亦仅辨得禅家与《易》《庸》之异耳。若论其究竟,则禅说与孔孟转较近,而程朱与老庄转较洽,此乃观于《困知记》此条而可证者。又整庵讥禅说为二本,其实孔孟禅宗皆一本之于人,庄老则一本之于物,皆一本也。惟一本之于人,故重此心之觉知。惟一本之于物,故贵去知无觉,如庄生之论是也。程朱排释氏以知觉言性,亦不全从庄老之绝学去知,自创新说。整庵似欠发挥。

《困知记》又云:

> 程子尝言,仁者浑然与物同体,佛家亦有心佛众生浑然齐致之语,何其相似也。究而言之,其相远奚啻燕越哉。唐相裴休,深于禅学者也,尝序《圆觉经疏》,首两句云:夫血

气之属必有知,凡有知者必同体,此即心佛浑然齐致之谓也。盖其所谓齐,固不出乎知觉而已矣。且天地之间,万物之众,有有知者,有无知者,谓有知者为同体,则无知者非异体乎。有同有异,是二本也。盖以知觉为性,其窒碍必至于此。若吾儒所见,凡赋形于两间者,同一阴阳之气以成形,同一阴阳之理以为性,有知无知,无非出于一本。故此身虽小,万物虽多,其血气之流通,脉络之联属,元无丝毫空阙之处,无须臾间断之时,此其所以为浑然也。

今按:孔孟屡言仁,未尝言与物同体也。与物同体,此亦庄生惠施言之。惠施本之名言分析,庄子则本之阴阳之一气,所谓观化而得其原也。程朱言与物同体,实本诸庄周,非本之孔孟。阳明亦时言与物同体,故时时陷于程朱圈套,不能自圆其说。惟象山对此最少言,故象山与孟子,亦若最近。禅宗虽亦言有情无情会为一体,然其意与庄老程朱自别。盖禅宗不喜于身外物界寻求也。晦堂与夏倚公立谈,至《肇论》会万物为自己者,及情与无情共一体。时有狗卧香桌下,晦堂以压尺击狗,又击香桌,曰:狗有情即去,香桌无情自住,情与无情如何得成一体。夏不能对。晦堂曰:才涉思维,便成剩法。何曾会万物为己哉。朱子主即凡天下之物而格,以求其一旦豁然而贯通,此又奚啻晦堂所谓才涉思维而已耶。又文益辞地藏,藏送之,问曰:上座寻常说三界惟心,万法惟识,乃指庭下片石,曰:且道此石在心内在心外。文益曰:在心内。藏曰:行脚人著什么来由,安片石在心头。文益窘无以对。藏语之曰:佛法不恁么。若论佛法,一切现成也。若果阳明透得此意,则如《传习录》中岩中花树之间,草木有无良知诸辨,谅亦不如是作答矣。孔孟自始便不言与物一体,故亦少却禅师们此番缭绕。上述公案,若以近代哲学术语说之,孔孟只是人文本位论者,本未牵涉及宇宙本体论范围。《易》《庸》乃为宇宙德性一元论。禅宗则为唯心论,周程朱子心是心,物是物,既非唯心,亦非唯物若。论本体,则万物一体。若论工夫,则此万物一体又实际归落在心上。程朱乃主以此心工夫体会到万物一体,从人生论上来建立宇宙论。故大程言,天理二字,由己体贴出来,朱子言天即理也。以心合理,即是以人合天。其立论之主要精神,仍不失孔孟人本位宗旨。惟从人本位上添进了宇宙论形上学一套,故其言似较孔孟复杂。而在言工夫上,朱子犹不免言孟子较粗,不如孔颜。今若专就心方面言,更不涉及宇宙万物,则似禅宗转较程朱为近于孔孟也。

《困知记》又云:

> 达摩告梁武帝:有云净智妙圆,体自空寂,只此八字,已尽佛性之形容矣。其后有神会者,尝著《显宗记》,反复数百语,说得他家道理亦自分明。其中有云:湛然常寂,应用无方。用而常空,空而常用。用而不有,即是真空。空而不无,便成妙有。妙有即摩诃般若,真空即清净涅槃。又足以尽达摩妙圆空寂之旨。余尝合而观之,与《系辞传》所谓寂然不动感而遂通天下之故,殆无异也。然孰知其所甚异者,正在于此乎。夫《易》之神即人之心,程子尝言心一也,有指体而言者,寂然不动是也。有指用而言者,感而遂通是

也。盖吾儒以寂感言心,而佛氏以寂感为性,此其所为甚异也。良由彼不知性为至精之理,而以所谓神者当之,故其应用无方,虽亦识圆通之妙,而高下无所准,轻重无所权,卒归于冥行妄作而已矣。

今按:《困知记》此条辨儒释异同极精要,顾亦复有辨者。整庵谓释氏不知性为至精之理,此不徒达摩以来宗门不之知,即孔孟当时言性,亦未尝谓性是至精之理也。孔孟言性,皆就人性言之。孟子曰,理义之悦吾心,犹刍豢之悦吾口,特谓理义出于人心之同然,由人心之充扩尽致而有理义,非谓性为理义以异于心也,性即理之说,出自程门,而朱子守之为极训。盖当时程朱唱学,实别具一番苦心。正患禅宗言性,高下无准,轻重无权,圆通之极,流于冥行,故务反宗门以为说。遂以其所见天地间有所谓至精不易之理者谓之性,但孔孟言性不如是,即《易系》《中庸》言性,庄老言性亦皆不如是。此乃程朱之特创。以今日语述之,禅宗乃一种唯心的宇宙论,程朱则为一种人本位之宇宙论。乃于孔孟人本位之传统精神下,而羼进了庄老《易》《庸》之一套宇宙论,故其言乃益见为会通。不细加剖辨,有时若其近于禅,有时又若其异于孔孟,有时若其转用禅说以附会于孔孟。整庵虽一尊程朱以斥禅,而亦嫌其阐发之未尽明晰也。

《困知记》又云:

宗杲有颂云:断除烦恼专增病,趋向真如亦是邪,随顺世缘无罣碍,涅槃生死是空华。尝见杲示人有水上葫芦一

> 言,此颂第三句,即水上葫芦之谓也。佛家道理真是如此。《论语》无适无莫,若非义之与比,何以异于水上葫芦哉。

今按:《困知记》此条辨儒释异同,语简而尽。伊川谓敬只是涵养一事,必有事焉,须当集义。只知用敬,不知集义,却是都无事也。窃谓都无事正是禅门宗旨。明道曰:敬只是中心没事。上蔡曰:敬只是事至应之,不与之俱往。又曰:敬是常惺惺法。朱子亦曰:心中若无一事时,便是敬。窃谓此等心法,实皆从宗门来。孔孟旧义不如是。惟宗门空寂,可以心中无事,理学家反释归儒,则不能心中无事,故必以孟子之必有事焉者为敬。伊川于涵养外增致知,于居敬外兼穷理,朱子承之。程朱之所以反释归儒者在是,故必以义理为性,而不以宗门之以心之知觉而言性。象山一本孟子,亦于明道无异辞,而独不喜伊川晦翁,在理学中遂成两歧。而晦翁遂斥象山为近禅,正当于此等处阐入。

《困知记》又曰:

> 昔官京师,逢一老僧,请问如何成佛,渠亦漫举禅语为答云:佛在庭前柏树子。愚意其必有所谓,为之精思达旦。揽衣将起,则恍然而悟。不觉流汗通体。既而得《证道歌》读之,如合符节。自以为至奇至妙,天下之理莫或加焉。后官南雍,圣贤之书未尝一日去手,潜玩久之,渐觉就实。始知前所见者乃此心虚灵之妙,而非性之理也。自此研磨体认,积数十年,用心甚苦。年垂六十,始了然有见乎性之真。朱陆之学,于是乎仅能辨之,良亦钝矣。盖尝遍阅象山之

书,大抵皆明心之说,其自谓所学因读《孟子》而得之。时有议之者云,除了先立乎其大者一句全无伎俩。彼以为诚然。然愚观孟子之言与象山之学自别。孟子云:耳目之官不思而蔽于物,物交物则引之而已矣。心之官则思,思则得之,不思则不得也。此天之所以与我者。先立乎其大者,则其小者不能夺也。所贵乎先立其大者,以其能思也。心所思而得者,性之理也。是则孟子吃紧为人处,不出乎思之一言。故他日又云:仁义礼智非由外铄我也,我固有之也,弗思耳矣。而象山之教学者,顾以为此心但存,则此理自明,当恻隐处自恻隐,当羞恶处自羞恶,当辞逊处自辞逊,是非在前自能辨之。又云:当宽裕温柔自宽裕温柔,当发强刚毅自发强刚毅。若然,则无所用乎思矣,非孟子先立乎其大者之本旨也。夫不思而得,乃圣人分上事,而岂学者之所及哉。苟学而不思,则此理终无由得。凡其当如此自如此者,虽或有出于灵觉之妙,而轻重长短,类皆无所取中,非过焉斯不及矣。遂乃执灵觉以为至道,谓非禅学而何。盖心性至为难明,象山之误正在于此。故其发明心要,动辄数十百言,而言及于性者绝少。间因学者有问,不得已而言之,止是枝梧笼罩过,并无实落。良由所见不的,是诚不得于言也。尝考其言有云:心即理也。然则性果何物耶。又云:在天者为性,在人者为心,然则性果不在人耶。既不知性之为性,舍灵觉即无以为道矣。谓之禅学,夫复何疑。象山亦尝言致思,亦尝言格物,亦尝言穷理,然云格物致知者,格此物致此知也。穷理者,穷此理也。思则得之,得此者也。先立

> 乎其大者，立此者也。凡所谓此者，皆指心而言。故其广引博证，无非以曲成其明心之说，求之圣贤本旨，竟乖戾而不合也。杨简尝发本心之问，遂于象山言下忽省此心之清明，忽省此心之无始末，忽省此心之无所不通。詹阜民从游象山，安坐瞑目，用力操存，如此者半月。一日下楼，忽觉此心已复澄莹。象山目逆而视之，曰：此理已显也。盖惟禅家有此机轴。试观孔曾思孟之相授受，曾有一言似此否乎。盖二子之所见，即愚往年所见之光景。愚是以能知其误而究言之，不敢为含糊两可之词也。

今按：《困知记》此条，辨孟子象山异同，亦精刻有力。指摘象山近禅处，甚透切。然象山正因其近禅，故其论心性转若较近于孟子。不如程朱务反禅，故其论心性转若与孟子有较不相近处。其实象山言心即理，不啻即是一种唯心的宇宙论，故于性字不免忽略过。程朱言性即理，乃绾合人生论与宇宙论而一之。其言性偏于本体，而言心则偏于工夫。如明道言敬，亦是心体上工夫。程朱言学，兼顾本体与工夫，后人颇疑其为一种二元论，不知其论本体固非二元，而必加进工夫言之，此我所以称之为是人本位之宇宙论。而象山之说，其后即衍成即本体即工夫，即工夫即本体，虽若简径。但究不能只有了人生更无宇宙，此则象山之失。整庵曰：孟子先立乎其大者，贵其能思，所思而得者，性之理也。此一语，骤视之，若不免以程朱释孟子，未必是孟子原意。因孟子只从人生立论，而程朱又添进了宇宙论一面，故有此异。整庵又曰：既不知性之所以为性，舍灵觉即无以为道矣。禅宗即以吾心之灵觉为道,遂即以为性,此固失之。惟若论工夫,则又岂复有超越于此心之灵觉之外者。故孔孟重言心,禅宗亦侧重言心,若甚相近。惟孔孟言心不离事,禅宗言性贵不着事,此则相异。阳明承象山主事上磨练,此其所以确然为儒而非禅。其言心即理,亦并未排斥外界事物,认为只是一虚空。然在宇宙论上终少建立。惟程朱言性即理,此性此理,皆先天本原存在。心之灵觉,贵能识此性,识此理。禅宗主要重此心而不着物,朱子主性即理,理则先气而存在。在此理字气字中,则包括了宇宙与人生两界。而在人生工夫上则重心,亦可谓是工夫上之唯心论者。不论在认识论修养论方面皆如此。故程朱决未失孔孟人文本位之大传统,而陆王则转近禅味,其分辨即在此。

《困知记》又云:

> 程子言性即理,象山言心即理。至当归一,精义无二,此是则彼非,彼是则此非,安可不明辨之。夫子赞《易》,言性屡矣,曰干道变化各正性命,曰成之者性,曰圣人作《易》以顺性命之理,曰穷理尽性,以至于命。但详味此数言,性即理也明矣。于心亦屡言之,曰圣人以此洗心,曰易其心而后语,曰能说诸心。夫心而曰洗曰易曰说,洗心而曰以此,试详味此数语,谓心即理也可乎。且孟子尝言,理义之悦我心,犹刍豢之悦我口,尤为明白易见。

今按:《困知记》此条,取证《易传》,以明程子性即理之说,然于《论》《孟》则无证。《孟子》理义之悦我心,犹刍豢之悦我口,正是言心，乌得以此评象山。其实以性为理，其义亦本之道家。盖道家言性，通于物而言之，而物则由于阴阳气化，在阴阳气化中乃见有分理。庄子曰：留动而生物，物生成理谓之形（天地）是也。故庄子亦常言物理，曰万物有成理（《知北游》），圣人者，原天地之美而达万物之理。（同上）又曰：判天地之美，析万物之理（《天下》）。又曰：无知之物，动静不离于理，（同上）曰果蓏有理（《知北游》），曰万物殊理（《则阳》），曰与物同理。（同上）又曰：所以语大义之方，论万物之理也。（《秋水》）凡此所谓物理，由庄子言之，即天理也。故又曰依乎天理（《养生主》），去知与故，循天之理。（《刻意》）至乐者，应之以天事，顺之以天理（《天运》）。又曰：从天之理（《盗跖》）。再进言之，则道家之所谓物理，即物性也。天理，即天性也。此数语者，在道家思想系统下，固可辗转相通。故曰：知与恬交相养，而和理出其性（《缮性》）。故曰：性理。又曰道理。冷汰于物以为道理（《天下》）是也。又曰：德，和也，道，理也，德无不容，仁也。道无不理，义也（《缮性》）。今观于庄书之言物理天理道理性理，则程门性即理之说，近于道家，夫复何疑。故本物而言性，本阴阳气化而言物，则自当认性为理矣。此《庄子》《易系》与程氏之所同。而孔孟固不然。禅宗言性异乎程氏，正其转近孔孟处。象山近禅，乌得不与程朱异。盖程朱言心亦有近禅处，其言性言理，则近《老》《庄》《易》《庸》。其言孔孟，则会通《老》《庄》《易》《庸》与禅而合言之。惟其人本位精神，则确然不失孔孟大传统。今若不论人本位大传统精神，而只就心之一端，则禅宗转若较程朱为更近于孔孟，此其所以为难辨也。

《困知记》又云:

> 孟子曰:孩提之童,无不知爱其亲也。及其长也,无不知敬其兄也。以此实良知良能之说,其义甚明。盖知能乃人心之妙用,爱敬乃人心之天理也。以其不待思虑而自知此,故谓之良。近时有以良知为天理者,然则爱敬果何物乎。程子尝释知觉二字之义云,知是知此事,觉是觉此理。又云:佛氏之云觉,甚底是觉斯道,甚底是觉斯民,正斥其知觉为性之谬耳。

今按:《困知记》此条,斥陆王与禅同以知觉为性,故象山谓心即理,阳明谓良知即天理。而孔孟则必以人心之爱敬乃天理,爱敬亦不外于人心之觉知。然觉知是心之用,爱敬乃心之体。故《中庸》言诚与明,《大学》言明明德,程朱并《学》《庸》与《论》《孟》称四书,其旨深微。因《论》《孟》所未及,必待《学》《庸》作补充。程子曰:圣贤千言万语,只是欲人将已放之心约之使反复入身来,自能寻向上去。象山因之谓此心但存,此理自明。此等处,亦见象山与禅学之异趋。然必谓心即理,不如程朱谓性即理之更为圆满而允惬。故朱子既认象山为禅,又必谓八字着脚,惟彼与象山两人也。

《困知记》又云:

> 上天之载,无声无臭,又安有形体可觅耶。然自知道者观之,即事即物之理,便昭昭然在心目之间,非自外来,非自

> 内出，自然一定而不可易，所谓如有所立卓尔，非想像之辞也。佛氏以寂灭为极致，与圣门卓尔之见，绝不相同，彼旷而虚，此约而实也。以觉言仁固非，以觉言知亦非也。盖知仁皆吾心之定理，而觉乃其妙用。如以妙用为定理，则大传所谓一阴一阳之谓道，阴阳不测之谓神，固何别耶。朱子尝言神亦形而下者，又云，神乃气之精英，须曾实下工夫体究来，方信此言确乎其不可易。

今按:《困知记》此条辨儒释异同，语约而精。陆王心学之流弊，往往陷于即妙用为定理，即用为体，亦可说其有体无用。其由儒入释处正在此。惟整庵引《易传》以一阴一阳之道为形而上，以阴阳不测之神为形而下，其意即以定理为形而上，妙用为形而下，以今语释之，定理应归宇宙论，妙用则属人生论。惟孔孟并未作如此分别。盖整庵直承程朱而来。惟整庵论心性，直承程朱，而言理气有不同。黄梨洲论之，谓先生之论心性，颇与其论理气相矛盾。夫在天为气，在人为心，在天为理，在人为性。人受天之气以生，只有一心而已，而一动一静，喜怒哀乐，循环无已，当恻隐羞恶恭敬是非处，自恻隐羞恶恭敬是非，千头万绪，轇轕纷纭，历然不昧者，是即性也。初非别有一物立于心之先，附于心之中也。先生以为天性正于受生之初，明觉发于既生之后，明觉是心而非性，信如斯言，则明明先立一性以为此心之主，与理能生气之说无异。于先生理气之论，无乃大悖乎。此乃黎洲本陆王评整庵。同乎陆王，自不免异于程朱。整庵之失，在辨理气，不在辨心性，则黎洲所不知也。

要而论之,整庵分析儒释异同,洵为有见。若纯就人文本位之大纲节处着眼,则程朱儒,陆王亦儒。其一段淑世不离事之精神,自与宗门出世不着事者分别,不得谓程朱儒而陆王禅。而细辨之,则陆王终与程朱有别。更进一层言之,则唐代禅宗实已为佛教出世精神之反动。禅宗之在东土,亦一宗教革命。实为中国思想由释反儒之一段过渡。故禅宗思想亦颇有与孔孟相接近者,故程朱斥之为弥近理而大乱真。后人斥禅学,多专斥其乱真,而不知其有弥近理处,此则程朱之所以为精卓也。盖禅宗所由异夫孔孟者,主要在其为宗教形式所拘,既已出家离俗,修齐治平,非分内事,故其精神面貌,终不能不与孔孟异。程朱继起,欲昌儒学,则不得不斥禅。然禅学在当时,风力甚劲,非一时一人之所得摧陷而廓清。程朱虽毕生孳孳,时亦有渐染于禅学而不自知者。后人必谓理学原起于禅,此固大误。然矫枉过正,认禅学绝无近理处,则亦误。陆王起矫程朱,则又转近于禅。故宋明理学,亦可谓乃是先秦儒学与唐宋禅学之一种混合物。论其精神,则断然儒也。而其路径意趣,则终是染涉于禅学而不能洗脱净尽,此非宋明理学之失,乃唐代禅学之确有所得。若必谓儒是禅非,以陆王为禅,以程朱为儒,则终自陷于门户之见,不足以语夫学术思想源流派分之真相也。

此稿刊载于一九四四年
十二月《思想与时代》三十八期

十五 再论禅宗与理学

余尝谓唐代禅宗，实佛教出世思想之反动，乃东土之宗教革命，六祖乃佛门中之马丁路德，《坛经》则其宗教革命之宣言书也。宗教必依他力，《坛经》则曰："自性迷即是众生，自性觉即是佛。慈悲即是观音，喜舍名为势至，能净即释迦，平直即弥陀。"一一返向自心，由外转内，舍他归己，即心即佛，教味淡，理味深，此一也。宗教既依他力，所蕲向必在外。六祖告韦使君："佛言随其心净则佛土净，使君东方人，但心净则无罪。虽西方人，心不净，亦有愆。东方人造罪念佛，求生西方，西方人造罪念佛，求生何国？"如是则皈依蕲向，一无所著，西方极乐世界之念可歇，此二也。宗教必有经典，有教条，期于共信共守。六祖谓："一切修多罗及诸文字，皆因人置，因智慧性方能建立。若无世人，一切万法本自不有。故知万法本自人兴，一切经书缘人说有。"又曰："汝等诸人，自心是佛，莫更狐疑。外无一物而能建立，皆是本心生万种法。"如是则经典法训，自性不实，如病与药，药随病除，此三也。宗教又必有戒律，使人由此出世离俗。

六祖曰:“若欲修行,在家亦得,不由在寺。在家能行,如东方人心善。在寺不修,如西方人心恶。”如是则出家限制亦不存在,四也。成佛,往生,求法,出家,此四者,皆佛教成为宗教之大节目,今既一一为之解脱破除,是非一种极彻底之宗教革命而何?

禅宗初期历史,亦有出后人添造,未尽可信。然即属传说,亦不掩一种革命精神之流露。二祖慧可,以一百七龄之高年,而犹遭杀害,其告三祖僧璨曰:“汝受吾教,宜处深山,未可行化。”璨本一白衣,里贯不详,(或云徐州人)而黄梅五祖,则并不详其姓氏。种松老人之传说,流为宗门神话。而六祖慧能,则岭南一不识字之负薪孤儿。五祖既传法,诫之曰:“且当远隐,俟时行化。”所谓受衣之人,命如悬丝。凡此是否尽可信,可勿详论,要见所谓教外别传之精神。诸祖师既多起自微末,又历尽艰辛,遁隐逼害,与当时高僧名德,身为国师,受社会群众之尊崇供养者,显见为异军苍头之特起。然此皆所谓有开必先。若确然对佛法树革命大旗,正式提出一种反抗精神者,则断自六祖始。故在当时,禅宗虽分南北,神秀上座虽以两京法主三帝国师之尊贵,而禅门正宗终归曹溪。直至宋代,辽人尚犹焚弃《坛经》及《宝林传》等书。而东海僧众,亦谓中国所行禅宗章句多涉异端,以此致疑于华夏之无人。此见宗门新说,先行南土,嗣乃波及北方。而域外守旧者,仍不许其为佛法之正统。而中国自宋以下,则禅学推行日盛,乃若惟有禅宗始为佛法,可见其掩袭之厚,披靡之广矣。

禅宗接对,有所谓机锋者。慧可向达摩乞求安心,达摩曰:“将心来,与汝安。”此因对方来势紧,躲闪不迭,直向对方当面遮拦，逼使对方折返照顾自身，此即一种机锋也。僧问如何是佛法大意，青原曰："庐陵朱作么价？"僧问赵州，承闻和尚亲见南泉来，答曰："镇州大萝服头。"此因对方来势较松，故向旁躲闪，使对方扑一空，立脚不稳，自不免仍折回照顾自身去，是又机锋之一种也。丹霞过定林寺，遇天大寒，取木佛烧火向，院主诃曰："何得烧我木佛？"师以杖拨灰，曰："吾烧取舍利。"主曰："木佛何有舍利？"师曰："既无舍利，更取两尊烧。"此因对方使劲未足，逗其出手，乃乘势引拽，仍借对方自身力量，拖之使倒，此又机锋之一种也。禅家为一大事因缘出世，此一大事因缘维何？曰：佛法之革命是。革命不得不带杀机，然禅家主于教人自心自悟，故其运用机锋，亦在使对方自心发露，自心悟彻。所谓禅门机锋者，乃一种活泼机警之辨慧。锋锐如利刃，直刺人心。禅门大德，运用此种辨慧，乃以摧破对方外在的宗教信仰，解脱其内心缠缚，使之废然知返，砉然堕地。此实一种大权大用，一种慈悲渡人之方便法门也。惟其具此机锋，而后此一大事因缘，乃得圆滑遂行。仅以扬眉瞬目，而顺利完成此一番革命大业。更不烦剑拔弩张，箭上弦而刀出鞘，若西方之宗教革命然。此固佛法圆宏，悲智双修，不似他教窄狭，束人心智，不容异向。亦由东土众生根性利、智慧胜、不执著、不残忍，发者受者，同能具此聪明机趣。故得以言笑往复，而完成此信仰上之大革命。

宗门又有所谓棒喝，此亦一种大权大用，一种慈悲方便法门，实即变相之机锋也。机锋乃有言谈之棒喝，棒喝则为无言谈之机锋。亦可谓机锋乃松弛之棒喝，棒喝乃紧张之机锋。二者异貌同情，后人讥宗门一片杀机，机锋棒喝，皆宗门之杀机流露而不能自掩者。禅宗诸祖师,欲完成此信仰革命一大事因缘,乌得不带杀机。惟禅门杀机,仅止于机锋棒喝,仅止于所谓扬眉瞬目,掀翻禅床,喝散大众,拦腮赠掌,拂袖便行,则所谓杀机者仅矣。较之北欧宗教革命,杀人盈城,流血成渠,其杀机又如何?故禅门之机锋棒喝,真诸祖师之慈悲方便也。

机锋在宗门,盖与禅学相俱始,亦与禅学相俱终。禅师有机锋,正犹菩萨有慈悲,盖非机锋不足以为禅。棒喝较后起,宗门棒喝,似始于马祖,已在六祖下第二世。《坛经》六祖棒神会事恐不可信,敦煌古本无此记载,知系晚出。宗门之有棒喝,必以一种宗教心理解释之。此乃宗教心理中一种变态心理,一种宗教信仰之革命精神,与其反动心理之幽默而和平的流露。宗门常言,无佛可成,无法可得,对于佛教教理施以一种一扫而空之态度。当诸祖师披剃入山,参谒上堂,在彼心中,何尝不视佛法为神圣,为庄严,为正觉,为胜果,而竭诚赴之以必得必成之宏愿。及一旦大彻大悟,乃知毕竟无法可得,无佛可成。净裸裸,赤洒洒,一切放下。此在诸祖师胸中,固可如光明玻璃,通体雪亮。存神过化,渣滓全融。然宗门不常曰:烦恼即菩提乎?安知诸祖师意根心底有不留丝毫烦恼未净未化者?诸祖师对佛法彻底扫荡,安知非即其意根心底,此丝毫未净未化之烦恼所结所证之胜果与正觉?故棒喝者,纵谓诸祖师本身对佛法一种革命心理之表现,亦无不可。

临济有言:“大善知识,始敢毁佛毁祖,是非天下,排斥三藏教,骂辱诸小儿。”又曰:“逢佛杀佛,逢祖杀祖,逢罗汉杀罗汉,逢父母杀父母,逢亲眷杀亲眷,始得解脱,不与物拘,透脱自在。”此岂姑妄言之？以逢佛杀佛之祖师，对此迷惑众生，仅止于一棒一喝，打趁出去，岂不已十分慈悲，十分随俗乎？故曰禅门棒喝，乃诸祖师自身一种革命精神之流露也。且彼迷惑僧众，不辞千辛万苦，遍历名山，到处参谒，在彼心中，岂不以为必有佛可成，必有法可得，必有胜果可结，有正觉可证？试问对此迷惑僧众，三藏经律论五千四百十八卷，当从何说起？今既一字不说，而遽谓无佛可成，无法可得，佛是虚名，道亦妄立，二俱不实，总是假名。（本净语）试问此辈迷惑僧众，如何能会？如何肯信？在此无可奈何之境界下，只有付与三十棒，打趁出去。否则振威一喝，令作三日耳聋。（马祖对百丈如是）此正一种大权大用，一种慈悲方便，亦即一种革命手段。佛果云：“德山棒，临济喝，并是透顶透底，直捷剪断葛藤，大权大用。千差万别，会归一源。可以与人解粘去缚。”宗杲亦曰：“德山见僧入门便棒。临济见僧入门便喝。诸方尊宿，唤作劈面提持，直截分付。”孟子曰：“不屑之教诲也者，是亦教诲之也已矣。”宗门棒喝，正是不屑教诲之教诲，亦即一种莫大聪明，莫大慈悲之教诲也。故宗门之棒喝，在施者实是一种革命精神之亲切指点，在受者则回头是岸，经此当面极大摧挫，好把一心向外求法证果之一番迷惑，痛切捐弃，如大梦之醒，乃可于当下立地得正觉也。

且宗门棒喝，不仅祖师对僧众有之，即僧众对祖师，亦复有之。而且僧众对祖师，棒之喝之，而施者受者，亦若家常茶饭，夷然不以为意。此非宗门故意捏怪，盖亦同此一种革命精神反动心理之自在流露。故祖师受僧众之棒喝，非惟不怪，抑且转以为快。夫果革命种子流布飞扬，此在宣传革命教理之志士，固当引以为快矣。今试思之,一迷惑僧人,不辞千辛万苦,历名山,谒大德,方期成佛得道,证正觉而结胜果。乃到处受棒受喝,左不是,右不是,无可拟议,无可捉摸,其心下苦闷之难熬为何如。及其一旦豁然明白,大彻大悟,原来无佛可成,无法可得,当下现成,立地圆满。一时通体轻快,此心得大自在,大解脱。从此逢佛杀佛,逢祖杀祖,此亦无足多怪。佛书言释迦牟尼佛生时,放大智光明,照十方世界,地涌金莲花,自然捧双足,一手指天,一手指地,周行七步,目顾四方,曰天上天下,唯吾独尊。云门曰:“我当时若见,一棒打杀与狗子吃。”当知此非虚语妄谈。方一参禅僧人,一时彻悟,心下明白,彼亦自将一手指天,一手指地,自谓天上天下,惟我独尊,此即所谓即心是佛也。惟其如此我慢,若真遇释迦我慢,自将真个一棒打去,杀与狗吃。如此心理,在宗门始得谓之彻悟,始得谓之入禅。试问此一迷误僧人,一旦豁悟得此境界,心下何等痛快舒服?平日受尽祖师大棒大喝,今早法宝到手,如酲得解,如梦方醒。尚已无佛无法,更何论祖师与清规?不免动手便打,开口即喝。此正极自然,极平常事。真个祖师遇见此僧,自必相视而笑,莫逆于心。或竟不免要道你对了对了。故知棒喝者,正禅门一段革命精神之流露,决非寻常故意作怪。迨至祖师僧众,堂上堂下,彼此互打互喝,一片杀机弥漫僧院,而东土数百年佛教缠缚,乃于此种喜剧下,自在解脱。试一缙西方宗教革命史,自马丁路德以下,北欧诸国,其俶扰激乱凶残暴杀又何如?则宗门妙理,庶可跃然目前也。

欲论宗门之棒喝,莫如举临济参黄蘗为例。临济在黄蘗会中,三年不曾参问。一日,却去问如何是佛法的大意。声未绝,蘖便打。他日又问，蘖又打。如是三度问，三度被打。临济辞去，往参大愚。愚问黄蘖又何言句？曰："某甲三度问佛法的大意，三度被打，不知某甲有过无过？"愚曰："黄蘖与麽老婆心切，为汝得彻困，更来这里问有过无过？"师于言下大悟，乃曰："元来黄蘖佛法无多子。"愚搊住曰："这尿床鬼子，适来道有过无过，如今却道黄蘖佛法无多子，你见个什么道理，速道速道！"临济于大愚肋下筑三拳。愚拓开，曰："汝师黄蘖……非干我事。"师辞大愚，却回黄蘖。蘖问大愚有何言句，师举前语。蘖曰："大愚老汉饶舌，待来痛与一顿。"师曰："说甚待来，即今便打。"随后便掌。蘖曰："这疯颠汉来这里捋虎须。"师便喝，蘖唤侍者曰："引这疯颠汉参堂去。"当知此处黄蘖三顿棒，实使临济得力匪浅。一切经过，当从临济心上求，不当从黄蘖事上求。凡参禅学，首当了此。香岩参沩山未彻，屡乞沩山说破。沩山曰："我若说似汝，汝已后骂我去。我说底是我底，终不干汝事。"一日，香岩偶抛瓦砾击竹作声，忽然省悟，遥礼沩山，赞曰："和尚大慈，恩逾父母。当时若为我说破，何有今日之事？"宗门佛法本无多子，只贵自心自悟。临济当时饱受黄蘖三顿打，乃得于大愚言下悟入。然大愚要临济说，却又说不出，只是心下自在解说，痛快洞达。于是不免向大愚肋下筑三拳。及见黄蘖，依然是那一番自在解脱洞达痛快心境，故忍不住又送黄蘖一掌一喝。那时此疯颠汉，早已守不得上堂问如何是佛法的大意底规矩矣。从此逢佛杀佛，逢祖杀祖，无怪黄蘖大愚都奈他不得。大风暴必在极沉郁的空气中酝酿。大革命亦必在极困顿的心情中茁长。诸祖师教人，只让他左也不是，右也不是，心里酝藏着万种迷惑，才始有一旦豁朗,尽情解脱之真彻悟,故说此为禅门诸祖师之无上慈悲与无上方便也。

且佛法深微,其来东土,缠缚已久。魏晋以下,积数百年。一时宗门诸祖师,乃得于佛门中大彻大悟,解放摆脱,此非具异常心力者不办。然而僧院寂静,法堂清虚。诸祖师以勇猛精进,无际无限绝大心力遁此空门,终不免有精力过剩之苦。一棒一喝,亦即是游戏三昧。精力发泄,神光四射,有不可以常情测者。黄蘖往参百丈,百丈问师什么去处来?曰:“大雄山下采菌子来。”丈曰:“还见大虫么?”师便作虎声。丈拈斧作斫势,师即打丈一掴。丈哈哈而笑,便归上堂,曰:“大雄山下有一大虫,汝等诸人也须好看,百丈老汉今日亲遭一口。”此等处,苟揣以常情,几难理解。当知唐代以来,六百年佛法革命,正在此种喜剧中轻松演出。狂涛喷薄,浪花四溅,世外聪明,烂漫横轶。凡所以打破山门之岑寂,发泄诸祖师之精力情趣者,正不得专以严肃的理智眼光绳之。

禅门机锋,实亦一如其棒喝。僧问赵州,如何是佛国西来意?师曰:“庭前柏树子。”或问洞山,如何是佛?答曰:“麻三斤。”或问马祖,如何是西来意?师便打,曰:“我若不打,诸方笑我。”试问庭前柏树子与麻三斤,较之马祖一棒,其间岂有差别?嬉笑怒骂,要之一也。总在为人解粘去缚。黄蘖曰:“才思作佛,便被佛障。”赵州曰:“佛之一字,我不喜闻。”又曰:“我念佛一声,便要漱口三日。”曹山曰:“佛味祖味,尽为滞著。”于是乃有所谓超佛越祖。然有意超越,即非超越。或问云门,如何是超佛越祖之谈?曰:“胡饼。”此即犹庭前柏树子,亦犹是麻三斤也。此即无声一棒。若遇耳聪人,准可喝得你三日聋。超佛越祖之不已,则复有呵佛骂祖。或问云门,如何是佛?曰:“干矢橛。”此亦犹庭前柏树子,麻三斤与胡饼也。然而每下愈况矣。德山曰:“这里佛也无,法也无,达摩是老臊胡,十地菩萨是担粪汉,等妙二觉是破戒凡夫,菩提涅槃是系驴橛,十二分教是鬼神得拭疮脓纸,四果三贤,初心十地,是守古墓鬼,自救得也无。佛是老胡矢橛。”又曰:“祖师鬼,佛鬼,菩提涅槃鬼。”此可谓骂倒一切矣。然此犹止于呵佛。呵佛之不已,则必骂祖。呵佛犹可,骂祖则犯到自身。德山曰:“第一莫拱手作禅师,巧言语,魔魅后生,日夜捏怪不休,称杨称郑,我是江西马大师宗徒,德山老汉,且不是你群队人。”又曰:“彼既丈夫,我亦不怯弱于谁,竟日就他诸方老秃奴口嘴,接他涕唾吃,无惭无愧,苦哉苦哉。”禅门至此,可谓已到山穷水尽,此路不通之境界矣。曹山曰:“狸奴白牯,修行却快,不是有禅有道。如汝种种驰求,觅佛觅祖,乃至菩提涅槃,几时休歇成办乎?皆是生灭心,所以不如狸奴白牯,兀兀无知,不知佛,不知祖,乃至无菩提涅槃,及以善恶因果,但知饥来吃草,渴来饮水。若能恁么,不愁不成办,不见道。”故超佛越祖之不已,必至于呵佛骂祖,呵佛骂祖之不已,必至于不知佛不知祖,只见胡饼,麻三斤,与庭前柏树子,平平常常,当前即见,此则只有饥来吃,渴来饮,教人反向自身本分上去。而循至于如狸奴白牯之兀兀无知。

僧问赵州:“学人乍入丛林,乞师指示。”师云:“吃粥了也未?”云:“吃粥了。”师曰:“洗钵盂去。”其僧因此大悟。吃粥了,洗钵盂去,此之谓本分,此之谓不知佛,不知祖。赵州又云:“老僧此间,即以本分事接人。”或问马祖:“如何是西来意?”马祖曰:“只今是什么意?”百丈问如何是佛法旨趣?马祖曰:“正是汝放身命处。”僧慧超问法眼:“如何是佛?”师曰:“汝是慧超。”此等处,或平白言之,或机锋出之,要皆教人反向自身本分。而言之尤激厉奋兴者,则莫如德山。其言曰:“老汉自己亦不会禅,亦不是善知识,百无所解,只是屙矢放尿,乞食乞衣,更有什么事?劝你不如本分去,早休歇去,莫学颠狂。每人担个死尸,浩浩地去到处向老秃奴口里受他涕唾吃,便道我是入三界,修蕴积行,长养圣明,愿成佛果。如斯等辈,老汉见之,如毒箭入心。”又曰:“达摩小碧眼胡僧,到此来也只教你无事去,教你莫造作,着衣吃饭,屙矢送尿,更无生死可怖,亦无涅槃可得,无菩提可证,只是寻常一个无事人。”试问山门寂静,法堂清闲,既无生死可怖,无涅槃可得,菩提可证,则僧人本分,除却吃饭穿衣屙矢送尿以外,更有何等?故僧人本分即是无事。佛法本为一大事因缘出世,今谓此一大事只是教人本分,教人早休歇去,做一寻常无事人。此乃六百年禅学在佛门里绕了一大圈子后所得之结论。然诸大禅师虽尽如此嬉笑怒骂,棒打口喝,叩山门,登法堂,来参谒求法者还是不绝。直到大慧杲还说:“禅有传授,岂佛祖自证自悟之法?大丈夫参禅,岂肯就宗师口边,吃野狐涎唾。尽是阎老子面前吃铁棒底。”又说:“我这里无法与人,只是据款结案。恰如得个玻璃瓶子来,护惜如什么,我一见便为你打破。你又将得摩尼珠来,我又夺了。见你恁地来,我又和你两手截了。”所以临济和尚道:“逢佛杀佛,逢祖杀祖”,当知此乃禅门六百年来传统精神,亦即禅门六百年来传统法宝。此乃宗门无上秘密。只把你手里护惜的截了,夺了,打破了,却没事。宋儒说:"独立圣门无一事,却输颜回得心斋。"这便是禅学精神。

然禅宗诸祖师,独立山门无一事,只知屙矢送尿,亦非落入顽空。达摩为慧可说法,可忽曰:"我已息诸缘。"祖曰:"莫成断灭去否。"可曰:"不成断灭。"祖曰:"此是诸佛所传心体,更勿疑也。"六祖偈,本来无一物,五祖深夜传法,教以《金刚经》应无所住而生其心。故《坛经》云:"前念不生即心,后念不灭即佛。成一切相即心,离一切相即佛。"禅宗只要成一切相而离一切相,因此寻常无事,还要屙矢送尿。而屙矢送尿,还要寻常无事。希迁对南岳让和尚谓:"宁可永劫受沉沦,不从诸圣求解脱。"求解脱即非无事,即非息缘。宗杲则曰:"山野平昔大誓愿,宁以此身代一切众生受地狱苦,终不以此口将佛法以为人情,瞎一切人眼。"当知宣扬佛法,即非无事,亦非息缘。以一学佛人,乃至誓不从诸圣求解脱,又誓不口宣佛法,则岂非独立山门无一事,只有吃饭屙矢作本分人乎?

陆希声问仰山:"和尚,还持戒否?"曰:"不持戒。"曰:"还坐禅否?"曰:"不坐禅。"李翱问药山:"如何是戒定慧?"山答:"这里无此闲家具。"药山看经次,僧问:"寻常不许人看经,为什么却自看?"曰:"只图遮眼。"曰:"某甲学和尚还得也无?"曰:"你若看,牛皮也须穿。"药山看经次,柏岩云:"和尚休猱人得也。"师久不升座,一日僧主白云:"大众久思和尚示诲。"曰:"打钟着。"大众才集定,便下座归方丈。院主问:"和尚许为大众说话,为什么一言不措?"曰:"经有经师,律有律师,争怪得老僧?"禅门诸祖师并至于不升座,不上堂,不持戒,不坐禅,不看经,看经只图遮眼,如此则除却吃饭屙矢外,尚有何事?而当时诸祖师,莫非精力弥满,聪明绝顶。佛门清静,到底如何耐得?故乃机趣横生,好嗔爱骂,亦聊资发泄。睦州曰:“老僧爱嗔不爱喜。”宗杲曰:“我生平好骂人。”此恐是六百年宗门诸祖师一共同面相。一棒一喝,亦为禅堂添声色,增热闹。久而久之,格套相沿,乃亦渐为诸祖师所厌。临济最喜喝,会下参徒亦学师喝,师曰:“汝等总学我喝,今问汝,一人从东堂出,一人从西堂出,两人齐喝一声,这里分得宾主么?若分不得,以后不得学老僧喝。”首山念亦戒诸上座不得妄喝,乱喝。宗杲云:“德山棒,临济喝,诸方宿尊,唤作劈面提持,直截分付。妙喜唤作第一等拖泥带水,直饶向一棒一喝下全身担荷得,已不是丈夫汉,被他蓦头浇一勺恶水了也。况于一棒一喝下求奇特妙会,乃是不唧??中又不唧??者。”从此宗门棒喝之风亦始衰。棒喝衰即机锋歇,实在是功成身退,杀机渐消,禅门革命大业,早已功德圆满也。于是在吃饭屙矢寻常无事中,又生出参话头一番工夫。待到参话头盛行,与口念南无阿弥陀佛何异?至是则禅净合流,而东土佛学又转一途。然而此一番革命大业,已费却诸祖六百年精神气力矣。

今试问诸祖师,既无一法与人,既谓离世法外别无一佛法,(佛果语)既教人本分休歇,则何不教人各自归俗回家,做一本分人,却定要到山门内吃饭屙矢,做一出家俗僧乎?当知禅宗诸祖师本不教人出家,惟不入虎穴,不得虎子。当诸尊宿诚心出家求法时,本不知毕竟无法可得。迨其一旦大彻大悟,则早已披着袈裟,久做僧人了。大道无拣择,又何必定要回俗成家,始算本分？若在家俗人，诸祖师本未教他定要出家。六祖明云："若欲修行，在家亦得，不由在寺。"五台山秘岩和尚，常持一木叉，每见僧来礼拜，即叉却颈，曰："那个魔魅教汝出家，那个魔魅教汝行脚，道得也叉下死，道不得也叉下死，速道速道！"湖南祇林和尚，每叱文殊普贤皆为精魅，手持木剑，自谓降魔。才见僧来参，便曰："魔来也，魔来也。"以剑乱挥。如是十二年。试问此等岂偶然事？德山曾云："我此间终无一法与你，诸人问取学取，以为知解，老汉不能入拔舌地岳。"又曰："若有一尘一法示诸人，说言有佛有法，有三界可出，皆是野狐精魅。"又曰："仁者莫求佛，佛是大杀人贼，赚多少人入淫魔坑。可惜堂堂一个丈夫，吃他毒药便了，拟作禅师面孔，见神见鬼。"又说："你诸人大似有福，遇着德山出世，与你解去绳索，脱却龙须，卸却背驼，作个好人去。三界六道，收摄你不得。"首山念和尚亦云："佛法无多子，只是汝辈自信不及。若能自信，千圣出头来，无奈汝何，向汝面前无开口处。只为你自信不及，向外驰求，所以到这里来。假如便是释迦佛，也与汝三十棒。"元琏云："佛法本来无事，从上诸圣，尽是捏怪，强生节目，压良为贱，埋没儿孙。更有云门赵州德山临济，死不惺惺，一生受屈。老僧这里即不然，便是释迦老子出来，也贬向他方世界，教伊绝迹去，免虚丧我儿孙。"如此言词愤激，何尝有丝毫劝人出家意。只当时社会一辈善男信女，成千成万，偏要出家，求法成佛，故而累得此诸代祖师，婆子心切，棒趁威喝，打散不迭。必得如此看，此六百年禅学精神，始有着落。

至宗杲大慧禅师，则明白提唱居家在俗。彼云："入得世间,出世无余。世间法即佛法,佛法即世间法也。父子天性一而已,若子丧而父不烦恼,不思量,如父丧而子不烦恼,不思量,还得也无?若硬止遏,哭时又不敢哭,思量时又不敢思量,是特欲逆天理,灭天性,扬声止响,泼油止火耳。正烦恼时总不是外事,且不得作外边想。永嘉云:无明实性即佛性,幻化空身即法身。是真实话,不诳不妄语。"此所谓"烦恼即是佛"之真实注脚也。于此有一禅门故事当附记:相传昔有婆子,供养一庵主,经二十年,常命一二八女子送饭给侍。一日,命女子抱定,曰:"正恁么时如何?"主曰:"枯木依寒岩,三冬无暖气。"女子举似。婆曰:"我二十年只供养得个俗汉。"遂遣出,烧却庵。嵩岳元珪授南岳神戒,亦谓不淫非娶妻之谓。而小室六门则谓:"只言见性,不言淫欲。但得见性,淫欲本来空寂,不假断除。故白衣有妻子,不害成佛。"则父子男女俗者皆不俗,出家独身,不俗者转成俗。即欲脱却尘俗,岂在出家?

宗杲又云:"士大夫学道,与我出家儿大不同。出家儿父母不供甘旨,六亲固已弃离,一瓶一钵,日用应缘处,无许多障道的冤家。一心一意,体究此事而已。士大夫开眼合眼处,无非障道的冤魂。若是个有智慧者,只就里许做工夫。净名所谓尘劳之俦为如来种。怕人坏世间相而求实相。"又设喻云:"譬如高原陆地,不生莲花,卑湿污泥,乃生此花。若就里许打得透,其力胜我出家儿二十倍。何以故?我出家儿在外打入,士大夫在内打出。在外打入者其力弱,在内打出者其力强。强者谓所乖处重,而转处有力。弱者谓所乖处轻,而转处少力。虽力有强弱,而所乖则一也。"当宗杲之世,禅举将衰,理学已盛,正已是禅宗理学交替之时矣。自今言之，理学家辟佛，正所谓在外打入，而禅宗诸祖师则实在内打出也。宗杲又云："予虽学佛者，然爱君忧国之心，与忠义士大夫等。但力求所不能，而年运往矣。"又曰："学不至不是学，学至而用不得，不是学。学不能化物，不是学。学到彻头处，文亦在其中，武亦在其中，事亦在其中，理亦在其中，忠义孝道乃至治身治人安国安邦之术，无有不在其中者。"如是言之，岂不禅门祖师，乃俨然一理学先生乎？（观大慧所集《禅林宝训》，则禅儒浑化，其来已久。）盖至是而禅门正统血脉，乃流传到士大夫身上，而参话头念佛，转成旁枝附叶焉。

今试再问禅门诸祖师，若不劝人出家，只教人本分休歇，又说烦恼即是佛，世法即佛法，则岂必专为吃饭屙矢无事人，闲过日子？父子夫妇，忠义君国，齐家治国平天下，正心诚意致知格物，岂不皆是世间本分事？岂不亦如吃饭屙矢，万法平等？如此则岂不由禅学一转便成理学乎？明道有云："百官万务，金革百万之众，饮水曲肱，乐在其中，万变皆在人，其实无一事。"又曰："泰山为高矣，然泰山顶上已不属泰山。盖尧舜事业，亦只是如太虚中一点浮云过目。"此等意境，实即六百年来禅门诸祖师之意境。惟诸祖师出家了，而理学先生不出家，故各就本分说之，不得不异。其实理学亦可说即是宗门法嗣也。韩愈辟佛，自比孟子，谓古者杨墨之言盈天下，孟子辞而辟之廓如也。就实言，辟佛岂始于昌黎？大鉴以来，宗门诸尊宿，何尝非辟佛？迄于宋代，宗门诸宿，固已辞而辟之廓如矣。理学诸先生特承其绪，由释返儒，而其端实自宗门启之。理学家斥禅宗，谓其弥近是而大乱真，正当于此参之。

余戏以唐代禅学比之西方宗教革命,尚有一事颇相似者。西方耶教本盛于南欧拉丁诸邦,新教革命则起于文化较晚起之北方日耳曼民族。禅宗于唐代,大德宗师,十九皆南人也。四祖道信,蕲之广济人。五祖弘忍,蕲之黄梅人。皆在长江流域。六祖慧能则岭南新州人。此下如百丈、黄蘖、沩山、曹山、玄沙,皆闽人。希迁、仰山,皆粤人。道一、圭峰、德山、法演、佛果,皆蜀人。慧忠、永嘉、洞山、云门、法眼,皆浙人。怀让,湘人。神会,鄂人。青原,赣人。不在岭南,则在江南。即鄂蜀,亦江域也。惟二祖慧可在武牢,南泉在新郑,赵州临济皆曹州,属河域。然赵州临济出已稍晚。南北朝高僧名德,北盛于南。当时佛法多自北来南。唐代文教,渐被江域者亦尚浅。岭外人有名业可指数者,惟曲江张九龄。闽人尤落漠,盖无赫赫闻者,举进士自韩愈时欧阳詹始。而宗门大德,后先接踵,皆在岭南江南。大抵文化较晚起,其心神较活泼,智慧较新鲜,其受旧传统之束缚亦较松弛。其趋于新思想新宗教之改革,常较易于文化先进之域。故西欧宗教革命起于北族,而东土则成于南人,此亦适可相拟之一节也。

抑当时所谓宗教革命之空气,亦不仅在山门之内,法堂之上也。其时佛学方盛,流播社会群众间,固已渐渍之深,无微不至。六祖乃一不识字人,负薪过市,闻客诵经,遂有感悟。则其时穷乡僻壤,山陬海澨,无往而不得闻佛法者,亦无妇孺穷苦而不知有佛法者。新思想之萌茁,对佛法之反动怀疑,亦复遍于全社会。月晕础润,知风雨之将至。固不必叩山门,上法堂,参谒诸祖师,受其棒喝,乃始得闻此革命大旨,甚深妙理。即在市廛尘俗,妇孺大众中,固已新义络绎,机趣透迸矣。试举禅门故事数则,以证我说。或问僧:“承问大德讲得《肇论》,是否?”曰:“不敢。”曰:“《肇论》有物不迁义,是否?”曰:“是。”或人遂以茶盏就地扑破,曰:“这个是迁不迁?”无对。有道流在佛殿前背坐,僧曰:“道士莫背佛!”道流曰:“大德本教中道,佛身充满于法界,向什么处坐得?”僧无对。又有一行者,随法师入佛殿,行者向佛而唾,法师曰:“行者何以唾佛?”行者曰:“将无佛处来,与某甲唾。”法师无对。鹞子趁鸽子,飞向佛殿栏干上颤,有人问僧:“一切众生在佛影中,常安常乐。鸽子见佛,为甚却颤?”无对。有人问僧“点什么灯?”曰:“常明灯。”问:“什么时点?”曰:“去年点。”曰:“长明何在?”无对。有官人入镇州天王院,睹神像,因问院主:“此是何功德?”曰:“护国天王。”曰:“只护此国,遍护余国?”曰:“在秦为秦,在楚为楚。”曰:“腊月廿九日,打破镇州,天王向什么处去?”无对。有僧与童子上经了,令持经着函内,童子曰:“某甲念的着向那里?”凡此诸例,均不详其年世,亦不详其主名,亦禅门所谓机锋也。要之以世俗常识,反宗教信仰,以幽默机智,破严肃理论,可见当时社会大众有此智慧,有此风趣,而后禅宗思想乃得广遍,亦必禅宗思想广遍社会,此等智慧风趣,乃始益益成长。要之世出世间,本无障隔,本相通透,互为主客,互成因果。而后魏晋以来四五百年宗教尊严,所以约制人心者,终于解体坠地,不可复拾。此则论唐代禅宗思想之演进者,不可不知。

昔有跨驴人,问众僧何往?僧曰:“道场去。”其人曰:“何处不是道场?”僧殴之,曰:“这汉没道理,向道场里跨驴不下。”此则由机锋转入棒喝之一例。德山廿岁出家,精究律藏,闻南方禅席颇盛,气不平,曰:“出家儿千劫学佛威仪,万劫学佛细行,不得成佛。南方魔子敢言直指人心,见性成佛,我当捣其窟穴,灭其种类,以报佛恩。”遂担《青龙疏钞》出蜀,至澧阳,路上见一婆子卖饼,因息肩买饼点心。婆指担曰:“这个是什么文字?”师曰:“《青龙疏钞》”。婆曰:“讲何经?”曰:“《金刚经》”。婆曰:“我有一问,你若答得,施与点心。若答不得,且别处去。《金刚经》道:过去心不可得,现在心不可得,未来心不可得,未审上座点那个心?”师无语。昔慧可见达摩,曰:“心未宁,乞师与安。”祖曰:“将心来,与汝安。”可良久曰:“觅心了不可得。”祖曰:“我与汝安心竟。”六祖则以闻《金刚经》应无所住而生其心入悟。不谓此澧阳路上老婆子,亦已学得此机趣。德山老汉,不待此后参龙潭,谒沩山,抵临济,始向孤峰顶上盘结草庵,呵佛骂祖去。只经此老婆子一顿盘问,早已将他一片报佛恩之诚心消融许多矣。此又考论唐代禅宗思想之演进者所不可不知。众生即佛,佛即众生,如是如是。

此稿刊载于一九四五年
一月《思想与时代》三十九期

十六　三论禅宗与理学

顷来治学术思想史者，每以先秦为一限断，此实未为谛当。论政治，秦以前为封建，秦以后为郡县。以先秦为限断，犹未失也。若论社会经济，则不如以五代为划时代之界线。五代以前，中国为门第社会，五代以后，为科举社会。五代以前，以北方黄河流域大农经济为主，五代以后，则以南方长江流域之小农经济为主。傥论学术思想，窃谓当以三国为界划。两汉以前为中国学术之第一期，三国以下为第二期。此两期间确然不同之点，有可扼要略说者。汉前中国学术，乃为经学子学之争衡时代。依《汉书·艺文志》言，经学即六艺，属于王官学。子学即诸子，属于百家言。官学家言所由分，则在上下公私之间。秦博士鲍白令之有言，"五帝官天下，三王家天下。"官者以天下为公，家则以天下为私。官学家言，亦即以公私分。以今语释之，王官学乃古代传统之贵族学，百家言则后世新兴之平民学。古代学术争衡，大体在贵族平民两阶级消长之间。春秋以前，官师不分，政教合一，学在王官，今世谓之贵族学。战国以下，处士横议，百家争鸣,学在民间,其时谓之家人,家人即民间也。今世谓之平民学。官学必尚传统而归于一,私学即家言,乃民间自由兴起,故必趋分裂。《庄子·天下》篇谓道术将为天下裂是也。自秦廷一统,民间分裂之家言,乃有重务于融会调协之需。邹衍、吕不韦、刘安,皆尝有意于此。然仅主融会诸子,事才得半。秦皇汉武间新儒蔚起,如《易传》,如《戴记》,自伏生以至董仲舒,盖莫非经学六艺其表,而家言子学其里,始求融会古者王官学与后世新兴家言而为一,功乃得全。秦皇之焚书,汉武之立五经博士,亦莫非欲挽此官学家言分离之局面而重绾之于一途。自汉宣以下,石渠阁白虎馆今古文之争,实则亦是官学家言相争之变相与其余波。若割弃秦汉以下,视为别一阶段,别一系统,则先秦学术流趋,不明不备。而古者王官学与百家言之分合消长,亦将无可指说。至三国魏晋以下,其事乃迥然不同。盖此下乃南北朝隋唐佛教,与宋明理学迭起争长之时期也。简言之,此乃宗教与义理之争,以昔人语述之,即所谓教理之争也。

首举此教理二字为学术分野者为南朝宋代之谢灵运。《广弘明集》卷十八,其《与诸道人辨宗论》答法勖有云:"华民易于见理,难于受教。故闭其累学而开其一极。夷人易于受教,难于见理,故闭其顿了,而开其渐悟。"此已为教理两途开设疆域。佛法首贵受教,贵渐修。儒学则贵悟理,贵顿了。此乃佛教与孔学之不同,亦即将来理学与佛学之不同也。同时竺道生亦云:"由教而信,非不知也。但资彼之知,理在我表。资彼可以至我,庸得无功于日进。未是我知,何由有分于入照。岂不以见理于外,非复全昧,知不自中,未为能照耶。"此亦明分教理两途。

据谢竺二家义，教理之辨，不仅异顿渐，亦复判内外。教者资外为知，故必渐修而尚信。理者由中起照，故必顿悟而贵知。此即宗教与理学之大辨。竺道生又云："见解名悟，闻解名信。"此举悟信两义，盖宗教闻而信之，事资于外。理学见而悟之，事本于内。释氏偏于教，儒家偏于理。顿渐内外，遂为魏晋以下迄于宋明，学术争衡两大轨辙，绵历逾乎千岁，其事固非往者春秋战国秦汉诸儒所得预闻也。

佛家顿悟义，始创于竺道生。《高僧传》云："生既潜思日久，彻悟言外。乃喟然叹曰：夫象以尽意，得意则忘象。言以铨理，入理则言息。自经典东流，译人重阻，多守滞文，鲜见圆义。若忘荃取鱼，始可与言道矣。于是校阅真俗，研思因果，乃言善不受报，顿悟成佛。守文之徒，多生嫌嫉，与夺之声，纷然竞起。"此言善不受报，则三世轮回，小乘佛法所资以为信修之大体已不立。又言不守滞文，顿悟成佛，则不随言教，不立文字，后起即心即佛之宗门大义已显露。所谓顿悟者，指其入理，不指其信教。何以众生皆能顿悟入理，则以众生皆具佛性故。生公当涅槃后品未至，已言一阐提皆当成佛。一时经典文字之师，诬为邪说，摈而遣之。而公又时举理字，如《维摩经注》云："理不从我为空。"又《法华经注》云："穷理乃睹。"又曰：(《涅槃集解》引生公云)"真理自然。"后及宋儒，高抬理字，实已由生公蕴孕其大意。故后起之禅宗与理学，实皆此第二期学术思想史上题中应有之义。而生公已先著其朕兆，先露其端倪矣。换言之，不仅宋明理学对魏晋以下之佛教为一种教理之争，即唐五代之禅宗，南北朝竺道生之大乘顿悟义，其在佛教中，亦已早为一种教理之争矣。故自魏晋以迄宋明,年逾千祺,而学术史上惟一中心问题,厥为此信于外与悟于内之教理之争。此其所以异于两汉以前之争官学与家言也。

何以此年逾千禩之学术思想,其主要精神,乃为一教理之争乎?曰,此二者,貌异而情协,乃一事之两面。皆所以开其为此,而禁其为彼,皆将以为吾人之持身涉世建标的而一宗趣,而皆以个人之观点为中心。其异于两汉以前者,两汉以前,无论为官学,为家言,亦适自成为一事之两面。时则莫不以人类大群体之观点为重。其精神意趣之所注,亦偏于政治社会之大群体,与其大群功业为主。此不仅儒家为然,即墨法道名阴阳诸家亦莫不然。惟道家偏富于个人观点,然亦曰内圣外王,又曰王天下,曰应帝王,则亦未尝不以大群体与大群功业为之归极。故两汉前之学术思想,以贵族与平民为争衡之分野,而其中心意识则同在大群体。斯时也,人生之所理想与寄托,即在政治社会之现实中,即以现世大群为其归往趋向之目标。此为第一期学术之特征。及夫魏晋之际,现世大群体已大坏,人生无所寄托,以往侧重集体意识之理想不足资吾心之慰悦,于是转而期求个人各自之出路。故老庄思想最先得势,佛义乘机而入。佛义既为一宗教,则偏于外信,其转途则为内悟。事貌虽异,然其偏重于以个人小我观点为中心则一。谢灵运谓其事乃由于中印双方民族性之不同。而竺道生之大乘顿悟义,虽已为一种教理之争,然生公仍据佛教经典而立说。必自禅宗起,乃称不立文字,而成为教外之别传。然禅宗诸祖师,亦仍不脱宗教面目。逮及宋明理学,始明白以反宗教为理趣。谢灵运所提出之教理相争之一大题目,亦必至是乃始明白显出。然宋明理学，虽已注重到此大群体之治平大道，而终不免以个人小我观点为根柢，为一切理论之出发点，则仍未脱自魏晋以来此一段时期之主要共同精神也。故宋明之与两汉，虽同为儒家，同言心性义理，同讲修齐治平，然一重集体，一重小我，斠然异辙。汉儒必曰通经致用，而宋明儒则更重在心性修养。下及清儒，已能对此加以剖辨，然言之未甚透彻。故使中国学术思想，亦复不能有甚大之转变。

尝试论之，凡宗教必求出世。求出世，必本个人小我观点为出发。即如西方耶教，亦靡不然。说者每以文艺复兴为西方个人主义之觉醒。实则西方近代国家之兴起，资本社会之形成，民权革命之演进，何一而非属于集体大群事？盖西方自有文艺复兴，而始重现世。重现世，则必重集体大群。此以异于中世纪之只以个人灵魂出世观念为人生之归宿。至于西方人之个人主义，则应以植根于宗教信仰中者为更深。在中国文化体系中，宗教非其所自发。自魏晋以下，迄于宋明，正为宗教时代。其在思想界所占分量，虽不如西方中世纪之甚，然其较偏重于个人出世则一。佛教至禅宗崛起，已不主出世，然在形迹上仍沿旧辙，遁迹山林，是不出世而逃俗也。虽不主来世成佛，不主往生西土，而仍自披剃入山，逃俗即为出世。禅宗盖欲摆脱宗教之出世精神而未尽者。宋明理学，转讲修齐治平，不再逃俗，然必以个人之存心养性为之主。明道有言曰：“不得以天下万物挠己。己立后自能了当得天下万物。”故宋明儒最要精神，到底偏向在如何立己，不如两汉前之偏向在如何了当天下万物。若专据此一点论，则宋明儒依然未脱净禅宗形迹，仍是此一时期中之反教而未尽也。

在此期中,有一事当细辨者。在中国文化体系中,虽未自创有宗教,儒家如孔孟,不得被认为教主。虽经两汉在上者之尽力推尊,然终不成为宗教。在先秦诸子中,惟墨家最具宗教形迹,而道家次之。秦以后墨家即衰,而汉以后则道家与儒为代兴。当其时而言教,则于佛教外有道教,言理,则儒家外复有道家之理,此则不可不深论而明辨也。兹姑舍教言理。理有超于欲外者,有随于欲后者。随于欲后,俗谓之物理事理。超于欲外,俗谓之道理情理。若专据物理事理言,则宇宙间事事物物尽有理,宇宙间不能有不合理之事物。凡一事一物之呈现存在于天地间者,必各有其所以呈现与存在之理。故曰无一事一物而非理。然此但指事理物理言则然。今问子弑其父理欤?曰以事理言,亦理也。其子必自幼失教,或骤得狂疾,或以其他种种因缘,否则不至生心杀父。以物理言,亦理也。或以刀绳,或以毒药,必有成杀之具,否则杀业不遂。今谓子弑其父为非理者,乃指人文之理言。所谓人文之理,即俗所谓之情理与道理,非指物理事理。人文之理与物理事理之分别何在?曰人文之理起于欲之外,事理物理随于欲之后。即如此子忽然起念欲杀其父,则必研寻如何得下手成杀之理,如以夜不以昼,以静不以闹,以刀绳毒药,不以言笑涕吐,当知此皆理也。惟其理随欲后,理为欲使。欲杀则寻成杀之理,欲淫则寻逞淫之理。至于淫之与杀,其事不合于人文之理,则非欲淫与杀者之所问。此所以谓之理随欲后也。何以谓理超欲外,倘此欲淫欲杀者,先自设问,找此欲淫与杀之念,固理也欤。彼乃愯然惧然,自惩自艾,自谓非理。因此痛自裁抑，更不使欲淫欲杀之念再萌于心。如此则更不须外求如何逞淫成杀之事理与物理。盖就人情人道言，根本不许有此淫杀，此以谓之理超欲外，理为欲主也。儒家以人文为本位，道家以自然为本位。故儒家言理，常主前者，即超欲之理。道家言理，则常在后者，乃随欲之理也。道家主清净无欲，何以谓其言理乃主随欲之理乎？曰：道家言理，本于在外，理在自然造化，非人心内在所有，顺理所以全性，按实言之，斯以谓之随欲之理也。

孟子曰："理义之悦我心，犹刍豢之悦我口。"此即超欲之理也。故曰："鱼我所欲也，熊掌亦我所欲也，二者不可得兼，舍鱼而取熊掌者也。生，我所欲也，义，亦我所欲也，二者不可得兼，舍生而取义者也。"又曰："可欲之谓善。"盖人欲有可有不可，如欲得妻则可，欲逾墙而搂东家之处子则不可。欲生固可，违义偷生则不可。若专就物理事理言，则欲搂东家之处子，惟当问如何逾墙，如何而搂，不使诟谇呼号，斯可矣。欲违义而偷生，惟当问在事物间如何得偷生之理斯可矣。惟问欲之如何遂如何不遂，不问欲之可不可，此则专寻物理事理而不复知有人文之理者之所为也。物理事理之在道家，则美其名曰天理。即自然之理也。庖丁之告文惠君有曰："官知止而神欲行，依乎天理，批大郤，导大窾，因其固然。技经肯綮之未尝，恢恢乎其于游刃有余地矣。"人苟惟养生之是欲，则惟求所以全生之理，得此则猖狂逍遥，游刃自在，事物无足害之，斯已矣。故道家尚道德而讥仁义，彼以道德为天理，仁义则人文之理也。惟其仅主有天理，即事物之理，而不欲重有人文之理，故道家流而为权谋术数，此皆妙审事物之理以求遂所欲者。又变则流而为方伎符箓，亦在妙审事物之理以求遂我欲而已。道家主清净无欲,而曰全性葆真,盖得之天曰性,兴于人曰欲,苟其得之天,则欲即性也。所谓神欲,即天德也。所谓天理,即自然大道。彼之所谓循乎天理以全性而葆真,此即《易系》之所谓穷理尽性以至于命。要之大体则理随欲变,理在外,不在内。在外者,以其为事物自然之条理。不在内者,以理不干性,真人率性,不为理缚。若建理缚性,此即道家所讥之仁义,无当于性真。是为儒道两家言理之大别。

荀子讥之曰:"庄子知有天而不知有人"。然荀子言理,大体实承道家来,与庄旨相近。亦主理随欲后,而为欲使,不主有超欲之理。故《解蔽》之言曰:"凡以知,人之性也。可以知,物之理也。"此明言理在外物。又《正名》曰:"心之所可中理,则欲虽多,奚伤于治。心之所可失理,欲虽寡,奚止于乱。"此明言中理即以遂欲,理随欲后,而为欲使。故(《解蔽》)曰:"圣人纵其欲兼其情而制焉者,理矣,夫何强何忍何危。"圣人苟通知物理,则可以纵欲尽情而不过制。盖物理即人欲之限际。故理愈明,则欲愈得纵,情愈得尽。故荀子主性恶,其言曰:"性者,本始材朴也。伪者,文理隆盛也。无性则伪之无所加,无伪则性不能自美。性伪合,然后成圣人。"因荀子承自儒家,亦必言人文之理而又羼以庄老自然之理,其讥庄子知天而不知人,盖讥其知性而不知伪。性得伪而美成,犹欲得理而畅遂。荀以人文之理为伪,伪即人为,以异于自然,故亦主理随欲后。《论语》篇曰:"礼义文理所以养情。"《天论》篇曰:"思物而物之,孰与理物而勿失之。"又曰:"天行有常,不为尧存,不为桀亡。应之以理则吉,应之以乱则凶。"此所谓理,即庄生所谓天理,所谓万物之大理。

人能得此以应物，则性遂欲足而吉。不能得此以应万物，则性梏欲萎而凶。此荀卿之旨也。故治荀学者必尚知，必重积渐与修习，此其大较也。

荀卿之徒有韩非，其书有《解老》《喻老》，二篇中所言理，亦随欲之理也。故《解老》之言曰："理者，成物之文。物有理，不可以相薄，故理之为物之制。万物各异理，而道尽稽万物之理，故不得不化。不得不化，故无常操。凡道之情，不制不形，柔弱随时，与理相应。万物得之以死，得之以生，得之以败，得之以成。"又曰："理定而后可得道。故定理有存亡，有生死，有盛衰。凡物之有形者易裁也，易割也。何以论之，有形则有长短，有大小，有方圆，坚脆，轻重白黑。短长大小方圆，坚脆轻重白黑之谓理。理定而物易割也。故欲成方圆而随其规矩，则万物之功形矣。"又曰："尽随于万物之理者，必具有天生。天生也者，生心也。故天下之道，尽之生也。故缘道理以从事者，无不能成。凡失其所欲之路而妄行者之谓迷，迷则不能至于所欲至矣。今众人之所以欲成功而反为失败者，生于不知道理。众人之用神也躁。躁则多费，多费谓之侈。圣人之用神也静。静则少费，少费谓之啬。啬之谓术也，生于道理。夫能啬也，是从于道而服于理者也。众人离于患，陷于祸，犹未知退而不服从道理。圣人虽未见祸患之形，虚无服从于道理，以称蚤服。达于理者，其持禄也久，故曰深其根。体其道者，其生日长，故曰固其柢。"《喻老》又曰："物有常容，因乘以导之，因随物之容，故静则达乎德，动则顺乎道。不乘天地之资，而载一人之身，不随道理之数，而学一人之智。此犹宋人三年而成一叶之行也。故曰恃万物之自然而不敢为。”由此观之,韩非所谓理,所谓天地万物自然之理,皆指物理。随顺物理而因应得宜,则所欲遂而成。不随顺物理而因应失其宜,则所欲窒而败。岂非理者所以遂欲,此以谓之理随欲后也。故道家之庄老,儒家之荀卿,法家之韩非,其立说宗旨各不同,而其主理随欲后则一。庄子曰:“人相忘于道术,鱼相忘于江湖。”老子曰:“使民老死不相往来。”庄老,主于坏植散群,各因顺乎自然以全其性而葆其真。故庄老之道,先则曰清净无为,继则遁于山林江海而从事于神仙方术。荀卿韩非皆主有君臣国家,不欲使民散。然人各怀其欲,则无以善其群,故必待圣王贤君出,为之制礼作法焉。荀主礼,韩主法,要之使人不敢竭其欲以坏吾之群也。

尝试论之,古今人类凡奉以为制行之标的者,不外四宗。一曰天,二曰世,三曰物,四曰心。荀韩皆世宗也。在上者制礼作法,以临制其下,使在下者不敢各展其欲以乱群,斯乃籍于群以各遂其欲者。庄老则欲解散群体,谓使人不得恣其性而遂其欲者,皆群体之为害。故必离群而造于独,以使人遂其性焉。然亦必因顺乎天地万物自然之大理,而自节适其欲。而后我之性得以全,欲得以遂,此以谓之物宗也。斯二者,其主有群与无群异,其或主节欲,或主遂欲,亦各不同。然其所以为节为遂者,则皆因应乎其外,不主内心有理以为欲之主。此则二宗之所同。宗天者,推本上帝,信神道。凡上帝之所欲,我始欲之。上帝所不欲,则人斯舍其欲而不敢存。故曰天宗。心宗者,可欲可不欲,一判诸其心,而不论乎其外。凡信教者皆宗天,崇法者皆宗世,考寻物理者皆宗自然(物)。惟主张人伦道德者则宗心,宗心者所率循亦曰理。此所谓理,乃超欲外。欲之无当于理者不存。故理以调欲克欲,而与欲抗,不以随欲而为欲使。信教者以天与欲抗。谢灵运所谓教理之争,则争其所以克欲调欲者,为外本之天乎,抑内本之心乎,亦如世宗物宗之争所以遂欲,亦争其就群以求遂,抑离群而求遂之二途而已耳。

孔孟儒家,宗于心以替天,以此较之上古素朴的天帝观,已为一种教理之争。惟至西汉,儒者尊经,以训诂章句为务。及至东汉,察举专尚孝廉,社会争崇孝廉之名,其精神皆不免外向,而孔孟宗心之旨渐晦,于是乃有所谓名教。魏晋以下,反动随起,此又是一种教理之争矣。惟庄老道家之所谓理,实不足以胜其任,于是佛教东来,大行其道,而后乃有谢灵运教理之争之新说之提出。

谢灵运之所谓理,亦主与欲相抗之理,不如庄老荀韩之所谓理。故法勖之问难则曰:“夫明达者以体礼绝欲,悠悠者以迷惑婴累。”绝欲本乎见理,婴累由于乖宗。此可见谢氏之所谓理,明指绝欲尽累之理,即所谓理超欲外,而为欲主之理也。继此而观以下宋儒之所谓理。明道自言:“吾学虽有所受,天理二字,却是自家体贴出来。”天理取与人欲对,上本《乐记》灭天理而穷人欲之语来。宋儒常引此言,则宋儒所谓之天理乃超欲而为之主,决非随欲而为之使者显然矣。故明道《识仁》篇有曰:“学者识得此理,以诚敬存之而已。理有未得,故须穷索。存久自明,安待穷索。”盖宋儒宗旨,既不如荀卿之主性恶,又不如韩非之尚刑法,复不如老庄之主坏植散群,一任自然,又不愿如释氏之宗仰教义,信于外力,则其标宗立极,必主有一超于欲外而为欲主之理,而此理又为我心之所得而自悟。而后人道始得其纲纪,乃可以善群而淑世也。然程朱言理,亦常涉及事理物理,则近庄老荀韩,惟乃以事理物理会纳之于天理,决非随欲而资欲使之理,而乃人之内心所能体贴之理,终是超于欲者。故宋儒言理,实是孔孟心宗也。

明道又曰:“天地万物之理,无独必有对,皆自然而然,非有安排也。每中夜以思,不知手之舞之,足之蹈之。”又曰:“万物莫不有对。一阴一阳,一善一恶,阳长则阴消,善增则恶减。斯理也,推之其远乎。人只要知此耳。”又曰:“质必有文,自然之理必有对待。一不独立,二则为文。天文,天之理也,人文,人之理也。”又曰:“事有善有恶,皆天理也。”此等所谓理,皆属事理物理,近庄老荀韩《易系》中之所谓理,与孟子所谓理义悦心,犹刍豢悦口之理有不同。否则理有善有恶,岂善之与恶同悦我心,如刍豢之悦口乎?又此所谓万物之理,皆当观化究变,从事事物物探索研寻而得,亦岂能由自家体贴乎。

程门言理,多偏于事物之理,至伊川而益显。伊川之言曰:“一物须有一理。”又曰:“物物皆有理。”又曰:“事皆有理。”又曰:“理外之事则无。”又曰:“物则事也,凡事上穷极其理,则无不通。”此皆明言理在事物。既谓物皆有理,理外无事,合万事万物而总言之则曰天。故曰:“天者理也。”又曰:“天者,自然之理也。”又曰:“皆是理,安得谓之虚。”天实非虚,即自然也。天只一天,故理亦只一理,故曰:“天下只有一个理。”又曰:“万理归于一理。”又曰:“一物之理即万物之理。”然何以不谓之自然而必呼之曰理乎?此宋儒所以有取于庄老而终异于庄老之所在。盖理者,乃天地事物一切自然中之所以然也。惟其为所以然,故必有事于穷格。故曰:“物理须是要穷。若言天地之所以高深,鬼神之所以幽显,若言天只是高,地只是深,只是已辞,更有甚。”已辞者,乃谓叙述已然之辞。如庄老言自然是已。伊川主穷理,乃求于已然中推寻其所以然,由此乃进而论及性与理之辨,曰:“天下言性,则故而已矣。言性当推其元本,无伤其性也。”故而已矣者,即所谓已辞,皆止于叙述已然。若推其元本,则穷及其所以然矣。故曰:“生之谓性,止训所禀受也。天命之谓性,此言性之理。今人言天性柔缓,天性刚急,俗言天成,皆生来如此,此训所禀受。若性之理也,则无不善。”又曰:“仁之于父子,至知之于贤者,谓之命者,以其禀受有厚薄清浊。然其性善,可学而尽,故谓之性焉。”由此言之,孟子之所谓性,正伊川之所谓理。伊川言性,指其禀受,禀受有善有恶,若言理则皆可学而至于善。此心宗与天宗之不同,而二程之说,直从孔孟来,亦于此可知。故曰:“木可以为柱,理也,其曲直者性也,其所以曲直者命也。理性命一而已。”此处伊川论性,亦若兼涵荀卿义。谓性有曲直,即是谓性中可有恶也。谓木可以为柱,则荀卿亦谓涂之人皆可以为禹矣。然荀卿分天人性伪而言,伊川则合言之,故终为近于孟子。其曰理性命一而已。命属天,性落到人,理则以人合天,而天人合一,此乃宋儒所以异于庄老与荀之所在。论宋儒者,所当于此参究也。

惟伊川此等处所谓理,乃属可能之理,与其所主所以然之理亦有不同。若论所以然,则可谓万事万物皆木一理。若论可然,则不能谓万事万物皆可达至一同然之境。如谓木可以为柱,水火即不可以为柱。故伊川所谓天地万物一理者,到底当主所以然言,不主可然言。若主可然,则惟专限于人性,若谓涂之人皆可以为禹始可。荀卿终是儒家,所由与庄老不同也。故伊川又曰:“动物有知,植物无知,其性自异。但赋形于天地,其理则一。”此所谓其理则一,即非木可为柱之理,实相当于所以曲直者命也之命。可见伊川言理,乃包所以然之天命,与人事之可然,而合一以谓之理也。孟子所谓理义之悦我心,犹刍豢之悦我口,则是人文当然之理,与事物之所以然与可然者又不同,伊川于此似转少言。其意盖谓凡天命之所以然与人事之可然者,即当然也。

孟子言理,惟主我心之当然,故曰义内,又曰反而求之有余师。伊川言理,同时言及事物之所以然与可然,故必推之于外。故曰“理则须穷,性则须尽”。穷理格物,遂为程门教法一大头脑。伊川曰:“所务于穷理者,非道须尽穷了天下万物之理,又不道是穷得一理便到,只是要积累多后,自然见去。”又曰:“人患不得其要,要在明善,明善在乎格物穷理,穷至于物理则渐久后天下之物皆能穷,只是一。”明善在格物穷理,意在通理与善而为一。然善属当然之理,其要在人。至于穷物理,则属所以然与可然之理,其要在天。伊川乃主汇通天人而合一之,固若直承孟子来,然孟子所言,终似偏于人性一边,伊川则主广之以人事与物理,已包容进了庄老与荀卿之说。究其极,则仍是一种教与理之辨也。

或问观物察己,还因见物反求诸身否。伊川曰:

> 不如此说。物我一理，才明彼，即晓此，合外内之道也。语其大，至天地之高厚，语其小，至一物之所以然，学者皆当理会之。

又问致知先求之四端如何。曰：

> 求之性情固是切于身，然一草一木皆有理，须是察。

或问格物是外物，是性分中物。曰：

> 不拘。凡眼前无非是物，物皆有理，如火之所以热，水之所以寒，至于君臣父子间皆是理。

此皆伊川格物穷理要旨。然父子君臣间之理，乃人文理，与水寒火热之理属自然者有不同。水寒火热乃物理，父子君臣间则为性情之理。一属自然范围，乃主所以然与可然。一属人伦道德范围，乃主当然。二者不能无别。而伊川谓才明彼即晓此，此因人文与自然不可分。若不明得自然之理，又何从有人文之理。故伊川曰：此乃合外内之道。象山不明于此，故读伊川言便不喜。然象山不斥明道，在明道《定性书》亦已言之，曰："性无内外，圣人之喜，以物之当喜，圣人之怒，以物之当怒。圣人之喜怒，不系于心而系于物。"此语即伊川所本。但谓物当喜，物当怒，已将当喜当怒之理转在外物。而离却吾心，物是块然之物，又何从见其有当喜当怒之理。则明道此说，显不如伊川之更为明切。伊川主才明彼即晓此,内外合一,吾心之喜怒,与外物之自然,理属相通,舍却外物,又何从而有吾心之喜怒。明道所谓圣人之喜怒不系于心而系于物者,此非谓喜怒不在心,只谓不尽在心,亦在物,惟言之不如伊川之明切。大黄乌头可以杀,此属物理。人不求死,或不当杀,则决不服大黄乌头。见人之死,而觉有可怒可悲之理,人则属人之性情,与草木自然无关。草木自然,只是物理,著不得吾心之喜怒哀乐。庄老主于刳心去欲,又曰“虚心应物”,乃主一本自然,此荀卿所以讥之为知天而不知人。明道《定性书》当非此意。只谓物来顺应,不失我性情之自然流露耳。然顺应亦非易事,故伊川继之,主在事物上穷索。穷索之极,明得物理,乃可物来而顺应,乃可明善而获理。故明道言居敬,伊川必足之以穷理也。明道乃云:以诚敬存之不须穷索。一若伊川所论,乃为流泛而愈远,实则不然。《中庸》言,尽人之性而后可以尽物之性,伊川若言尽物之性,乃始可以尽人之性。要之人不能外于物,而尽物之性,则必本于人之性以尽之,故穷理仍不能外于居敬,此则须学者之善自体会也。

伊川又曰:

> 性即理也,所谓理性是也。天下之理,原其所自来,未有不善。喜怒哀乐之未发,何尝不善。发而中节,则无往而不善。发而不中节,然后为不善。故凡言善恶,皆先善而后恶。言是非,皆先是而后非。言吉凶,皆先吉而后凶。

今按伊川曾言动植性异而理一,此处又云性即理也,此专指人性言,乃亦可兼动植言。若兼动植言,则蠢蠢者生,有生之物,莫不好其生,则凡生无不善。若据无生物言,则仅见理,不见善恶,故明道又言理无善恶也。凡物各有性,即各有理,但不必各有生。故可谓性即理,不得言理即性。而言性即理,则已把人文性情与自然之理绾合为一,此则伊川在儒家思想上一大贡献也。

惟可以为柱,此乃木之性,亦即木之理,而木之生,固不以为柱而生。故伊川言性,又有天地之性与气质之性之别。天地之性,则便是天地之理,又曰未有不善,此乃未落形气一边事。故曰原其所自,未有不善也。若既落形气一边,即不能不各有善恶。木之可以为柱,自人文之理视之,亦即木之善。大抵程门言性,已远为恢宏,故其所言,有时若近庄周荀卿,与孟子之所谓性善与其言义理悦心者转若有异。此盖宋儒自以《易》《庸》加入而又更自推阐。思想之进程宜有此也。

伊川又云:

> 致知在格物,格物之理,不若察之于身,其得尤切。

格物理乃其次,察于身乃其本,则孔孟原来宗旨也。又曰:

> 人要明理。若止一物上明之,亦未济事。须是集众理,然后脱然自有悟处。然于物上理会也得,不理会也得。

盖宋儒既揭出了天地万物之理:则岂能不于物上理会。而仍必归本于人文之理,故曰察之于身其得尤切,而又谓自然物理不理

会也得,此其于本末终始,言之亦甚亲切矣。伊川又言:

> 自其外者学之而得于内者谓之明,自其内者得之而兼于外者谓之诚,诚与明一也。

此本《中庸》言,不本孟子言。诚明合一,即天人合一。惟体在诚而功夫则在明。此天人之辨。故伊川又曰:

> 闻见之知非德性之知。物交物,则知之非内也,德性之知不假闻见。

此谓德性之知不假闻见,则又本孟子言。故其谓外穷事物之理,所谓集众理,决不可不假闻见。所谓自其外者学之而得于内,皆闻见之知也。德性之知,必有待于闻见,而闻见之知,却不即是德性之知。此等处,皆待学者善自体会。若陆象山徒尊德性,而不许有道问学,则非矣。

朱子之理气论,又沿袭伊川而推极之。朱子曰:

> 太极只是天地万物之理。先有个天地了却有气,气积为质而性具焉。

又曰:

> 阴阳五行之理,须常常看得在目前。

此所谓天地万物之理，阴阳五行之理，显皆非孟子所谓义理悦心之理矣。于此求知，斯必待闻见之知，非德性之知之所能自然而知。

朱子又曰：

合天地万物而言，只是一个理。及在人，则又各有一个理。

此处，始着落到人身上。天地万物属自然理，在人属人文理。人文理亦在自然理之中，两者须兼顾，此则程朱立论精要所在。孔孟多言人文理，少言自然理，此其异。朱子又曰：

论万物之一源，则理同而气异。观万物之异体，则气犹相近而理绝不同。(《答黄商伯书》)

朱子又从二程之万理为一转而言理绝不同，近于一种非常奇义可怪之论，其实极平实，极显见，一经指出，人尽知之，无足怪也。又曰：

气相近，如知寒暖，识饥饱，好生恶死，趋利避害，人与物都一般。理不同，如蜂蚁之君臣，只是他义上有一点子明。虎狼之父子，只是他仁上有一点子明。其他更推不去。恰似镜子，其他处却暗了，中间只有一两点子光。大凡物事禀得一边重，便占了其他底。如慈爱的人少断制，断制之人多残忍。盖仁多便遮了义，义多便遮了仁。

其实换言之,即是理一而性不同,性不同斯理不同矣。又曰:

> 人物之生,天赋之以此理,未尝不同。但人物之禀受自有异耳。如一江水,你将勺去取,只得一勺。将碗去取,只得一碗。至于一桶一缸,各自随身器量不同,故理亦随以异。

又曰:

> 二气五行,交感万变,故人物之生,有精粗之不同。自气而言之,则人物皆受是气而生。自精粗而言,则人得其气之正且通者,物得其气之偏且塞者。惟人得其正,故理通而无所塞。物得其偏,故理塞而无所知。

此等处,朱子正阐说伊川命性理一也之说,而更为细密。伊川所言,多属理同而气异一边,朱子补出气犹相近而理绝不同之一边,陈义始圆到。既认人物之理有绝不同,故主即凡天下之物而格,以求其一旦之豁然贯通。人文之理,自该贯通于自然之理,惟所谓才明彼,即晓此,却不可拘泥了才字即字,把此工夫看得轻易了。

朱子又云:

> 是他元不曾禀得此道理,惟人则得其全,如动物则又近人之性。

又曰：

> 如虎狼之父子，蜂蚁之君臣，豺獭之报本，雎鸠之有别，物只有这一处通，便却专。人却事事理会得些，便觉泛泛。人与物以气禀之偏全不同。草木之气又别，他都无知了。

此等处，皆本之伊川理一分殊之说，然所说更圆密更细到。其他万物，既不曾禀得此道理，故自然决不即就是人文。但虎狼有父子之理，蜂蚁有君臣之理。则知人文即在自然中，不能自外于自然。此知伊川晦翁即物穷理之说，自然人文双方兼顾，而并不失孔孟传统人文本位之大精神所在也。

朱子又屡称伊川性即理也之说，或问枯槁瓦砾如何有理，曰：

> 且如大黄附子亦是枯槁，然大黄不可为附子，附子不可为大黄。

此言物之各别，即是物之各具一理也。或问物之无情者亦有理否，曰：

> 固是有理。如舟只可行水，车只可行陆。

此又言无情亦有理，此即所谓自然之理也。

又曰：

才有物便有理。天不曾生个笔,人把兔毫来做笔,才有笔,便有理。

此处言人造物亦有理,义更透辟。正见自然有理,人文亦有理。不当专依自然而抹杀了人文一边。又问笔上如何分仁义,曰:

小小底不消恁地分仁义。

此论尤宏通。朱子谓瓦砾有理,其义实本庄周。庄周尚道德,毁仁义,仁义从人情上起。但虽无情,亦各有理,则格物穷理,不必尽归到仁义上来。故说兔毫做笔,小小底不消恁地分仁义。仁义亦只是一理,而理不尽在仁义上,故格物穷理不避此等小小处,乃欲一草一木,即凡天下之物而格。

朱子又屡辨儒释异同,其言曰:

上蔡云:佛氏所谓性,正圣人所谓心。佛氏所谓心,正圣人所谓意。心只是该得理。佛氏原不识得这理一节,便认知觉运动做性。如视听言貌,圣人则视有视之理,听有听之理,佛氏则只认那能视能听能言能思能动底便是性。视明也得,不明也得,他都不管。横来直来,他都认做性,此正告子生之谓性之说也。

今按:耳能听,目能视,此属事物之自然理。若视思明,听思聪,此乃从自然理进入人文理,乃人群相处当然之理,非即天地万物自然而有之理。故禽兽亦能视听,然禽兽之视听,无当于人群道德之所谓聪明。庶民亦均能视听,然庶民之视听,亦多无当于人群道德理想中之所谓聪明。朱子此处所谓视有视理,听有听理,此皆超欲之理,非随欲之理。乃人文大理,非天地万物自然之理。理言性也,此理则是人文理,非自然理。荀子分人文自然为二,孟子合而一之,程朱则本于孟子而益加以发挥。故孟子必分别犬牛之性与人性之不同。又其道性善,言必称尧舜。尧舜亦复与庶民不同。是孟子言性,亦当然,亦可然。佛氏认知觉运动做性,是告子生之谓性,只是自然之性。而儒家则要在自然之性上再演进出人文之性来。

朱子又云:

> 释氏只知坐底是,交胫坐也得,叠足坐也得。吾儒必欲理会坐之理当为尸。

今按:坐之理当为尸,则交胫叠足皆失坐理。伊川言理外之事则无,此指自然言。老庄言自然,交胫叠足而坐,皆无不是。朱子言坐之理,则指人文理。理字含义不同,惟程朱又必会通人文理与自然理为一,既分言之,又合言之,此则孟子所未发也。或问伊川,"某尝读《华严经》第一真空绝相观,第二事理无碍观,第三事事无碍观,譬如灯镜之类,包含万象,无有穷尽,此理如何。"曰:"只为释氏要周遮,一言以蔽之,不过曰万里归于一理也。"又问:"未知所以破他处",曰:"亦未得道他不是。"据此,知伊川于《华严》事理无碍之说,本未认其不是。故谓理外之事则

无。今朱子云,交胫叠足,成为理外之事。此又是朱子细过伊川处。或问朱子,“万物各具一理,而万理同出一源。”曰:

释氏云,一月普现一切水,一切水月一月摄。这是那释氏也窥得这些道理。濂溪《通书》只是说这一事。

是朱子亦未以《华严》事理无碍之说为未是。释氏既窥得这些道理,今欲排释归儒,则释氏这些道理,也不得不理会,不采纳。宋儒立说,自不得不异于孟子,此乃其善于发扬孟子,非故为此枝梧生歧也。象山欲排程朱以尊孟,转不免其说之近释氏。此又学者所不得不微辨。

朱子又曰:

知觉之理,是性所以当如此者,释氏不知,他但知知觉,没这理。

今按:此所谓知觉之理,亦可谓乃知觉当然之理,此即人文理,与知觉所以然之自然理不同。知觉所以然之理原本天性,当然之理则本于人事。所以然之理与当然之理自有办。释氏不言人文理,故仅言自然理。故朱子斥其仅知性,不知理,朱子所谓知觉之理,则是知觉之性之所以当如此者,此乃于自然理中又添进人文理,于所以然中又添进当然,合而为一,则释氏所未言也。

朱子又曰:“性即理也,当然之理无有不善者。”今按:理可以当然言,性不可以当然言。性乃自然,亦指可然,而当然之义亦兼包于内。伊川言理颇少指当然,朱子屡称理为当然,此又朱子细过伊川处。然朱子亦不以性为当然。乃在天地万物自然之中,就人文界立场指出一当然,当然即在自然中,违反自然,则亦非当然。必兼自然与可然,乃有当然。伊川晦翁所谓性即理者,本指天地万物自然之理言。物各有性,即物各有理,亦即万物各有其自然也。如此立说,显与庄老相通。亦不违背于释氏。惟程朱不肯如此说,必推极于天地万物之所以然,而谓此所以然者则是命。此承《中庸》天命之谓性言。故以命与理合一说之,则天命即天理,又把命字换为理字,如此乃云理即天。如此则自然之外,更别无天之存在。《中庸》天命之谓性,到程朱便换成天理之谓性。盖程朱既不认有天之谆谆然之命,遂以天命为天理,又以天理为太极,此程朱理字一新解,所以汇通老释,而遂若与孔孟先秦儒有异,而就人文大传统言,则依然是孔孟精神也。

天地万物自然之理,有其已然,亦有其可然。可然者,乃将然之推说。如木可以为柱,此可然也。伊川则谓是木之理。而又有其不得不然,不得不然则谓之必然,如大黄不得为附子,附子不得为大黄,舟必行水,车必行陆皆是,此在朱子亦谓之理。凡此已然可然必然之理,皆在物理一边,皆天地间自然之理。而后始有所谓当然之理,与自然之理相别。如木可以为柱,固不得谓木当为柱,此可然与当然之不同也。大黄不得为附子,亦不得云大黄不当为附子,此又必然与当然之不同也。当然固不能越出于自然,然而与自然不同。自然之中有必然,有可然,而无当然。必有人之意见参乎其间,即从自然界演进到人文界,而后始有所谓当然。人之意见,则有超乎欲而以为意见者,有随乎欲而以为意见者。子欲弑其父,则必以刀绳,否则以毒药,否则以枪弹,惟此数者始可以成杀,此乃物理自然,亦可然也。若随乎欲以言理,则以刀绳毒药杀人亦理也。但自人文理言,则不许有此欲,此乃超乎欲以言理,则弑父之欲既为非理,亦为不当然,而刀绳毒药之可以杀,与必得杀,其理在所不论。弑父之事何以为非理,其中意义,不当求之刀绳毒药,而当求之人群之意见,待人文之演进而始有。老庄主解散人群,故不喜人群于自然外横生意见。荀韩主团结人群,顾荀韩不信人心可以有超欲之理,故必待圣王焉,为人制礼定法以绳人群于必从。孔孟则谓人心自可有超欲之理,此孟子所谓礼义悦心犹刍豢之悦口也。故惟发明此理,斯人乃自知其可欲与不可欲,而当然亦成为自然。苟以为不可欲,则刀绳毒药之可以得杀与否,其事固可不论。若果以为可欲,其父有病,其子进药,则不知大黄之与附子,孰有当于其疾,孰为不当于其病,此则物理自然仍有不可不论者。故即物而穷其自然之理,深明其必然与可然之性,乃深有益于人事之当然。人文之终不能跳出自然者在此,否则孝子虽忧其父之疾,宁知大黄与附子之孰当乎。故陆王之言心言良知,仍必加进程朱之格物穷理,然亦非谓穷格大黄附子之理,遂可以成孝子,则天下医师皆孝子也。误解程朱立说本意者,遂误谓程朱教人几乎即以医师为孝子,此又大谬不然。程朱仅谓孝子事亲,有时不得不求医,亦非象山之所谓支离也。

苟不主解散人群,则必有人文之理以和会调协乎其群。此人文之理,不仅以遂欲,亦将以克欲。其达乎究极,必知理乃超乎欲之外,而非尽皆随乎欲之后。孔孟主人心自有此理,故待人心之自悟。荀韩主人心不能有此理,故必待圣王之制礼作法以强人之从而服。释氏不如孔孟之期人悟,亦不如荀韩之强人服,惟求起人之信而教之脩。故以释氏比荀韩,毋宁释氏于孔孟为近。何者,荀韩束其外,释氏固已诱其内也。惟释氏主于起信,信心固属内,而所信犹属外。孔孟主于觉,即后人所谓悟,觉悟心属内,而所觉所悟亦在内。此超欲之理,本吾心所自有,则属内不属外也。何以吾心自有此超欲之理,此亦天地之自然。人心有此理,亦属人之性。性即自然也。生公主一阐提皆有佛性,此即犹孟子道性善,言人皆可以为尧舜也。既人人皆有佛性,则顿悟成佛,外信转为内悟,于是有教理之辨。教理之辨,亦惟内外之辨而已。然释氏毕竟与孔孟有大不同,因释氏主出世,而孔孟主淑世。唐代禅宗兴,出世之热忱已渐衰退,则所谓明心见性,顿悟成佛者,乃有其弓缴,无其鹄的。既不想望于往生,又不转途为淑世。禅宗尊宿,乃疑若脱空玩世然。因此,常若其与老庄近。朱子排释,常以为其不知有理,亦在此也。然其鞭辟近里,重视内悟,则宋儒理学,亦可谓自生公以来释氏教理之争之正统血脉,不可诬也。

程朱毅然以复明孔孟之道自任,排斥禅释,不遗余力。而其视理,则曰万事万物皆有理,必使人即物而格,即事而穷,又若转内向外,反与庄老荀韩近,而视禅宗反更远。然此乃不得程朱之真意而入歧途,不足为程朱病。象山陆子,自谓得孔孟真传。或问陆先生教人何先,曰"辨志"。问何辨,曰:"义利之辨"。孟子曰:理义之悦我心,犹刍豢之悦我口,明吾心,斯即知理义矣。若如程朱言穷理,则不知为自然物理欤,抑人文之理欤。若如象山言辨义,则显属人事,无所谓物义。象山亦非谓自然物理可以不必穷,盖谓先立乎其大者,则小者不能夺。站定在人文立场,则自然亦莫能外。故象山必主心即理,而少言性。因言性,则引而远之。大黄附子皆有性。瓦砾尿溺亦有性。则为支离。若言心,则惟人为灵,理属人伦,不属万类。此皆超欲之理,非俟人之自悟于心不可。然不悟人不能自外于物,心不能自离于性。故朱子称象山有见于《中庸》之尊德性,而己则有意于从道问学方面补其偏。象山终不免于专一,朱子乃始为宏通也。

阳明承象山之绪,其所辨则较象山为稍宽。故曰:"物理不外于吾心,外吾心而求物理,无物理矣。遗物理而求吾心,吾心又何物耶。故有孝亲之心,即有孝之理。无孝亲之心,即无孝之理矣。有忠君之心,即有忠之理。无忠君之心,即无忠之理矣。理岂外于吾心耶。"此等处,发明人文之理,而亦不忽于自然之理。忠孝乃人文之理,而阳明又必兼及于物理,此阳明较象山宽处。然谓天下无心外之物,又谓"告子见一个性在内,见一个物在外,便见他于性有未透切处。"是阳明乃谓性与物无内外之分矣。此则已近晦翁以格物穷理为尽性之功,而犹必谓天下无心外之物,此则犹站在象山一边,可谓其无定见。罗整庵《困知记》辨此颇明析,谓"盈天地之间者惟万物,人固万物中一物耳。乾道变化,各正性命,人犹物也,我犹人也,其理容有二哉。格物之格,是通彻无间之意。盖工夫至到,则通彻无间,物即我,我即物,浑然一致。"又曰:"吾之有此身,与万物之为物,孰非出于乾坤,其理固皆乾坤之理也。自我而观,物固物也。以理观之,我亦物也。浑然一致而已,夫何分于内外乎?以良知为天理,乃欲致吾心之良知于事事物物，则是道理全在人安排出，事物无复本然之则矣。则如川上之叹，鸢飞鱼跃之旨，试以吾意著于川之流，鸢之飞，鱼之跃，若之何正其不正以归于正耶！"又曰："人之有心，固然亦是一物，然专以格物为格此心则不可。于天地万物上，良知二字，自是安著不得也。"又曰："天命之谓性，自其受气之初言也。盖形质既成，人则率其人之性而为人之道，物则率其物之性而为物之道。其分既殊，其为道也自不容于无别。若谓天地人物之变化，皆吾心之变化，而以发育万物归之吾心，是不知有分之殊也。夫发育万物，自是造化之功用，人何与焉。故曰天人一理，而其分不同。人生而静，此理固在于人，分则属乎天也。感物而动，此理固出乎天，分则属于人矣。所贵乎格物者，正欲其分之殊，而有以见乎理之一也。此理之在天下，由一以之万，初非安排之力。会万而归一，岂容牵合之私。是故察之于身，宜莫先于性情。"凡此所辨天人心理之间，可谓明析矣。阳明所谓孝亲忠君之心，此皆人之性情，岂即物理乎？又岂即造化乎？天地万物，岂皆由于我心之忠孝而始有其存在乎？阳明之病，在推扩良知功能过其实，即以之当物理，当造化。混自然理于人文理，近似西方之唯心哲学。晦翁之主格物穷理，乃欲在造化物理中求人性情之畅遂，即所谓理一分殊之旨，即自然理与人文理之分别存在也。人之性情，虽与物理造化相通，虽亦为造化物理中之一事，而究自有别。象山阳明，皆不免太重视了人之性情，而忽略了造化物理。而阳明乃以人之良知即包括尽了造化物理，此尤立言之失。整庵又言曰："人之知识，不容有二。孟子但以不虑而知之者名之曰良，非谓别有一知也。今以知恻隐、羞恶、恭敬、是非为良知,知视听言动为知觉,是果有二知乎?夫人知视听言动,不待思虑而知者亦多矣。感通之妙,捷于桴鼓,何以异于恻隐羞恶恭敬是非之发乎?四端之发,未有不关于视听言动者,果何从而见其异乎。知惟一耳,而强生分别,吾圣贤之书未尝有也。"整庵之言如此,其认人之知唯一非二,此固是矣。然孟子已有性也有命,君子不谓之性,命也有性,君子不谓之命之辨,人之知视听言动,此孟子之所谓命。知恻隐羞恶恭敬是非,此乃孟子之所谓性。由前之知,可以格物理。由后之知,乃以通人文。是孟子亦尚分言之,整庵则合而同之,盖整庵仍主晦翁性即理之说,而不知后人之思理,容可与前人有不同。程朱之言性即理,若较孟子之分别性命为合言之,其实则是分之而益细。盖德性之知本于天命,而闻见之知则起于人事。固不得一尊天命而抹杀人事。陆王之主心即理,则若有合于孟子,实则只认人文理,而忽略了自然理,亦可谓只许有自然之良知,而不许有人文之穷格,尚不如孟子之分别性命为有当也。

今再约而言之。有义理,有物理。义理者,超乎物外,所以调欲。物理者,随乎欲后,而以给欲。一为人文理,一为自然理,此二理字含义实别。中国古籍言理,如孟子言义理,庄周言物理。盖道家务期人性之自由而伸舒,而未得其方,故一面主于破弃群体,而一面又必因应万物得其宜,以谓如此,始可内不为群所碍,外不为物所迫,而我之天性始得张皇而滋荣,此老庄之旨也。其流而为神仙方术,亦主摆脱人群,而又能驱驾万物得其宜,而后始能然。近代西方言自然科学,亦主个人自由,其态度积极,与中国道家异,其理想之所趋赴,则与中国道家实有其大体之相似。故自然科学之发展，仅人类所求之一方面，其另一方面，则当以无政府主义为归宿。否则得其一，失其一，人性仍无绝对伸舒之境。然无政府终不能无社会。而且科学昌明，正赖群力。若觊觎于无政府之境界，即当牺牲科学之隆盛。即谓科学昌明而人尽自由，可以无政府，甚至无群碍，然人欲则终于不能尽。此如与影竞走，终无可及之理。故以理给欲，理终不逮。至如荀韩，主由圣王制礼作法以制人之欲，拘人之性，而使人群得以相安，以共胜夫外物，此则犹西方之言法治，亦如马克思之唯物史观而主阶级斗争，要之非人性所欲之极诣。果使科学日隆，法治日密，或阶级意识日鲜明，人性得遂于外物，而复见绌于群制，如陷泥窟，拔一足而他足之陷转深，终难脱出。此皆不认人性中自有理以调制其欲也。耶教主有超欲之理，惟归其理于天，不谓人心所自有。独释氏与他教异，他教皆尊天，释氏则曰诸天奉行，不尊天而尊己。释氏所尊者佛，佛者己心之内觉，凡有心皆可有觉。抑且佛教最不许有欲。此心之觉，贵在于无欲。亦可谓耶教乃天宗，而佛教则为心宗。惟耶教尚许人有群，而佛教则必归于灭群。故西方反耶教者厥在科学，而东方佛教，乃独可有教理之争。自佛教来中国，而有生公大乘顿悟义，又有禅宗即心即佛义，此皆佛教教义自身内部之演进。佛主出世，孔孟主淑世，惟其谓人心自有超欲之理则一。故自禅宗又一转而为宋明之理学，此亦一种教理相争之历史阶段中所自有之演进也。若其自程朱展演出陆王，则程朱本不成为教，而陆王所持之理，亦不如程朱之宏通而圆密。故陆王思想之在本时期中产生，固亦是教理相争之一波。而陆王之对程朱，则不得目以为教理之相争也。若以拟之释氏,则程朱犹如生公,生公以下尚可有佛学。陆王犹如禅宗,禅宗以后可以不复有佛学,陆王以下将更不能有儒学。何者,满街皆是圣人,人人尽可以为圣,而圣学终必堕地以尽。尧舜以前曾读何书,故禅宗可以不读佛教经典,陆学所主,亦可以不复读书也。

若论中国之道教,则实为道家思想之堕落。自庄老清净折入神仙方术,又折而成为符箓,此皆倒退,非前进。要之皆属个人主义,亦皆为因应物理以求遂我欲耳。道教中陈义稍胜者,亦不过曰清净修炼,此与所谓教理之争无涉。特其重个人,重自然,注意研寻造化物理,故得于中国第二期学术思想史上犹有其位置。

今论本期思想之转变,则明清之际已露端倪。斯时也,以个人观点为中心之趋势又渐衰,以大群集体观点为中心之要求又渐盛,于是明清之际之学者,较不喜言个人心性,而转重群体政教。经史实学,转盛于讲堂锢习。陆王主心即理,其精神意趣,专一内向,偏于以个人观点为中心之流弊更显。程朱博观物理,旁及自然,精神意境稍阔越,而其弊亦在太重言心性,不重言治平。明清之际,由于时代刺激,乃有由心性转向治平之一趋向。于是乃有由程朱转归孔孟之一大期求。惟满清以部族政权,盗憎主人,学术思想受其桎梏,其科举取士,一依程朱,又大兴文字之狱。学者不敢明目反清政权,乃转而反朝廷之功令。其反程朱理学,实即反当时朝廷之功令也。于是一时之心力智慧,乃大凑于古经籍之训诂考订,而有汉宋之争。其实固非明清之际学术思想转变始兆之所指。而于是此第三期新学术之曙光,乃不得不迟迟有待于清政权之解纽。乃继此而西风东渐，已非中土学术闭关自守之时，中外交会，发端实大，密云不雨，亦其宜矣。

今请附论及于戴东原之所以评宋儒之言理者以毕吾文。东原著书，先有《绪言》，后有《孟子字义疏证》，而二书所诠理字含义亦微不同。《绪言》之说曰："自然之极则是为理"，"期于无憾，所谓理也"，"理非他，盖其必然也"，"就天地人物事为求其不易之则是为理"，"理要其后，非原其先"，"知条理之说者，其知理之谓矣"，"心之精爽所照者不谬，是谓得理"，"可否之而当，是谓理义。"凡此所谓，皆自然物理也。故曰："古人多言命，后人多言理，异名而同实。"盖命与理，皆造化物理，皆即自然也。又曰："宋儒推崇理，于圣人之教不害。"盖东原既专以造化自然之物理为理，自与程朱格物穷理之说差近，故谓其于圣人之教不害也。及其为《孟子字义疏证》，而所诠理字含义乃稍稍变。故曰："理者情之不爽失也。未有情不得而理得者也。"又曰："理者存乎欲者也。凡事皆有欲，无欲则无为矣。有欲而后有为，有为而归于至当不可易之谓理。"又曰："通天下之情，遂天下之欲，权之而分厘不爽谓之理。"至是而东原乃归重于一本人之情欲以言理。然人之情欲，亦出自然。理则随其后而给之，以使之畅遂无夭折，则东原之所谓理，仍不能自脱于自然物理也。惟曰："天理云者，言乎自然之分理也。自然之分理，以我之情，絜人之情，而无不得其平也。"此可谓有当于孔门之所谓恕道，乃始骎骎乎超越物理而达于人文之理之一境。然东原终不能于自然理外认有人文理，故言恕而不言忠，则其所以为恕者，其本亦在外不在内。岂孝亲忠君皆由以我之情絜人之情而始得乎？孟子之所谓良知良能者，岂亦恕道乎？惟其不认人心内在自有理，故必向外求之，向外求之则皆物理，非性情之理也。东原之言曰:“苟舍情求理，其所谓理，无非意见也。宋儒言理，如有物焉得于天而具于心，于是未有不以意见为理之君子。”今不知东原之所谓情果何指。若以恻隐羞恶恭敬是非为情，则东原之言洵是矣。若专指饥寒号呼男女哀怨以为情，是东原仍不认人心内在自有理，仍以理为在外，必随欲以给欲者而始谓之理也。饥寒男女之欲，人禽所同，恻隐羞恶恭敬是非之情，则人类所独。故自自然物理以观人文之理，则一切人文之理，真皆所谓人之意见耳。若孝亲忠君，此岂自然物理之所有，岂亦非人之意见乎？特此乃非一人之私意见，而实出人类之公意见，所以不谓之意见而谓之理也。然此种意见，顾得谓其非得于天而具于心乎？故东原之折宋儒，其实皆不足以折宋儒也。惟程朱言理，一面既就此人之意见即人文之理而求之，一面又外求之于天地万物，是东原之所言理，程朱固可包之。东原之折宋儒，实未足以折宋儒也。然东原立说，实亦本之于反功令，故东原言恕不言忠。盖言恕道，显见人我之平等，而言忠道，则易使人误会于以下之事上。故章太炎谓:其谓以意见杀人，实激于雍正《大义觉迷录》之文字狱，是则东原之说，虽未足以定前人之是非，而其精神所在，实仍沿晋宋以来教理之争之旧，此则所当为之指出也。

此稿刊载于一九四五年
二月《思想与时代》四十期

出版说明

《中国学术思想史论丛》三编八册，共119篇，汇集了作者从学六十余年来讨论中国历代学术思想而未收入各专著的单篇散论，为作者1976—1979年时自编。上编（一—二册）自上古至先秦，中编（三—四册）自两汉至隋唐五代，下编（五—八册）自两宋迄晚清民国。全书探源溯流，阐幽发微，颇多学术创辟，系统而真切地勾勒了中国几千年学术思想之脉络全景。

本书由台湾东大图书公司于1976—1980年陆续印行。三联简体字版以东大初版本为底本，基本保留作者行文原貌，只对书中所引文献名加书名号，并改正了少量误植之错讹。

三联书店编辑部
二零零九年三月

钱穆作品系列
（二十四种）

《孔子传》

本书综合司马迁以下各家考订所得，重为孔子作传。其最大宗旨，乃在孔子之为人，即其自述所谓“学不厌、教不倦”者，而以寻求孔子毕生为学之日进无疆、与其教育事业之博大深微为主要中心，而政治事业次之。故本书所采材料亦以《论语》为主。

《论语新解》

钱穆先生为文史大家，尤对孔子与儒家思想精研甚深甚切。本书乃汇集前人对《论语》的注疏、集解，力求融会贯通、“一以贯之”，再加上自己的理解予以重新阐释，实为阅读和研究《论语》之入门书和必读书。

《庄老通辨》

《老子》书之作者及成书年代，为历来中国思想学术界一大“悬案”。本书作者本着孟子所谓“求知其人，而追论其世”之意旨，梳理了道家思想乃至先秦思想史中各家各派之相互影响、传承与辩驳关系，言之成理、证据凿凿地推论出《老子》书应尚在《庄子》后。

《庄子纂笺》

本书为作者对古今上百家《庄子》注释的编辑汇要，“斟酌选择调和决夺，得一妥适之正解”，因此，非传统意义上的“集注”或“集释”，而是通过对历代注释的取舍体现了作者对《庄子》在“义理、考据、辞章”方面的理解。

《朱子学提纲》

钱穆先生于1969年撰成百万言巨著《朱子新学案》，“因念牵涉太广，篇幅过巨，于70年初夏特撰《提纲》一篇，撮述书中要旨，并推广及于全部中国学术史。上自孔子，下迄清末，二千五百年中之儒学流变，旁及百家众说之杂出，以见朱子学术承先启后之意义价值所在。”本书条理清晰、深入浅出，实为研究和阅读朱子学之入门。

《宋代理学三书随劄》

本书为作者对宋代理学三书——元代刘因所编《朱子四书集义精要》、周濂溪《通书》及朱熹、吕东莱编《近思录》——所做的读书劄记，以发挥理学家之共同要义为主，简明扼要地辨析了宋代理学对传统孔孟儒家思想的阐释、继承和发展。

《中国思想通俗讲话》

本书意在指出目前中国社会人人习用普遍流行的几许概念与名词——如道理、性命、德行、气运等的内在涵义、流变沿革，及其相互会通之点，并由此上溯全部中国思想史，描述出中国传统思想一大轮廓。

《现代中国学术论衡》

本书对近现代中国学术的新门类如宗教、哲学、科学、心理学、史学、考古学、教育学、政治学、社会学、文学、艺术、音乐等作了简要的概评，既从中西比照的角度，指出了“中国重和合会通，西方重分别独立”这一中西学术乃至思想文化之根本区别；又将各现代学术还诸旧传统，指出其本属相通及互有得失处，使见出“中西新旧有其异，亦有其同，仍可会通求之”。

《中国学术思想史论丛》

共三编八册，汇集了作者六十年来讨论中国历代学术思想而未收入各专著的单篇散论，为作者1976—79年时自编。上编(1—2册)自上古至先秦，中编(3—4册)自两汉至隋唐五代，下编(5—8册)自两宋迄晚清民国。全书探源溯流，阐幽发微，颇多学术创辟，系统而真切地勾勒了中国几千年学术思想之脉络全景。

《黄帝》

华夏文明的创始人：黄帝、尧舜禹汤、文武周公，他们的事迹虽茫昧不明，有关他们的传说却并非神话，其中充满着古人的基本精神。本书即是讲述他们的故事，虽非信史，然中国上古史真相，庶可于此诸故事中一窥究竟。

《秦汉史》

本书为作者于1931年所撰写之讲义，上自秦人一统之局，下至王莽之新政，为一尚未完编之断代史。作者秉其一贯高屋建瓴、融会贯通的史学要旨，深入浅出地梳理了秦汉两代的政治、经济、学术和文化，指呈了中国历史上这一辉煌时期的精要所在。

《国史新论》

本书作者“旨求通俗，义取综合”，从中国的社会文化演变、传统的政治教育制度等多个侧面，融古今、贯诸端，对中国几千年历史之特质、症结、演变及对当今社会现实的巨大影响，作了高屋建瓴、深入浅出的精彩剖析。

《古史地理论丛》

本书汇集考论古代历史地理的二十余篇文章。作者以通儒精神将地名学、史学、政治经济、人文及民族学融为一体，辨析异地同名的历史现象，探究古代部族迁徙之迹，进而说明中国历史上各地经济、政治、人文演进的古今变迁。

《中国历代政治得失》

本书分别就中国汉、唐、宋、明、清五代的政府组织、百官职权、考试监察、财政赋税、兵役义务等种种政治制度作了提要钩玄的概观与比照，叙述因革演变，指陈利害得失，实不失为一部简明的“中国政治制度史”。

《中国历史研究法》

本书从通史和文化史的总题及政治史、社会史、经济史、学术史、历史人物、历史地理等6个分题言简意赅地论述了中国历史研究的大意与方法。实为作者此后30年史学见解之本源所在，亦可视为作者对中国史学大纲要义的简要叙述。

《中国史学名著》

本书为一本简明的史学史著作，扼要介绍了从《尚书》到《文史通义》的数部中国史学名著。作者从学科史的角度，提纲挈领地勾勒了中国史学的发生、发展、特征和存在的问题，并从中西史学的比照中见出中国史学乃至中国思想和学术的精神与大义。

《中国史学发微》

本书汇集作者有关中国历史、史学和中国文化精神等方面的演讲与杂论，既对中国史学之本体、中国历史之精神，乃至中国文化要义、中国教育思想史等均做了高屋建瓴、体大思精的概论；又融会贯通地对中国史学中的“文与质”、中国历史人物、历史与人生等具体而微的方面做了细致而体贴的发疏。

《湖上闲思录》

充满闲思与玄想的哲学小品，分别就人类精神和文化领域诸多或具体或抽象的相对命题，如情与欲、理与气、善与恶等作了灵动、细腻而深刻的分析与阐发，从二元对立的视角思索了人类存在的基本问题。

《文化与教育》

本书乃汇集作者关于中国文化与教育诸问题的专论和演讲词而成，作者以其对中国文化精深闳大之体悟，揭示中西传统与路线之差异，指明中国文化现代转向之途径，并以教育实施之弊端及其改革为特别关心所在，寻求民族健康发育之正途。

《人生十论》

本书汇集了作者讨论人生问题的三次讲演，一为“人生十论”，一为“人生三步骤”，一为“中国人生哲学”。作者从中国传统文化入手，征诸当今潮流风气，探讨“心”、“我”、“自由”、“命”、“道”等终极问题，而不离人生日常态度，启发读者追溯本民族文化传统的根源，思考中国人在现代社会安身立命的根本。

《中国文学论丛》

作者为文史大家，其谈文学，多从文化思想入手，注重高屋建瓴、融会贯通。本书上起诗三百，下及近代新文学，有考订，有批评。会通读之，则见出中国一部文学演进史；而中国文学之特性，及各时代各体各家之高下得失之描述，亦见出作者之会心及评判标准。

《新亚遗铎》

1949年钱穆南下香港创立新亚书院。本书汇集其主政新亚书院之十五年中对学生之讲演及文稿，鼓励青年立志，提倡为学、做人并重，讲述传统文化之精要，阐述大学教育之宗旨，体现其矢志不渝且终身实践的教育思想。

《晚学盲言》

本书是作者晚年“目盲不能视人”的情况下，由口诵耳听一字一句修改订定。终讫时已92岁高龄。全书分上、中、下三部，一为宇宙天地自然之部，次为政治社会人文之部，三为德性行为修养之部。虽篇各一义，而相贯相承，主旨为讨论中西方文化传统之异同。

《八十忆双亲　师友杂忆》

作者八十高龄后对双亲及师友等的回忆文字，情致款款，令人慨叹。读者不仅由此得见钱穆一生的求学、著述与为人，亦能略窥现代学术概貌之一斑。有心的读者更能从此书感受到20世纪“国家社会家庭风气人物思想学术一切之变”。